A ARTE DE ENVELHECER

MARIA TERESA TORÍBIO B. LEMOS
ROSÂNGELA ALCANTARA ZAGAGLIA
[Orgs.]

A ARTE DE ENVELHECER
Saúde, trabalho, afetividade, Estatuto do Idoso

Diretores Editoriais
Carlos Silva
Ferdinando Mancílio

Editores
Avelino Grassi
Roberto Girola

Coordenação Editorial
Elizabeth dos Santos Reis

Revisão
Ana Lúcia de Castro Leite

Diagramação
Juliano de Sousa Cervelin

Capa
Marcos Roberto Nicoli Jundurian

© Editora Ideias & Letras, 2017.

3ª impressão

Rua Barão de Itapetininga, 274
República - São Paulo/SP
Cep: 01042-000 – (11) 3862-4831
Televendas: 0800 777 6004
vendas@ideiaseletras.com.br
www.ideiaseletras.com.br

Dados Internacionais de Catalogação na Publicação (CIP)
(Câmara Brasileira do Livro, SP, Brasil)

A Arte de envelhecer: saúde, trabalho, afetividade, Estatuto do Idoso / Maria Teresa Toríbio B. Lemos, Rosângela Alcantara Zagaglia, (orgs.). – Aparecida, SP: Ideias & Letras; Rio de Janeiro : UERJ, 2004.

Vários autores.
Bibliografia.
ISBN 85-98239-28-3 (impresso)
ISBN 978-85-7698-086-5 (e-book)
1. Envelhecimento – Aspectos psicológicos 2. Idosos – Leis e legislação 3. Velhice – Aspectos sociais 4. Velhos – Cuidados 5. Velhos – Psicologia I. Lemos, Maria Teresa Toríbio B. II. Zagaglia, Rosângela Alcantara.

04-7486   CDD-305.26

Índices para catálogo sistemático:

1. Velhice : Aspectos sociais 305.26
2. Velhos : Aspectos sociais 305.26

UNIVERSIDADE DO ESTADO DO RIO DE JANEIRO

Reitor
Nival Nunes de Almeida

Vice-reitor
Ronaldo Martins Lauria

Sub-reitora de Graduação – SR1
Raquel Marques Villardi

Sub-reitora de Pós-graduação e Pesquisa – SR2
Albanita Viana de Oliveira

Sub-reitora de Extensão e Cultura – SR3
Maria Georgina Muniz Washington

CENTRO DE CIÊNCIAS SOCIAIS
Diretora
Profª Rosângela M. A. Zagaglia

Seção de Comunicação
Profª Maria Teresa Toríbio B. Lemos

Editora-Chefe
Profª Maria Teresa Toríbio B. Lemos

Secretaria
Elizabeth Nazareth
Guilherme da Rosa Muniz Guerrante

Projeto Gráfico e Diagramação
Ramon Carlos de Moraes

Revisão
Alcides Machado Mello

Estagiários
Janne Faria Torres Braga
Jean Francisco Silva dos Santos
Luna Bravim Gonzalez
Ricardo Valadão

Sumário

Apresentação 9

Considerações sobre o Trabalho do Serviço Social com Idosos 11
Alzira Tereza Garcia Lobato

O Envelhecimento na Pós-Modernidade 21
Ana Lucia Cardozo de Santa Rosa

Estatuto do Idoso: Ampliação e Alargamento
dos Direitos Humanos na Sociedade Brasileira 35
Anselmo Laghi Laranja; Ricardo da Costa

A Valorização do Conhecimento da Pessoa
Idosa e a Manutenção do Espírito Crítico 51
Célia Pereira Caldas

Reparo de Lesões no DNA e Envelhecimento 61
Israel Felzenszwalb

Ontoestética do Idoso 71
João Ricardo Moderno

A Constituição da Gerontologia e da
Geriatria como Campos de Conhecimento
Interdisciplinar: O Desafio da Formação Profissional 81
Luciana Branco da Motta

As Várias Faces da Velhice 95
Mariana de Aguiar Ferreira Muaze

Asilo Santa Genoveva: Memória do Horror 117
Nilson Alves de Moraes

Os Velhos e os Velhacos 133
Orlando de Barros

Novos Desafios Contemporâneos no Cuidado ao
Idoso em Decorrência da Mudança do Perfil
Demográfico da População Brasileira 149
Renato Veras

O Estatuto do Idoso e os Desafios da Modernidade 175
Rosângela Alcantara Zagaglia; Tânia da Silva Pereira

Morte Social 199
Valter Duarte

Sobre os Autores..213

Apresentação

O livro *A arte de envelhecer – Saúde, trabalho, afetividade, Estatuto do Idoso* – é uma publicação do Centro de Ciências Sociais (CCS) da Universidade do Estado do Rio de Janeiro – UERJ, em parceria com a Editora Ideias e Letras. Reúne textos de professores e pesquisadores de diversas áreas acadêmicas como Direito, Medicina, Biologia, História, Ciência Política, Antropologia e Serviço Social.

Os textos apresentados são de autoria dos professores Alzira Tereza Garcia Lobato, Ana Lucia Cardozo de Santa Rosa, Anselmo Laghi Laranja em coautoria com Ricardo da Costa, Célia Pereira Caldas, Israel Felzenszwalb, João Ricardo Moderno, Luciana Branco da Motta, Mariana de Aguiar Ferreira Muaze, Nilson Alves de Moraes, Orlando de Barros, Renato Veras, Rosângela Zagaglia em coautoria com Tânia da Silva Pereira, e Valter Duarte.

Os artigos refletem a preocupação de seus autores em identificar e analisar a complexidade do envelhecimento e os avanços sociais que os idosos estão conquistando no país. Este livro apresenta o significado do ser "velho" na sociedade ocidental, analisa a vida cotidiana dos idosos ou daqueles que entraram na terceira idade, a relatividade do conceito de "idoso" e os esforços para romper as fronteiras culturais dos preconceitos e discriminações. Além disso, também desenvolve reflexões sobre as formas de os idosos readquirirem a cidadania negada ao serem deslocados do sistema produtivo dominante.

10 Apresentação

Os textos apresentam, por diversas óticas, o imaginário que a sociedade ocidental guarda em sua memória das pessoas que envelhecem. Apontam, também, os novos paradigmas para se conceituar o "idoso" que com certeza permitirão desvendar outras realidades, ainda ocultas, que perpassam pela memória, história, cotidianidade, crenças, sistemas político e jurídico, entre outros.

Rosângela A. Zagaglia
Diretora do CCS

Maria Teresa Toríbio B. Lemos
Diretora de Comunicação do CCS

Considerações sobre o Trabalho do Serviço Social com Idosos

Alzira Tereza Garcia Lobato

A população idosa no Brasil vem tendo um crescimento acelerado. Dados do IBGE de 1991 demonstraram que os idosos já representavam 7,0% de nossa população. No censo de 2000, já são quase 15 milhões de pessoas. Para a Organização Mundial de Saúde são considerados idosos nos países em desenvolvimento todos com mais de 60 anos. Estudos demográficos afirmam que no ano 2020 nosso país ocupará o sexto lugar no mundo em população idosa. Porém, se ganhamos em tempo de vida, pois hoje no Brasil vive-se em média 65 anos, necessitamos garantir melhores condições de vida para toda a população, pois em nosso país as desigualdades sociais são enormes.

Essa preocupação com as gerações mais velhas tem levado profissionais de várias áreas, como médicos, enfermeiros, psicólogos, sociólogos e assistentes sociais, a buscarem capacitação para o trabalho com idosos. Nas décadas de 1960 e 1970, os assistentes sociais estavam presentes nos programas de asilamento e Centros de Convivência. Nas décadas seguintes, com o desenvolvimento de programas de universidade de terceira idade e o surgimento de Conselhos de Idosos, o assistente social tem estado em evidência. No campo da saúde, que historicamente tem absorvido mais assistentes sociais, verificamos sua inserção em programas de saúde do idoso, intervindo em vários níveis de atenção: primária, secundária e terciária.

O Brasil não é mais um país de jovens. Nas ruas, praças e outros lugares públicos, podemos encontrar senhores e senhoras que buscam novas formas de viver a velhice. Embora o envelhecimento populacional ocorra em todas as sociedades, assume características diferentes em cada país. Camarano e Beltrão (1997, p. 106), em seus estudos sobre as características sociodemográficas da população idosa brasileira, explicam que esse crescimento dos idosos em nosso país deve-se à queda nos índices de fecundidade e ao aumento da longevidade. Isso ocorre em detrimento da diminuição do peso da população jovem no total da população brasileira. As autoras declaram também que esta é uma tendência mundial, e que essa mudança na distribuição etária indica novas demandas por políticas sociais.

Apresentamos anteriormente previsões de que seremos, em breve, a sexta população do mundo em idosos. Ao mesmo tempo em que isso nos orgulha, pois significa que estamos com uma maior expectativa de vida, também nos preocupa, pois as desigualdades sociais cada vez mais se acentuam em nosso país, principalmente com a implementação de políticas de ajuste neoliberal nos últimos governos que, reduzindo os gastos públicos, geraram cortes significativos no financiamento das políticas sociais e taxas de desemprego assustadoras.

Pensar condições dignas de vida para os nossos idosos é enfrentar o desafio de respeitá-los como ex-trabalhadores que são, tendo ajudado a construir a riqueza desse país. Porém, verificamos que muitas vezes o desrespeito parte de nossos governantes, que veem os aposentados e pensionistas como causadores de *deficits* na Previdência Pública, que atualmente passou por reforma, afetando não só os que já estavam no sistema como também os chamados inativos.

Portanto, como podemos verificar, o processo de envelhecimento não se resume apenas aos aspectos demográficos; implica em criação de políticas públicas para um segmento que demanda melhores condições de saúde, habitação, aposentadorias e pensões, assistência social, enfim, condições dignas de existência, pelos anos a mais de vida.

Em nossa sociedade, a imagem que se tem da velhice ainda é bastante negativa, embora nos programas de terceira idade os idosos sejam representados como ativos e disponíveis para viver intensamente essa fase da vida. Debert (1997) nos alerta para o fato de que essa imagem da velhice bem-sucedida não deve descartar, mesmo com os avanços médicos e tecnológicos, a condição de dependência na velhice. A respeito da dependência na velhice, estudos de vários autores demonstram que as desigualdades sociais em nosso país têm gerado um número crescente de idosos incapacitados funcionalmente e com saúde precária. Os idosos sofrem de doenças crônico-degenerativas, o que implica em redefinições nas políticas de saúde voltadas para este segmento. A esse respeito, Veras e Camargo Jr. (1995) ainda chamam atenção para o aumento de custos com internação, tratamento, equipamentos e medicamentos, que atendam de modo adequado às demandas dos idosos, tendo em vista que o envelhecimento da população brasileira tem sido permeado pela carência geral de recursos que garantam programas públicos de qualidade.

O processo de envelhecimento em nosso país não se dá de modo igual para todos. A velhice, como qualquer etapa do ciclo de vida, é determinada pela inserção de classe social, pelas questões de gênero, raça e etnia, demarcando experiências de envelhecimento heterogêneas no interior de nossa sociedade. Daí que envelhecer com dignidade não é uma responsabilidade individual, mas sim responsabilidade coletiva. Implica não só na criação de políticas públicas como também na garantia de acesso dos idosos a essas políticas.

Estudos de Goldman (2000) sobre velhice e direitos sociais afirmam que o processo de envelhecimento é um fenômeno complexo, haja vista a quantidade de termos usados em relação ao sujeito que envelhece. A autora destaca os seguintes termos: velho, idoso, geronte, gerontino, velhote ou ancião. Além disso, declara que todas essas designações apenas suavizam no discurso a estigmatização que os idosos vivem no cotidiano. Concordamos com a autora e acreditamos que este possa ser um caminho para o Serviço Social junto aos idosos, quando nos indica a tarefa de superação dos estigmas e a dar significação, na trajetória de vida dos idosos, à busca de espaços de construção de sua cidadania, o que implica em percebê-los como sujeitos históricos e não meros objetos da ação profissional (GOLDMAN, 2000, p. 13).

As preocupações sociais decorrentes do envelhecimento de nossa população são relativamente recentes. O surgimento de um discurso científico sobre o envelhecimento nasce do interesse de instituições e profissionais que atuavam com idosos a partir da década de 1960. As ações do Estado, nesta década, foram marcadas pelo asilamento, referendadas por uma visão negativa da velhice direcionada ao idoso pobre, carente, doente e marginalizado pela sociedade.

Conforme Nunes (2000), o trabalho pioneiro do Sesc com grupos

14   Considerações sobre o Trabalho do Serviço Social com Idosos

de convivência de idosos busca dar um significado mais positivo à velhice que era destinada ao asilamento e isolamento social. Busca-se no interior desses grupos trabalhar a autoestima, o prazer em envelhecer por meio da realização de atividades como dança, teatro, e da atualização de conhecimentos. Cabe ressaltar a presença dos assistentes sociais na coordenação e execução, não só nos programas de asilamento como também nos grupos de convivência.

Com a Constituição Federal de 1988, conhecida como a Constituição Cidadã, e considerando as reivindicações das associações de aposentados e de associações profissionais, pela primeira vez a questão do idoso é contemplada em vários artigos.

Ressaltamos nessa década a organização dos idosos na sociedade, seja em associações ou conselhos. Data de 1984 a criação do primeiro Conselho Estadual do Idoso, em São Paulo. Em 1988, mais dois Conselhos foram criados nos estados do Rio Grande do Sul e Santa Catarina. Esses Conselhos são compostos paritariamente por instituições governamentais e não governamentais. Isso implica numa organização coletiva dos idosos para participarem daqueles espaços.

Na década de 1990 é criada a Política Nacional do Idoso (Lei n° 8.842, de 4/1/1994), que por meio de seu artigo 3° deixa claro o dever da família, da sociedade e do Estado em assegurar os direitos de cidadania dos idosos, garantindo sua participação na comunidade, na defesa da dignidade, do bem-estar e do direito à vida dos idosos.

Ao longo da década de 1990, foram realizados encontros e fóruns para discutir a implementação da Política Nacional do Idoso, fazendo injunções junto ao governo no sentido de garantir o financiamento dessa política que envolvia ações de vários Ministérios, sob a coordenação da Secretaria de Assistência Social do Ministério da Previdência e Assistência Social.

No ano de 1998, um grupo de profissionais de vários estados, professores de universidades e técnicos do Ministério da Saúde, organizados em comissão, foram convocados a elaborar a Política Nacional de Saúde do Idoso (PNSI). Essa política é parte essencial da Política Nacional do Idoso e objetiva um envelhecimento saudável, buscando preservar a capacidade funcional, a autonomia e a qualidade de vida do idoso. Suas diretrizes são a promoção do envelhecimento saudável, a manutenção da capacidade funcional, a assistência às necessidades de saúde do idoso, a reabilitação da capacidade funcional comprometida, a capacitação de recursos humanos, o apoio ao desenvolvimento de cuidados informais e o apoio a estudos e pesquisas. Podemos perceber que as diretrizes da PNSI enfatizam as ações de promoção e reabilitação, na lógica de que pela prevenção diminuímos os gastos com o tratamento e internações. Além disso, busca garantir a autonomia e qualidade de vida do idoso.

Os programas de universidades de terceira idade, ao longo da década de 1990, foram criados vinculados à área de extensão das universidades privadas e públicas. Esses programas, que já somam mais de 200 em todo o país, têm mobilizado mais os idosos das camadas médias a darem continuidade aos estudos na velhice, além de produzirem uma imagem mais positiva dessa fase da vida. Os idosos desses programas são ativos e produtivos, contrastando com aqueles, muitas vezes isolados socialmente, mesmo que em família, e os que estão asilados (NUNES, 2000).

No atual governo, em outubro de 2003, tivemos a aprovação do Estatuto do Idoso, que em seu artigo 1º esclarece que o estatuto objetiva regular os direitos assegurados às pessoas com idade igual ou superior a 60 anos. Esse texto incorporou grande parte das diretrizes da Política Nacional do Idoso.

Portanto, percebemos que as políticas já estão criadas. O que nos interessa, enquanto assistentes sociais, é garantir o acesso dos idosos às políticas, participando da organização de espaços coletivos junto com este segmento que, de modo geral, desconhece a existência de tais políticas.

Embora o tema da participação social esteja presente no texto da Política Nacional do Idoso em seu primeiro artigo ("A PNI tem por objetivo assegurar os direitos sociais do idoso, criando condições para promover sua autonomia, integração e participação efetiva na sociedade"), ainda existe uma lacuna muito grande entre o texto e a concretização da participação social na garantia dos direitos sociais desse segmento.

Consideramos que é por dentro dos programas direcionados para os idosos que os assistentes sociais podem trabalhar as questões relativas ao exercício do controle social nas políticas públicas, com o intuito de construir políticas públicas de inclusão.

Vários autores têm afirmado que os programas de idosos operam mudanças em seus participantes quanto ao resgate da autoestima, superação de doenças, recuperação da memória, além de propiciar novos conhecimentos e o desenvolvimento de novas habilidades. Além disso, favorecem também o desenvolvimento da sociabilidade (NUNES,1998; DEBERT, 1997; ASSIS et al., 2002).

A partir dos estudos de Amann (1979) sobre associativismo como forma de participação social indireta e as condições para a participação, identificamos aspectos significativos nos programas de terceira idade quanto a serem potencializadores dessa participação do idoso na sociedade. Fazer parte de uma sociedade implica estar em contato com pessoas e grupos sociais diversos, de várias gerações, com valores e ideias diferentes, mas buscando estabelecer rede de relações que nos possibilitem participar da vida social.

Para Safira Amann (1979) as condições de participação estão em dois níveis: o do indivíduo (no plano da conscientização) e o da sociedade (o modo como as relações sociais acontecem, as questões conjunturais etc.). No plano do indivíduo temos três condições relacionadas aos fatores psicossociais que são: motivação, informação e educação.

É por meio de um processo de educação permanente e de educação para a saúde que os usuários de nossos serviços podem assumir uma nova posição frente às situações do seu cotidiano, desenvolvendo potencialidades, muitas vezes adormecidas, e novas habilidades, além de acionar a capacidade de crítica, de organização e luta pela garantia de direitos em nossa sociedade.

De modo geral, os assistentes sociais comprometidos com os interesses dos segmentos que atendem devem observar essas três condições desde o momento em que o idoso acessa ao programa, quer seja de grupo de convivência ou programas de atenção à saúde dos idosos em ambulatórios.

Assis et al. (2002) avaliam a experiência de trabalho com idosos em projeto de promoção da saúde, desenvolvido há sete anos no ambulatório Núcleo de Atenção ao Idoso, da Universidade Aberta da Terceira Idade – UnATI/UERJ – a partir dos depoimentos dos idosos participantes. O projeto é de caráter interdisciplinar, envolvendo assistente social, fisioterapeuta, nutricionista e outros profissionais. As autoras chamam atenção para a complexidade da promoção do envelhecimento saudável, diretriz da PNSI, pois envolve a conquista de uma boa qualidade de vida e o amplo acesso a serviços organizados para atender idosos. Ao mesmo tempo em que trabalhar nesta perspectiva significa fortalecer e instrumentalizar a população em suas lutas por cidadania e justiça social (p. 56).

Para Assis et al. (2002, p. 57), a proposta educativa dos grupos busca propiciar espaço de participação, onde todos aprendem e ensinam, ao mesmo tempo que reformulam concepções e produzem novos conhecimentos. Portanto, ampliar o autoconhecimento e promover o autocuidado, na perspectiva de construção da cidadania e melhoria da qualidade de vida, é objetivo do grupo, que aborda temas sobre o envelhecimento, tais como direitos dos idosos, fatores gerais de saúde (alimentação, atividade física, estresse, sexualidade, memória) e algumas doenças comuns (hipertensão arterial, diabetes, depressão e problemas osteoarticulares).

Para as autoras, a contribuição do projeto tem tido repercussão positiva em aspectos relacionados a dois campos centrais da promoção da saúde: o desenvolvimento de habilidades pessoais (aprendizagem, autoestima e outras) e a reorientação dos serviços de saúde (humanização, integralidade da atenção, conceito amplo de saúde e interdisciplinaridade). Porém, os limites encontram-se na implementação de estratégias que impulsionem a ação comunitária no âmbito das atividades do projeto (ASSIS et al., 2002, p. 53).

Nossa experiência com idosos em um programa de universidade de terceira idade, de caráter público no município do Rio de Janeiro, criado há dez anos, conhecido pela sigla UnATI/UERJ, tem demonstrado que devemos aproveitar as motivações dos idosos em participarem desses programas e transformá-las em ações de participação – no sentido da construção da concidadania que, conforme Leonardo Boff (1999), é o movimento que um cidadão faz em face de outro cidadão na luta pelos direitos sociais, é a vivência que os cidadãos têm tido nos movimentos sociais – que representem a sociedade civil organizada perante o governo.

Na área da saúde, desde a década de 1990, contamos com mecanismos fundamentais para a garantia da participação da comunidade que são as Conferências de Saúde e os Conselhos de Saúde. Nos Conselhos, a representação dos usuários é paritária em relação ao conjunto dos demais segmentos.

Organizar os idosos – por meio de grupos no interior dos programas – e capacitá-los para participarem dos Conselhos – por intermédio da democratização de informações a respeito das políticas do idoso, das questões de saúde do idoso, do financiamento das políticas – são eixos fundamentais do trabalho do Serviço Social com este segmento.

Nossa experiência de trabalho com idosos nos permite afirmar que as políticas para o idoso só serão implementadas se houver mobilização dos profissionais e dos idosos numa parceria de "concidadania" participativa.

18 Considerações sobre o Trabalho do Serviço Social com Idosos

Portanto, é importante que se mantenha nos estados e municípios reuniões sistemáticas dos Fóruns Permanentes de Implementação da Política Nacional do Idoso, garantindo a articulação das ações programáticas e a mobilização das entidades de terceira idade, do movimento de aposentados e pensionistas, e neste cenário a participação do assistente social tem sido de fundamental importância, pois ele é quem tem formação para trabalhar a questão do controle social nas políticas públicas.

O surgimento de Conselhos Estaduais e Municipais de Defesa dos Direitos da Pessoa Idosa tem também importante função na participação política dos idosos que precisam estar organizados em representações não governamentais nesses espaços.

Mas todas essas experiências de organização e participação em espaços coletivos precisam ser levadas para dentro dos programas de terceira idade, sejam eles programas de atenção à saúde do idoso, ou ambulatórios e centros de saúde que atendam idosos. Isto implica em capacitação profissional para os assistentes sociais sobre as questões do envelhecimento em nosso país.

Enquanto assistentes sociais, devemos valorizar os espaços dos programas de terceira idade, percebendo-os como potencializadores e instrumentalizadores de ações que contribuam para garantir o acesso dos idosos aos serviços públicos, o que a médio prazo também irá contribuir para a consolidação de uma representação mais positiva da velhice em nossa sociedade.

Bibliografia

AMMANN, S. B. *Participação Social.* São Paulo: Cortez e Moraes, 1979.

ASSIS, M. de; PACHECO, L. e MENEZES, I. S. "Repercussões de uma experiência de promoção da saúde no envelhecimento: Análise preliminar a partir das percepções dos idosos." In: *Textos sobre Envelhecimento.* Rio de Janeiro: UERJ, UnATI, ano 4, n. 7, 1° semestre de 2002.

BOFF, L. *A águia e a galinha: uma metáfora da condição humana.* Rio de Janeiro: Petrópolis: Vozes, 1999.

BRASIL. *Política Nacional do Idoso.* Lei n°. 8.842, de 4 janeiro de1994.

_____. *Estatuto do Idoso.* Lei n°. 10.741, de 1° de outubro de 2003.

_____. *Política Nacional de Saúde do Idoso*. Portaria n°. 1.395, de 9 de dezembro de 1999, publicada no DOU n°. 237 – E, seção 1, de 13 de dezembro de 1999.

CAMARANO, A. A. e BELTRÃO, K. I. "Características sócio-demográficas da população idosa brasileira." In: *Revista de Estudos Feministas*, IFCS/UFRJ, v. 5, 1°. semestre de 1997.

DEBERT, G. G. "Envelhecimento e Curso da Vida." In: *Revista de Estudos Feministas*, IFCS/UFRJ, v. 5, 1° semestre de 1997.

GOLDMAN, S. N. "Velhice e Direitos Sociais." In: PAZ, S. F. et al. (orgs.). *Envelhecer com Cidadania: quem sabe um dia?* Rio de Janeiro: ANG-RJ/ CBCISS, 2000.

NUNES, A. T. G. L. "O trabalho do Serviço Social na Universidade Aberta da Terceira Idade da UERJ." In: *Superando Desafios*. Cadernos do Serviço Social do Hospital Universitário Pedro Ernesto, ano 3, n. 3. Rio de Janeiro. UERJ/HUPE/ SERVIÇO SOCIAL, nov. 1998.

_____. "As mulheres na universidade da terceira idade." In: PAZ, S. F. et al. (orgs.). *Envelhecer com Cidadania, quem sabe um dia?* Rio de Janeiro. ANG – RJ/ CBCISS, 2000.

PEREIRA, P. A. P. "Política social, cidadania e neoliberalismo: reflexão sobre a experiência brasileira." In: CARVALHO, D. B. B. de et al (org.). *Novos Paradigmas da Política Social*. Brasília: UNB, Programa de Pós-Graduação em Política Social, Departamento de Serviço Social, 2002.

VASCONCELOS, A. M. de. *A prática do Serviço Social: cotidiano, formação e alternativas na área da saúde*. São Paulo: Cortez, 2002.

VERAS, R. P. e CAMARGO JR., K. "Idosos e universidade: parceria para qualidade de vida." In: VERAS, R. P. (org.). *Terceira Idade: um envelhecimento digno para o cidadão do futuro*. Rio de Janeiro: Relume-Dumará /UERJ/UnATI, 1995.

O Envelhecimento na Pós-Modernidade
Ana Lucia Cardozo de Santa Rosa

Desde o final do século XX, estamos atravessando um período de profundas transformações sociais e econômicas que incidem diretamente sobre os indivíduos, as relações pessoais e a cultura. Esse período é confuso por nem sempre ser possível uma distinção entre o velho e o novo na realidade social, já que as mudanças não ocorrem simultaneamente em todos os níveis. No entanto, caracteriza-se como um processo de transição, indo além da modernidade, e para denominar esse período vários termos têm surgido tais como: "sociedade de informação", "Pós-Modernidade", "sociedade pós-industrial", entre outros (FREIRE e SOMMERHALDER, 1999).

A Idade Moderna caracteriza-se pelas modificações intelectuais, sociais e políticas ocorridas na Europa do século XV ao XVIII (mais especificamente de 1453, ano da tomada de Constantinopla pelos turcos otomanos, até 1789, ano da Revolução Francesa). Significou, assim, o rompimento completo com o passado feudal e se baseou em princípios radicalmente novos e que influenciaram todo o mundo. Já a Pós--Modernidade, por sua vez, talvez pelo fato de a estarmos vivenciando no momento atual, não tem seu significado tão claro para nós.

As expressões "modernismo" e "pós-modernismo" não surgiram nos grandes círculos culturais do mundo anglo-saxônico, ao contrário do que poderia parecer. O termo "modernismo" foi criado na América hispânica no final do século XIX para designar uma corrente literária

22   O Envelhecimento na Pós-Modernidade

que se opunha à influência cultural da Espanha. Da mesma forma, a expressão "pós-modernismo" surgiu no mundo hispânico na década de 1930, usada para descrever um refluxo conservador dentro da corrente do modernismo. A ideia de um estilo pós-moderno entrou para o vocabulário da crítica literária hispanófona embora a expressão tenha raramente sido usada em seu significado original.[1] A expressão somente se difundiu no mundo anglófono a partir de 1952, com o manifesto do poeta Charles Olson, que falava em um mundo pós-moderno, posterior à Revolução Industrial, referindo-se à sua época como um presente vivo em andamento, pós-moderno, pós-humanista e pós-histórico. As origens do pós-modernismo foram, então, literárias e a difusão do termo se deu a partir da Arquitetura, que o projetou à fama enquanto estilo (ANDERSON, 1999).

Pensar no prefixo "pós" pressupõe que algo está por se encerrar. Neste caso, a modernidade. A discussão em pauta, portanto, é se estamos transitando da modernidade para a chamada pós-modernidade, ou se as transformações atuais são meras consequências do sucesso da modernidade. Nesse contexto, Anthony Giddens, Ulrich Beck e Scott Lash (1997) questionam o próprio conceito de pós-modernidade, apresentando propostas para a caracterização de nosso tempo. Para esses autores, não estamos atravessando uma pós-modernidade e sim um período no qual as consequências da modernidade estão se tornando mais evidentes, radicalizadas e universalizantes, passível de ser identificado por um ritmo muito rápido de mudanças e uma configuração espacial desvinculada do conceito geométrico e remetida ao contexto do virtual. Um evento virtual é algo inexistente no nosso meio físico, mas que admitimos, concedemos a permissão ou convencionamos a ele pertencer. As práticas sociais, as atividades culturais, a convivência, as relações comerciais e a educação são cada vez mais orientadas por e para as tecnologias de informação e comunicação.

A consequência deste conjunto de tecnologias, como, por exemplo, o uso massificado da internet, é o surgimento de uma nova perspectiva para o contexto social, diferente dos velhos paradigmas da sociedade industrial. A superação de barreiras geográficas e temporais nas relações de sociabilidade, no contato entre pessoas e nas trocas comerciais, cada vez mais globais, modificou a noção do espaço-tempo social. Um dos pontos principais deste período é a globalização, o processo de alongamento das modalidades de conexão entre diferentes regiões ou contextos sociais que se espalham pelo mundo todo em uma interdependência mundial, criando novas formas de risco e perigo e, ao mesmo tempo, promovendo possibilidades de segurança global (GIDDENS, 1991; GIDDENS, BECK e LASH, 1997).

Em vez de estarmos entrando num período de pós-modernidade, estamos alcançando um período em que as consequências da modernidade estão se tornando mais radicalizadas e universalizadas do que antes. Não vivemos, ainda, um universo social pós-moderno, mas podemos ver mais do que uns poucos relances de emergência de novos modos de vida e organização social (GIDDENS, 1991).

A modernização reflexiva proposta por Giddens é um processo contínuo, pouco percebido e praticamente autônomo, de mudanças afetando as bases da sociedade industrial. O próprio capitalismo, forjador desta sociedade industrial, é o agente de sua transformação. Assim, diante de uma realidade que não para de se alterar, as pessoas tendem a valorizar antigas certezas, criando momentos nos quais é necessário decidir entre uma convicção do passado e uma realidade transformadora. Podem mesmo se aferrar a antigos costumes e tradições. Este confronto entre as convicções herdadas e as novas formas sociais conferem à modernização um caráter reflexivo. A reflexividade provoca exames e reformulações em práticas sociais, constantemente examinadas à luz de informações renovadas sobre as próprias práticas, alterando de forma constitutiva e contínua seu caráter (GIDDENS, 1991; GIDDENS, BECK e LASH, 1997).

Por vezes essa reflexão leva ao recrudescimento dos antigos valores nacionais. O nacionalismo surgiu na Europa do final do século XIX, justamente no alvorecer do capitalismo. Os vários povos e etnias passaram a exigir o direito de autodeterminação e a lutar pela criação de Estados nacionais, com fronteiras delimitadas onde pudessem exercer esse direito. Nesse contexto, costumes, língua e particularidades locais passam a ser valorizados como meio de os povos se distinguirem uns dos outros. Atualmente, em meio à globalização e ao neoliberalismo, que tendem a diminuir as diferenças e a eliminar distâncias e fronteiras econômicas entre os vários povos, os valores nacionais estão passando por uma revalorização como tentativa de se defenderem da invasão da cultura hegemônica e de reforçarem suas identidades próprias. Se chegarão a ter êxito nesse processo, já é outra história.

A modernidade aqui descrita é um fenômeno que parece oferecer às pessoas oportunidades de uma existência segura e gratificante, se comparada ao período pré-moderno. Porém, os riscos gerados pelo próprio desenvolvimento lançam problemas antes desconsiderados. Questões como o controle de armas nucleares e a degradação do meio ambiente põem em risco toda a sociedade e afetam a todos indistintamente. Nesse ambiente, no qual as instituições não são mais capazes de oferecer a segurança observada na sociedade industrial, cada indivíduo do grupo social se vê diante da socialização dos riscos, independentemente da ação individual. A sociedade seria, então, caracterizada como sendo uma sociedade de risco, atribuindo-lhe também a condição de autocrítica, visto que os riscos geram multiplicidade de opiniões sobre os mais variados assuntos.

O dinamismo da modernidade, sob a ótica de modos de vida marcados por transformações, está baseado na separação entre tempo e espaço, que propicia meios de zoneamento preciso, temporal e espacial, sendo pré-condição para o desencaixe. O termo "desencaixe" refere-se ao deslocamento das relações sociais de contextos locais de interação e à sua reestruturação através de extensões indefinidas de tempo-espaço (GIDDENS, 1991).

O dinamismo da modernidade baseia-se também no desenvolvimento dos mecanismos deste desencaixe, retirando a atividade social dos contextos localizados e reorganizando-a por meio de grandes distâncias tempo-espaciais (GIDDENS, 1991). O elemento fundamental da formação da comunidade, o sentimento de pertencer, "desencaixa--se" da localização geográfica e temporal e reforça a ideia de que as pessoas podem ter todo tipo de experiência comunitária, independente de estarem vivendo ou não próximas umas das outras. O que não implica na substituição de um tipo de relação (de proximidade) por outro (a distância), mas possibilita a coexistência de ambas as formas, sendo o sentido de ligação comum às duas. Nesse contexto, se insere o conceito de "intimidade a distância" (ROSENMAYR e KOECKEIS apud DEBERT, 1999b), segundo o qual a tendência de os idosos morarem sós pode ser interpretada não como abandono por parte de seus familiares, mas um novo tipo de arranjo familiar, no qual o relacionamento entre os idosos e sua família pode se dar de modo intenso.

Outro exemplo do dinamismo da modernidade encontra-se na apropriação reflexiva do conhecimento, em que a própria produção de conhecimento sistemático torna-se integrante da reprodução do sistema, deslocando a vida social para fora de padrões relacionados à tradição.

Os mecanismos de desencaixe propostos por Giddens (1991) são:
1) Fichas simbólica - meios de intercâmbios que podem ser "circulados" sem ter em vista as características específicas dos indivíduos ou grupos que lidam com eles. O dinheiro, por exemplo, seria um exemplo de ficha simbólica.
2) Sistemas peritos - sistemas de excelência técnica ou competência profissional que organizam grandes áreas dos ambientes material e social em que vivemos hoje. Exemplos de sistemas peritos seriam os serviços prestados por engenheiros, médicos e advogados. A internet pode ser vista como um sistema perito. O virtual é uma criação de sistemas peritos. De uma certa maneira, os sistemas peritos sustentam as fichas simbólicas.

Esses mecanismos dependem da confiança existente quando "acreditamos" em alguém ou em algum princípio. Para Simmel, " [...]. é uma forma de fé na qual a segurança adquirida em resultados prováveis expressa mais um compromisso com algo do que apenas Compreensão cognitiva" (SIMMEL apud GIDDENS, 1991). Confiança é um termo corriqueiro na linguagem comum e pode ser definida como crença na credibilidade de uma pessoa ou sistema, tendo em vista um conjunto de resultados ou eventos. A relação que os indivíduos e a sociedade estabelecem com a confiança torna-se peculiar na modernidade. A confiança existe num contexto de consciência de que a atividade humana é criada socialmente e no qual o conceito de risco substitui o de acaso. Risco e confiança entrelaçam-se normalmente, servindo para reduzir ou minimizar os perigos aos quais somos expostos no exercício de qualquer atividade. O risco aceitável, ou seja, a chance mínima de correr perigos, varia em diferentes contextos e é fundamental para que a confiança se mantenha. A experiência de segurança depende de um equilíbrio entre confiança e risco aceitável (FREIRE e SOMMERHALDER, 1999).

Nesse contexto, dois tipos de confiança são necessários neste período: a confiança nas pessoas (compromisso pessoal), na qual são solicitados indicadores da integridade de outros, e a confiança em sistemas abstratos (sistemas peritos), que envolvem fé no funcionamento de um conjunto de saberes totalmente hermético e oculto aos não iniciados. Esse conhecimento pertence a sistemas de excelência técnica ou competência profissional, organizando grandes áreas dos ambientes material e social. A confiança nesses sistemas é condição das áreas de segurança na

26 O Envelhecimento na Pós-Modernidade

vida cotidiana que as instituições modernas oferecem. Como exemplo de sistema perito, cita-se o conjunto de especialistas que atua na área de Gerontologia, ramo do conhecimento dedicado ao estudo da velhice. A Pós-Modernidade, por outro lado, é vista como uma época em que tudo parece ser descartável. A condição pós-moderna é a tendência para o contrato temporário em todas as áreas da existência humana, ocupacional, política, sexual, emocional, estabelecendo laços mais econômicos, flexíveis e criativos que os da modernidade. Até mesmo o conhecimento científico se desatualiza e se desgasta em nossa época a uma velocidade jamais vista. Há uma intensificação das relações sociais em escala mundial, ligando localidades distantes de tal modo que acontecimentos locais são modelados por eventos ocorridos há milhares de quilômetros e vice-versa (ANDERSON, 1999).

A própria existência da velhice enquanto objeto individualizado de estudo deve ser analisada enquanto produto da modernidade. O conceito de velhice é, assim, uma construção social realizada em um contexto cultural e histórico específico. A velhice, então, se situaria no mesmo patamar da infância e da adolescência, de igual modo construções sociais dependentes de parâmetros socioculturais específicos em diferentes sociedades (ZALUAR, 1985; FEATHERSTONE, 1998; HAREVEN, 1999).

A "descoberta" de um novo estágio é um processo complexo. Primeiramente os indivíduos se tomam conscientes das características distintas de um grupo social em um dado período. Essa descoberta se difunde pela sociedade, na qual reformadores e profissionais delimitam suas características e abrangência. Por fim, caso as condições peculiares a esse estágio se associem a algum problema social importante, as agências públicas se interessam e, a partir daí, o novo estágio torna-se institucionalizado, com suas necessidades e problemas integrando a legislação e demandando a criação de serviços e políticas públicas destinadas a resolvê-los (HAREVEN, 1999). Foi o que ocorreu com a velhice. A partir da década de 1970, os velhos passaram a ser considerados vítimas da marginalização e da solidão (DEBERT, 1999a). A Gerontologia elaborou programas direcionados a eles para combater os preconceitos, criando ao mesmo tempo uma nova imagem. Esse novo despertar para uma faixa etária, antes praticamente invisível e atualmente representando o maior grupo lobista no Congresso americano, dividiu o antigo grupo dos idosos em "terceira idade"[2] e velhice propriamente dita (LEIBING, 2002).

Sinônimo de envelhecimento ativo e independente, a terceira idade converteu-se em uma nova etapa da vida, a ser vivida com dinamismo. Logo, velhice não se confunde com terceira idade. Passa a ser importante a distinção entre os idosos jovens e os idosos velhos. Criou-se, então, uma nova subdivisão, a "quarta idade", congregando os idosos muito velhos[3] e aproximando seus integrantes da imagem tradicional da velhice, de decadência física e cognitiva. Esse movimento foi necessário, pois " [...] toda identidade social constrói-se em oposição a outras, como um caleidoscópio de identificações" (ZALUAR, 1985). Dessa maneira, para um novo conceito de velhice nascer, o anterior teve de ser descartado. No caso, deslocado para mais longe dos integrantes da categoria nascente, em direção aos idosos muito velhos. A invenção da terceira idade é, assim, uma experiência inusitada de envelhecimento e não pode ser reduzida aos indicadores de prolongamento de vida nas sociedades contemporâneas. A invenção requer a existência de uma "comunidade de aposentados" com peso suficiente na sociedade e dotada de meios para tornar reais as expectativas de realização e satisfação pessoal na velhice (PEIXOTO, 2000).

O processo de "descoberta" de uma fase do desenvolvimento humano se deu com especial intensidade na infância. Philippe Ariès (1981) afirma que a infância pode ser considerada como uma invenção relativamente recente, inexistente na Europa medieval, quando a criança tomava seu lugar no mundo adulto a partir dos 7 a 8 anos, após a fase inicial de dependência física. Considerada um adulto em miniatura, a criança vestia-se como um adulto, trabalhava e combatia ao seu lado e era submetida às mesmas punições. Somente a partir do século XVII essa visão começou a mudar com o desenvolvimento da visão moderna das idades do homem. E a infância, de inexistente, passou a ser vista como um período individualizado da vida. Esse é um exemplo de diferentes paradigmas em uma mesma cultura, em momentos históricos distintos.

Do mesmo modo é possível falar de invenção da adolescência a partir da segunda metade do século XIX com os trabalhos de Stanley Hall, que a considerou como um estágio normal do desenvolvimento psíquico e biológico no Ocidente (FEATHERSTONE, 1998). Aqui cabe ressaltar a diferença entre puberdade e adolescência. Puberdade refere-se às mudanças corporais por que passamos para atingir a maturidade sexual, regidas por hormônios cuja produção inicia-se ao final da infância, transformando a criança em um adulto. Constitui, pois, uma entida-

28   O Envelhecimento na Pós-Modernidade

de biológica bem definida, com início, meio e fim, e presente em todo ser humano. Já a adolescência refletiria esta mesma transição, mas no âmbito psicológico e sociocultural. Como construção social recente, vincula-se à crescente especialização da sociedade, na qual a progressiva especialização do trabalho demanda um tempo maior de dependência dos pais a fim de permitir um aprendizado que capacite o jovem à vida independente. No meio rural, onde as tarefas são mais simples de aprender, essa fase pode ser bem diminuída (inclusive a tendência a se casar jovem é maior ali). Em outras culturas, nas quais a existência de ritos de passagem pelos quais a criança torna-se um adulto faz com que essa transição seja instantânea, a adolescência simplesmente inexiste.

Ariès e Hall, de modos diferentes, identificam o que se refere como a colonização do curso de vida, quando esta é crescentemente diferenciada e demarcada como entidades estanques, com problemas e soluções específicos. Sendo a infância e a adolescência construções sociais e, por essa razão, não estando presentes em todas as sociedades, podemos interpretar o curso de vida humano como dependente da cultura em que este indivíduo se insere (FEATHERSTONE, 1998).

No estudo do envelhecimento e do curso da vida, frequentemente os aspectos corporais do envelhecimento são reduzidos ao envelhecimento fisiológico, ao terreno da Biologia, como algo passível de estudo de modo independente de parâmetros culturais e sociais, os quais modelam a velhice de diferentes modos em diferentes sociedades. As formas de cada sociedade encarar o processo do envelhecimento, por sua vez, também sofrem influência de seus padrões de ver e sentir o mundo, os quais estão sofrendo profundas mudanças no momento atual. Nem a juventude e nem a velhice são concepções absolutas, mas interpretações sobre o curso da existência, podendo, desse modo, ser consideradas conceitos construídos historicamente, inserindo-se ativamente na dinâmica dos valores e das culturas das quais se originam. A velhice exprime um ciclo que se aproxima metaforicamente do fim, sendo empregada para assinalar a decadência de uma civilização, um povo ou urna cultura, cabendo ao termo "jovem" o polo positivo desta dicotomia jovem/velho (BOBBIO, 1997).

Esses aspectos da modernidade exercem capital importância na compreensão do papel desempenhado pelo envelhecimento e pelo conceito de velhice no mundo atual, que é relativamente recente na história ocidental. É evidente que sempre se soube que os seres vivos nascem, crescem, amadurecem e morrem, mas a transformação dessa inevitável sequência empírica em uma ordem fundamentada pela Biologia se deu na passagem do século XVIII para o XIX. A ideologia do evolucionismo foi a caução científica que fundou o ciclo biológico da existência em faixas etárias bem definidas. A convergência, no início do século XX, de um volume crescente de literatura especializada na área da Gerontologia, a proliferação de estereótipos negativos sobre os idosos e o estabelecimento de aposentadorias compulsórias favoreceram os primeiros movimentos de uma formulação política e institucional da velhice enquanto estágio distinto, diferenciando-se da chamada meia-idade. Nesse contexto, a velhice ou terceira idade não seria exceção. Assim, podemos dizer que a velhice é jovem (BIRMAN, 1995; HAREVEN, 1999).

A própria expectativa de vida em uma dada sociedade é responsável por criar os parâmetros para a divisão do curso de vida em fases distintas. Evidentemente as possibilidades para a vida e sua demarcação em estágios são totalmente diferentes em uma sociedade moderna, com expectativa de vida de 85 anos, e na Pré-História, na qual esta era de apenas 18 anos e eram raros os indivíduos com mais de 30 anos. O curso de vida pré-moderno era relativamente indiferenciado e sem estágios definidos. Em muitos casos, o *status* social importava mais que a idade. Na sociedade moderna, idades compulsórias foram definidas para começar e deixar a escola, trabalhar, casar, votar, aposentar etc. O Estado moderno assumiu o papel de padronizar e ordenar o curso de vida, estendendo as grades etárias para todos os cidadãos.

O estágio atual de pós-modernidade (ou transição para ela) caracteriza-se pela reversão dessas tendências, tendo como consequência o esfacelamento das grades etárias e dos papéis sociais a elas destinados, gerando uma maior diversidade. Os jovens e as mulheres podem ingressar mais depressa no mercado de trabalho e ensino superior e os homens estão se aposentando mais cedo. Há maior variedade na composição das famílias e modelos de parentesco e educação infantil, nas quais a família nuclear seria apenas uma dentre as diversas possibilidades. Aqui se incluem as famílias uniparentais (de pais separados ou solteiros), casais homossexuais, mulheres que decidem ter o primeiro filho após os 35 anos e famílias reconstituídas.

No tocante ao envelhecimento, as pessoas estão buscando durante todo o curso de vida (e não apenas na juventude) a autoexpressão e a exploração da identidade. A própria velhice foi desconstruída e suas manifestações nos planos físico e cognitivo, anteriormente consideradas como características dessa fase do ciclo vital, passaram a ser analisadas como anormalidades, entidades clínicas individualizadas e distintas do processo do envelhecimento em si mesmo, o qual deve transcorrer com o mínimo de declínio. A juventude perdeu a conexão com um grupo etário específico, deixando de ser um estágio na vida para se transformar em valor, um bem a ser conquistado em qualquer idade pela adoção de estilos de vida e formas de consumo adequadas. O estereótipo do idoso decrépito, doente e senil, cedeu lugar a outro estereótipo, impensável há algumas décadas, representado pelo idoso ativo, aquele que ou continua a trabalhar e a ser produtivo mesmo após a aposentadoria, ou viaja e se diverte normalmente, desfrutando da vida. O objetivo passa a ser o chamado "envelhecimento saudável", o qual pode ser construído com a adoção de um estilo de vida saudável. Esse conceito de velhice bem-sucedida é concebido a partir de contextos culturais específicos de certos grupos sociais com certa representação da vida humana e dos limites do homem para intervenção no corpo humano e representa o fim das divisões tradicionais e estanques entre as faixas etárias. O apagamento das idades como marcador importante das experiências vividas representa a transformação da velhice em um mecanismo privilegiado na criação de atores políticos e definição de novos mercados de consumo (DEBERT, 1999b).

Nesse sentido, é possível afirmar que a Pós-Modernidade e a globalização representam o fim do *self* da identidade, substituídos por uma noção de identidades e *selves* fragmentados, os quais não representam necessariamente algum distúrbio mental dissociativo do ponto de vista psicológico e sim a expansão potencial das possibilidades de adaptação e sobrevivência das pessoas durante a trajetória de suas vidas. Variedade e diferença são, portanto, não apenas permitidas mas encorajadas como tendência oposta à homogeneização e à universalidade. A análise desse período será fundamentada na desinstitucionalização e na não diferenciação, ou seja, na desconstrução de todos os parâmetros utilizados anteriormente para análise do curso da vida. Enquanto a modernidade estabeleceu, com o patrocínio do Estado e de outras instituições, parâmetros claros entre diferentes faixas etárias, a pós-modernidade irá obscurecê-los novamente (BASSIT, 2000).

Na Pós-Modernidade atual, o idoso tomou-se um ator não mais ausente do conjunto de discursos produzidos a seu respeito. A velhice ganhou legitimidade e se transformou em um problema, integrando as preocupações sociais do momento. Esse processo não pode ser redutível apenas aos aspectos demográficos do envelhecimento, como se todos os inúmeros aspectos sociais da velhice, alvo de estudos de gerontologistas de diversas áreas, se devessem simplesmente ao aumento na composição demográfica dos idosos na população (DEBERT, 1999b).

O prolongamento da vida humana é um ganho social coletivo, mas também encerra em si um perigo, um risco, uma ameaça à reprodução da vida social, pois os custos da aposentadoria e assistência médica são vistos como indicadores da inviabilidade de um sistema que futuramente não poderá arcar com os gastos de atendimento, mesmo quando a qualidade dos serviços é geralmente precária, como no caso brasileiro. O Brasil tem pela frente o desafio de equacionar suas carências sociais de modo a, sem abandonar áreas já tradicionalmente necessitadas de recursos, como a infância, poder planejar e implementar políticas públicas que deem conta das questões da velhice de um modo abrangente, não apenas em relação aos idosos saudáveis, mas também no que tange aos idosos institucionalizados em internação de longa permanência, tradicionalmente afastados das principais preocupações por parte das instâncias formuladoras das políticas públicas voltadas para a velhice (LOURENÇO, VERAS e SILVA, 2002).

Assim, em uma sociedade desvencilhada de ordens sociais tradicionais, na qual a única constante é a mudança, a confiança em sistemas abstratos é fundamental e a segurança baseia-se no equilíbrio entre confiança e risco aceitável. Por consequência, viver a velhice no contexto atual da pós-modernidade pode tornar-se ao mesmo tempo uma experiência profundamente rica ou extremamente ameaçadora.

Notas

[1] A influência do uso não se limitou ao mundo hispânico, estendendo-se também ao luso-brasileiro. O Modernismo brasileiro é datado da Semana de Arte Moderna de 1922, sob o impacto do futurismo e associado à ruptura promovida por Mário de Andrade, em contraposição ao pós-modernismo, tido como inaugurado por uma reação indigenista na década de 1930 (ANDERSON, 1999).

[2] A expressão "terceira idade", por sua vez, é de criação um tanto mais antiga, tendo sido cunhada na França, logo após a implantação das políticas sociais para a velhice. Os novos aposentados reproduziam práticas sociais das classes médi-

32   O Envelhecimento na Pós-Modernidade

as assalariadas, distanciando-se do estereótipo de senilidade e decrepitude (PEI-
XOTO, 2000).

[3] Peixoto (2000) delimita a "quarta idade" após os 75 anos, baseada na literatura
francesa. Porém, outros autores nacionais consideram seu início a partir dos 80
anos (CAMARANO et al., 1999), a exemplo de outros europeus (BOBBIO,
1997). A falta de consenso pode se dever a diferenças de definição semelhantes
às que determinaram limites distintos para a velhice em países desenvolvidos e
em desenvolvimento. Ou pelo fato de a categoria dos "muito velhos" não ser
ainda muito difundida e estudada. Ou ainda por outras razões. No decorrer
deste trabalho utilizamos o limite de 80 anos.

Bibliografia

ANDERSON, P. *As Origens da Pós-Modernidade*. Rio de Janeiro: Jorge Zahar, 1999.

ARIÈS, P. *História Social da Criança e da Família*. 2 ed. Rio de Janeiro: Guanabara
Koogan, 1981. 279 p.

BASSIT, A. Z. "O Curso de Vida Como Perspectiva de Análise do Envelhecimento na Pós-Modernidade." In: GOLDSTEIN, D. M. (org.). *Políticas do Corpo e o
Curso da Vida*. São Paulo: Sumaré, 2000.

BIRMAN, J. "O Futuro de Todos Nós: Temporalidade, Memória e Terceira Idade
na Psicanálise." In: VERAS, R. P. (org.). *Terceira Idade: Um Envelhecimento Digno Para
o Cidadão do Futuro*. Rio de Janeiro: Relume-Dumará – UnATI/UERJ, 1995.

BOBBIO, N. *O Tempo da Memória. De Senectude e Outros Estudos Autobiográficos*. Rio
de Janeiro: Campus, 1997. 205 p.

CAMARANO, A. A. et al. "Como Vive o Idoso Brasileiro?" In: CAMARANO,
A. A. (org.). *Muito Além dos 60. Os Novos Idosos Brasileiros*. Rio de Janeiro: IPEA,
1999.

DEBERT, G. G. "A Construção e a Reconstrução da Velhice: Família, Classe Social
e Etnicidade." In: NERI, A. L. e DEBERT, G. G. (orgs.). *Velhice e Sociedade*.
Campinas: Papirus, 1999a.

_____. *A Reinvenção da Velhice. Socialização e Processos de Reprivatização do Envelhe-
cimento*. São Paulo: Edusp, 1999b. 266 p.

FEATHERSTONE, M. O. "O Curso da Vida: Corpo, Cultura e Imagens do

Processo de Envelhecimento." In: DEBERT, G. G. et al. *Antropologia e Velhice.* Campinas: IFCH/UNICAMP Textos Didáticos, n. 13, jan. 1998.

FREIRE, S. A. e SOMMERHALDER, C. "Velhice e Pós-Modernidade." *Revista de Estudos Universitários,* Sorocaba, v. 25, n. 2, dez. 1999.

GIDDENS, A. *As Consequências da Modernidade.* São Paulo: Unesp, 1991. 177 p.

GIDDENS, A., BECK, U. e LASH, S. *Modernização Reflexiva.* São Paulo: Unesp, 1994.

HAREVEN, T. K. "Novas Imagens do Envelhecimento e a Construção Social do Curso da Vida." *Cadernos Pagu,* Campinas, n. 13, 1999.

LEIBING, A. "Velhice e Saúde Mental no Brasil e no Mundo." In: LOYOLA, C. e MACEDO, P. R. A. (orgs.). *Saúde Mental e Qualidade de Vida. Simpósio Internacional de Saúde Mental e Qualidade de Vida.* Rio de Janeiro: CUCA-IPUB/UFRJ, 2002.

LOURENÇO, R. A., VERAS, R. P. e SILVA, N. A. S. "Hipertensão Arterial e Outros Fatores de Risco de Doença Cardiovascular: Prevalência em Uma População de Idosos." In: VERAS, R. P. *Terceira Idade: Gestão Contemporânea em Saúde.* Rio de Janeiro: Relume-Dumará – UnATI/UERJ, 2002.

PEIXOTO, C. "Entre o Estigma, a Compaixão e os Termos Classificatórios: Velho, Velhote, Idoso, Terceira Idade." In: BARROS, M. M. L. (org.). *Velhice ou Terceira Idade?* Rio de Janeiro: Fundação Getúlio Vargas, 2000.

ZALUAR, A. *A Máquina e a Revolta. As Organizações Populares e o Significado da Pobreza.* São Paulo: Brasiliense, 1985. 256 p.

Estatuto do Idoso: Ampliação e Alargamento dos Direitos Humanos na Sociedade Brasileira

Anselmo Lunghi Laranja[1]
Ricardo da Costa[2]

Ita enim senectus honesta est, si se ipsa defendit, si ius suum retinet, si nemini emancipata est, si usque ad ultimum spiritum dominatur in suos. Vt enim adulescentem in quo est senile aliquid, sic senem in quo est aliquid adulecentis, probo; quod qui sequitur corpore senex esse poterit, animo numquam erit.

A velhice é honrosa se é protegida, se conserva seus direitos, se não está submetida a ninguém e se mantém, até o último alento de vida, a autoridade sobre os seus. Efetivamente, assim como aprecio o jovem que tem algo senil, também tenho prazer com o velho que tem um pouco de juventude. Quem consegue isso poderá ser velho no corpo, mas não o será no espírito. (Cícero, *Catão o Velho – Da Velhice*).[3]

O Brasil está envelhecendo. Os últimos dados do IBGE (censo demográfico de 2010) afirmam que a sociedade brasileira hoje tem mais de 20 milhões de cidadãos com mais de sessenta anos (quase 10% do total da população). Sua projeção indica que muito em breve teremos mais de 30 milhões nessa faixa etária[4], isso sem levarmos em conta o fato de que a sociedade brasileira, em seu conjunto, tem um conceito de *velhice* já a partir dos quarenta anos.

Assim, já era tempo de nos preocuparmos – tanto a sociedade civil organizada quanto os nossos governantes – com a situação social desse importante contingente humano, formado por pessoas que ajudaram a forjar, ao longo do século XX, o que entendemos como *nação brasileira*.[5]

Matriz de todo ordenamento jurídico brasileiro, a Constituição de 1988 já previu, em vários dispositivos, que a velhice fosse objeto de direitos específicos. Por exemplo, ela garantiu o *direito previdenciário* (Art. 201, I) e o *direito assistencial* (Art. 203, I).[6] Em nossa Carta Magna há, contudo, dois outros dispositivos que merecem nossa atenção: o artigo 230 – que estatui o amparo às pessoas idosas pela família, pela sociedade e pelo Estado – atribuindo a essas instituições esse dever. Além disso, assegura a participação dos idosos na comunidade, defende sua dignidade e bem-estar, e garante direito à vida, de preferência mediante programas executados no recesso do lar.[7]

Como a norma constitucional é programática, leva posteriormente à necessidade de regulamentação de direitos assegurados no texto constitucional.[8] Por esses motivos, no dia 01 de outubro de 2003 o presidente da República sancionou a Lei n. 10.741/03, conhecida como o *Estatuto do Idoso*, lei que regulamenta direitos para pessoas com idade a partir de 60 anos (Título I, Art. 1°.)[9] e que entrou em vigor em janeiro de 2004.

Portanto, é objetivo principal de nosso opúsculo fazer uma breve análise do conteúdo do Estatuto, selecionando arbitrariamente alguns direitos assegurados aos idosos na referida lei.[10] É importante que a sociedade civil tome ciência da norma em si. Nossa preferência pela *análise de conteúdo* pauta-se pela intenção de colaborar com a divulgação dessa notável legislação, pois nos parece razoável que, antes de comentarmos as possibilidades de aplicação real da lei, tenhamos exata noção de quais direitos o legislador quis preservar à pessoa com mais de 60 anos.

***

Histórica e tradicionalmente nosso país nunca foi afeito à condição da senectude.[11] Embora seja de difícil precisão, desde o Brasil colônia, a "falta do uso da razão", chamada de "condição anciã", era um indicativo da velhice, bem como "viver já no estado de inocência".[12] Por exemplo, as mulheres envelheciam mais precocemente que os homens; eram consideradas *matronas* aos dezoito, em *decadência* aos vinte, tornando-se definitivamente *velhas* aos trinta anos, fato atribuído tanto ao casamento precoce e à sucessão de filhos quanto à vida sedentária que levavam.[13]

Pelo contrário, as sociedades tradicionais e antigas, por terem os padrões morais e religiosos mais influentes, cercavam-se de cuidados familiares e sociais para com seus "velhos", especialmente a sociedade ocidental cristã, com seus valores morais e éticos ligados às virtudes teologais e cardeais.[14] Era a chamada *solidariedade familiar* que, com o surgimento histórico do Estado e sua tentativa de assegurar a ordem pública (!), foi gradativamente desfeita, tornando-se inútil. "Quando a autoridade se desenvolve, a solidariedade diminui", concluiu um historiador do Direito.[15] Em contrapartida, nossa sociedade privilegiou tanto os aspectos relacionados à juventude, que observamos hoje uma forte tendência sociocultural de natureza estética, como a preservação da juventude e a busca do belo *em si*. Isso pode ser constatado pela simples e corriqueira observação cotidiana da forte proliferação de centros de estética e de cirurgias plásticas corretoras nos grandes centros do país, todos visando a conservação do tônus físico e a manutenção do viço juvenil perdido com a idade.[16]

Com isso, gradativamente a velhice passou a ser considerada uma fraqueza, uma deficiência, uma condição humana degradante. Pelo contrário, como afirmamos acima, as sociedades ocidentais tradicionais e ligadas ao direito consuetudinário sempre tinham o parecer maduro como um norteador dos julgamentos e decisões da coletividade: os senhores, juntamente com os notáveis da cidade ou do povoado, atestavam a veracidade do direito decorrente do costume invocado.[17]

Dessa forma, paralelo e contraditoriamente a esse processo histórico-cultural de degradação da condição senil, o Brasil envelhecia. Enquanto nossa sociedade, a partir da década de 1970, cada vez mais buscava a juventude, especialmente na propaganda, homens e mulheres alcançavam a maturidade; enquanto idealizávamos o jovem como o padrão ideal, a sociedade também se aproximava da velhice; enquanto novas e mais avançadas técnicas de retardo do envelhecimento eram desenvolvidas por especialistas, como o *botox*, por exemplo[18], homens e mulheres tentavam fugir da morte. Assim, uma das principais características das sociedades ocidentais contemporâneas é o *estranhamento da morte*, o receio de sua chegada, o medo dela.[19]

***

Para tentar frear esse estado de coisas e trazer de volta a valorização e preocupação social com os idosos é que foi editada a Lei n. 10.741/03. Dividida em cinco Títulos, com 118 Artigos, o *Estatuto do Idoso* tem como finalidade precípua, inspirada em uma filosofia do direito *de cunho humanista*, o usufruto dos "direitos de civilização", conforme atestou o presidente da República em seu discurso por ocasião da promulgação do referido diploma legal.[20]

Os Títulos são:

1. Disposições preliminares
2. Dos Direitos Fundamentais
3. Das Medidas de Proteção
4. Da Política de Atendimento ao Idoso
5. Do acesso à Justiça.[21]

Apresentado originalmente pelo então Deputado Paulo Paim (PT-RS), em 1997, durante o primeiro mandato do Presidente Fernando Henrique Cardoso, o Projeto de Lei 3.561 recebeu uma Comissão Especial destinada a apreciá-lo, juntamente com outros projetos apensados e que também dispunham sobre o idoso. Governadores e prefeitos apresentaram então informações sobre a situação dos idosos em suas respectivas localidades. Por exemplo, o Estado da Bahia informou que dispunha de projetos de atenção à saúde do idoso, de atendimento asilar e com centros de convivência, além de um projeto universitário e outro destinado à reintegração social do idoso (esse ainda em implantação). No entanto, embora o número de projetos indicasse uma preocupação da sociedade baiana com seus idosos, eles atendiam a somente 12.853 idosos, número bastante pequeno face à população baiana.[22]

Seguindo a tramitação, e como base nos dados levantados, o Deputado Federal Silas Brasileiro (PMDB-MG) proferiu voto pela constitucionalidade, pela juricidade e boa técnica legislativa do Projeto de Lei.

***

Iniciemos agora a análise de alguns aspectos que consideramos importantes no **Título II** (Dos Direitos Fundamentais), subdivido em dez capítulos. Em um deles, "Do direito à Vida" (**Cap. I**, art. 9º), há a determinação de que o Estado deve garantir à pessoa idosa políticas sociais públicas que permitam o envelhecimento saudável e em condições de dignidade.

No entanto, parece que o próprio Estado é o primeiro a descumprir o que legisla. Por exemplo, em novembro de 2003, Ricardo Berzoini, Ministro da Previdência Social, impôs aos idosos com mais noventa anos uma dolorosa *via crucis*: bloqueou o pagamento de 105 mil segurados e exigiu que todos se recadastrassem no INSS para evitar fraudes. Eles deveriam comprovar que estavam vivos para continuar recebendo sua aposentadoria...[23] Após gigantesca estupefação pública, o Presidente da República exigiu um pedido oficial de desculpas do Ministro aos idosos, apesar dele ter dito que *não o faria.*[24] O mais inacreditável nesse episódio é que ele ocorreu somente um mês após a promulgação do estatuto. Apenas com essa primeira análise, percebe-se que não basta incluir direitos no ordenamento jurídico sem que haja uma mudança cultural em relação ao assunto tratado pela legislação. Ou seja, o motivo inspirador do legislador deve também inspirar a sociedade, ou permeá-la, e assim concretizar a garantia assegurada pela norma.

A seguir, no próprio enunciado do **Capítulo II (Título II)**, há a repetição da palavra *dignidade*: "Do Direito à Liberdade, ao Respeito e à Dignidade", evidenciando ser esta uma das principais preocupações do legislador. Esse é um conceito filosófico enunciado por Kant (1724-1804) consistente no *princípio da dignidade humana*, entendido como um *imperativo categórico*: "Age de tal forma que trates a humanidade, tanto na tua pessoa como na pessoa de qualquer outro, sempre também como um fim e nunca unicamente como um meio". Isso significa considerar todo homem, todo ser racional, como tendo um *valor intrínseco*, isto é, a dignidade.[25] A dignidade volta, recorrente, logo em seu primeiro artigo:

> **Art 10**. É obrigação do Estado e da sociedade, assegurar à pessoa idosa a liberdade, o respeito e a dignidade, como pessoa humana e sujeito de direitos civis, políticos, individuais e sociais, garantidos na Constituição e nas leis.

Parece claro que o **Artigo 10** tem como base filosófica, mesmo que o legislador não o saiba, o conceito kantiano de *dignidade*, como descrito acima. Isso fica claro especialmente quando explicita na norma a associação entre *dignidade* e *pessoa humana*, o que nos leva a crer que o conceito de *dignidade humana*, a partir de Kant, impregnou tanto nosso senso comum quanto a Filosofia do Direito[26], embora ainda não tenha sido suficiente, na prática, para assegurar a garantia de respeito à dignidade humana, fato que exige sua normatização.[27]

Mais uma vez o texto legal, em seu parágrafo terceiro do **Artigo 10**, impõe: "É dever de todos zelar pela dignidade do idoso, colocando-o

40 Estatuto do Idoso: Ampliação e Alargamento dos Direitos Humanos na Sociedade Brasileira

a salvo de qualquer tratamento desumano, violento, aterrorizante, vexatório ou constrangedor". Destacamos o caráter de oposição retórica (dignidade *versus* desumanidade), o que evidencia o *imperativo categórico kantiano da dignidade* como algo inerente à condição humana. Provavelmente esses norteadores humanitários e filosóficos são desconhecidos de nosso atual Ministro da Previdência Social, especialmente reprovável num governo eleito com um discurso baseado na igualdade social.

Prosseguindo em nossa análise do *Estatuto do Idoso*, ainda no **Título II**, destacamos agora o **Artigo 21** do **Capítulo V** (Da Educação, Cultura, Esporte e Lazer). Nele, a ênfase recai na integração do idoso à cultura moderna, especialmente aquela relacionada aos avanços tecnológicos (§ 1.º). É nesse sentido que o *Estatuto* quer preservar, mesmo com o envelhecimento da pessoa, sua permanência no *tempo presente*, mantendo-a sintonizada e em afinidade constante com o progresso. Essa capacidade de se ligar sequencialmente aos acontecimentos e que estrutura a percepção humana[28], é uma das características da *humanidade*, da dignidade do homem. Portanto, é importante que, em seu espírito, o idoso se sinta parte do mundo, vivo nele, e que ainda pode não só contribuir, mas também atuar na vida social moderna.

Neste ponto, o *Estatuto* estabelece um *comando normativo geral* a ser observado por toda a sociedade em relação ao idoso, e simultaneamente garante a oportunidade de manter nele a autoestima, fazendo-o sentir-se útil. Não sem razão, o parágrafo 2º afirma que os idosos devem participar das comemorações de caráter cívico ou cultural, para a transmissão de seus conhecimentos e vivências às demais gerações, e assim preservar a memória e identidade culturais. Como vimos anteriormente, essa característica típica da velhice – a maturidade, a sabedoria de vida – eram traços valorizados pelas sociedades tradicionais.[29] Manter os idosos na experiência cultural e na convivência humana é dar-lhes novamente um sentido, para muitos perdido com o tempo, com a aposentadoria ou mesmo com a inatividade. O *cabedal cultural* é fruto de tudo aquilo que o espírito humano projeta para fora de si, ao modelar a natureza à sua imagem e emprestar-lhe um valor. Assim, a participação do idoso na preservação da memória é expressão da experiência humana através dos tempos e tradução do ser do homem em toda a sua potencialidade criadora.[30] Dessa forma, o que é novo se vale do que é velho para criar coisas novas e, ao mesmo tempo, preservar seus valores.[31]

A Arte de Envelhecer   41

Em contrapartida, a sociedade brasileira deve aprender a conviver com o idoso, a lidar com as peculiaridades da senectude. Por esse motivo, o **Artigo 24** trata da necessidade de os meios de comunicação manterem "espaços ou horários especiais voltados aos idosos, com a finalidade informativa, educativa, artística e cultural, e ao público sobre o processo de envelhecimento." Atualmente o que se vê na televisão é a participação de pessoas maduras em programas que, para se manterem no ar, regularmente passam por processos de rejuvenescimento, ou se valem de uma característica pessoal de conservação, tirando proveito disso.[32] No entanto, o *Estatuto* vai além e quer que sejam criados mecanismos de valorização do idoso, não por eles manterem um aspecto jovem, mas para que a população compreenda todas as nuances do processo de envelhecimento[33], especialmente aqueles com menos de 30 anos. Entendemos que envelhecer é da natureza, humana ou não, e é um processo inexorável.[34] Não há demérito algum nisso, pelo contrário, o desfrute da longevidade é garantia de sabedoria.

Ainda no mesmo **Capítulo V**, o **Artigo 25** determina que o Poder Público deve apoiar a criação de universidade aberta para as pessoas idosas e ainda deve incentivar a "publicação de livros e periódicos de conteúdo e padrão editorial adequados ao idoso, que facilitem a leitura, considerada a natural redução da capacidade visual". Nesse sentido, a Universidade Estadual do Rio de Janeiro (UERJ) foi pioneira, além de antecipar-se ao legislador infraconstitucional: há dez anos, criou a *Universidade Aberta da Terceira Idade* (UnATI/UERJ), uma iniciativa do Prof. Piquet Carneiro. Seu programa prevê serviços de saúde, atividades socioculturais e educativas, de integração e inserção social. Outro eixo é voltado para estudantes de graduação, profissionais, e público não idoso (com formação, capacitação, atualização, especialização de recursos humanos, educação continuada e preparação de pessoas que cuidem de idosos).[35] O exemplo da UERJ logo foi seguido por várias instituições brasileiras[36] (há também instituições internacionais com a mesma finalidade).[37]

***

Prossigamos com nossa análise de conteúdo do *Estatuto do Idoso*. O **Artigo 69** do **Título V** (Do acesso à Justiça) estabelece que qualquer processo do qual o idoso seja parte obedecerá ao rito sumário, ou seja, será um processo com concentração de atos, visando economia processual e,

42 Estatuto do Idoso: Ampliação e Alargamento dos Direitos Humanos na Sociedade Brasileira

consequentemente, maior agilidade na prestação da tutela jurisdicional. Além disso, o **Artigo 71** impõe a manutenção da prioridade na tramitação desses processos, procedimentos e diligências judiciais, mesmo após a morte do requerente com idade igual ou superior a 60 anos.

Essa prioridade é transmitida *in totum* ao cônjuge companheiro ou companheira, com igual idade, visando assegurar a possibilidade de usufruir o direito discutido em juízo. A morosidade da Justiça brasileira é hoje tão excessiva que fez com que o legislador tivesse a preocupação de acelerar um pouco mais a tramitação dos processos dos idosos, pois esses muitas vezes morrem antes de ver concluída a prestação jurisdicional. Desse modo, a justiça buscada através do processo poucas vezes tem sido realizada, e, nesse aspecto, o *Estatuto* tem a preocupação com a realidade de nosso sistema jurídico processual.[38]

O *Estatuto* é farto em regulamentar o modo com que tramitarão em juízo os processos relativos às pessoas idosas. Existem vários outros direitos e garantias assegurados. Nosso propósito não é enumerá-los e analisá-los exaustivamente, como dissemos.[39] Mas o que nos interessa enfatizar é que todos os artigos do **Título V** visam, em síntese, facilitar o acesso à Justiça e à sua realização, pois é função precípua do Poder Judiciário a prestação da tutela jurisdicional, sempre buscada quando o direito está ameaçado de lesão ou efetivamente violado.[40] Isso constitui um dos principais direitos do Estado constitucional democrático, sendo o Judiciário a última porta a qual se recorre.

À Guisa de Conclusão

Ao tratar da política de atendimento ao idoso, o *Estatuto* diz que ela far-se-á por meio de um conjunto articulado de ações governamentais e não governamentais, seja da União, dos Estados, do Distrito Federal ou dos Municípios.[41] Embora aqui a expressão "conjunto articulado" se refira especificamente a entidades institucionais, desejamos enfatizar que tanto essa ideia quanto todos os direitos expressos no *Estatuto* só poderão se concretizar efetivamente quando houver uma conscientização nacional sobre as prerrogativas de nossos velhos.

Certamente esse é um processo cultural de conscientização progressivo, que leva tempo e necessita de um esforço articulado entre o governo

A Arte de Envelhecer   43

e a sociedade. Não cabe aqui a clássica discussão da imediata aplicabilidade da lei, com a realização dos direitos nela assegurados. O tema é ética e existencialmente importante *per si*. Eticamente porque a conduta dos homens deve ser orientada para a busca da felicidade humana, sempre a partir de nossa natureza racional, busca que deve ser condicionada às virtudes necessárias[42], classicamente consideradas condições da felicidade – e os idosos fazem parte dela. Existencialmente, porque os velhos, suas vidas e expectativas, dizem respeito ao relacionamento humano e social; um de seus maiores problemas é a solidão, já que a sociedade os rejeita, impondo-lhes um isolamento que é antagônico à sua plena inserção existencial no mundo.

A lei surge quando o legislador reconhece um valor social que merece tutela estatal. Por isso, onde há o homem, existe o direito como expressão de vida e de convivência.[43] Legislar sobre a velhice é preocupar-se com ela, e só por isso o *Estatuto do Idoso* há de ser positivamente considerado: ele é uma das etapas no processo de conscientização sobre o qual nos referimos acima.

O velho é o esteio da sociedade. As quatro acusações clássicas contra a velhice (inatividade, debilidade corporal, a falta de prazeres e a proximidade da morte) foram, há séculos, combatidas por Cícero que, em contrapartida, pergunta: "Existe coisa mais deliciosa que um velho voltado para os jovens ávidos de saber? ".[44] Segundo o escritor romano, os velhos podem e devem instruir os futuros dirigentes.[45] Esse sábio conselho se aplica também ao nosso tempo.

O processo cultural de conscientização sobre o valor da senectude avança com o *Estatuto do Idoso*. Assim, nossos velhos – e não devemos ter medo de recuperar o valor afetivo da palavra *velho* – podem novamente aspirar à dignidade de sua condição.

Notas

[1] Doutorando em Direito e Garantias Fundamentais pela Faculdade de Direito de Vitória e *Juiz de Direito* no Estado do Espírito Santo. Currículo Completo em <http://lattes.cnpq.br/3308273209288238>.

[2] Medievalista. *Acadèmic corresponent a l'estranger* da *Reial Acadèmia de Bones Lletres de Barcelona*. Professor do Departamento de Teoria da Arte e Música (DTAM) e dos

44   Estatuto do Idoso: Ampliação e Alargamento dos Direitos Humanos na Sociedade Brasileira

mestrados de Artes (PPGA) e de Filosofia (PPGFil) da UFES, além do *Doutorado internacional* (à distância) *Transferencias Interculturales e Históricas en la Europa Medieval Mediterránea* do *Institut Superior d'Investigació Cooperativa* IVITRA [ISIC-2012-022] da Universitat d'Alacant (UA). *Website*: <www.ricardocosta.com>.

[3] CÍCERO. *Cato el Vell (De la Vellesa)*. Barcelona: Fundación Bernat Metge, MCMXCVIII, IX, 38, p. 118 (edição bilíngüe latim-catalão). A tradução é nossa.

[4] Dados do *IBGE*. Disponível em: <http://www.ibge.gov.br>.

[5] Embora o conceito de *nação* seja de precisão bastante difícil, tomamos aqui o referencial teórico do historiador Eric Hobsbawn em sua obra *Nações e Nacionalismos desde 1780* (Rio de Janeiro: Paz e Terra, 1990).

[6] Disponível em: <http://www.senado.gov.br/bdtextual/const88/Con1988br.pdf>.

[7] Além dessas garantias citadas, a Constituição ainda prevê o "benefício de um salário-mínimo mensal ao idoso que comprove não possuir meios de prover a própria manutenção ou de tê-la provida por família, conforme dispuser a lei (art. 203, V), e, aos maiores de 65 anos, independente de condição social, é garantida a gratuidade dos transportes urbanos". – SILVA, José Afonso da. *Curso de Direito Constitucional Positivo*. São Paulo: Malheiros Editores, 2002, p. 824.

[8] Sobre a classificação das normas constitucionais ver DEZEN JR., Gabriel. *Direito Constitucional*. Brasília: Editora VEST-COM, 1998, p. 49-52, e especialmente SILVA, José Afonso da. *Curso de Direito Constitucional Positivo*, op. cit., p. 456-465. Para uma posição oposta, ver CATHARINO, J. Martins. "Constituição: miragem ou realidade? Como os juízes respondem a essa pergunta *Constituição não é programa, nem projeto, nem protocolo de intenções*". Disponível em: <http://www.unifil.br/materiais/direito/materiais/contituicaomiragem.doc>.

[9] O *Estatuto do Idoso* encontra-se disponível em <http://www2.senado.gov.br/web/relatorios/destaques/2003057rf.pdf>.

[10] Há uma importante distinção entre o conceito de *direito* e o de *garantia*. Segundo Rui Barbosa, "Uma coisa são os direitos, outra as *garantias*, pois devemos separar, 'no texto da lei fundamental, as disposições *meramente declaratórias*, que são as que imprimem existência legal aos direitos reconhecidos, e as disposições *assecuratórias*, que são as que, em defesa dos direitos, limitam o poder'..." – citado em SILVA, José Afonso da. *Curso de Direito Constitucional Positivo*, op. cit., p. 185.

[11] Além da obra de Cícero, já citada, é sempre bom também não esquecer o clássico *Da Senectude*, de Sêneca (20 a. C.-65 d. C.). Recentemente, ainda temos a obra *O tempo da Memória, De senectude e outros escritos autobiográficos*, escrita por Norberto Bobbio (Rio de Janeiro, Ed. Campus, 1997).

[12] FARIA, Sheila de Castro. "Velhos". *In*: VAINFAS, Ronaldo (dir.). *Dicionário do Brasil Colonial (1500-1808)*. São Paulo: Objetiva, 2000, p. 579.

[13] FREYRE, Gilberto. *Casa Grande & Senzala*. Rio de Janeiro: Record, 1989, p. 347-350.

[14] Essa questão foi tratada mais detalhadamente em um capítulo do trabalho de mestrado de Anselmo Laranja em *História Social das Relações Políticas* na UFES, intitulado "Algumas considerações teóricas sobre o problema da ética e da corrupção", texto apresentado como trabalho final da disciplina "História, Cultura e Imaginário Político", ministrada pelo Prof. Dr. Ricardo da Costa no primeiro semestre de 2003.

[15] GILISSEN, John. *Introdução histórica ao Direito*. Lisboa: Fundação Calouste Gulbenkian, 2001, p. 564.

[16] "No Brasil, país da proliferação das cirurgias plásticas, clínicas de estética, academias de ginástica e das poções milagrosas para emagrecimento, não poderia ser diferente. Refrigerantes, refrescos em pó, sobremesas, pães, sopas, pratos prontos congelados e até o cafezinho com baixas calorias tornaram-se itens obrigatórios na dispensa de muitos brasileiros." – CAMPOS, Vera. "Prazer sem culpa". *In*: *Revista Distribuição*. Disponível em: <http://www.revistadistribuicao.com.br/content.asp?page=140>.

[17] Ver GILISSEN, John. *Introdução histórica ao Direito, op. cit.*, p. 259.

[18] NETO, Miguel Francischelli. "O que é e como funciona a toxina botulínica: *botox, dysport* e *myobloc*? Tratamento das Rugas de Expressão com o *Botox / Dysport*". Disponível em: <http://www.widesoft.com.br/users/naturale/botox.htm>.

[19] Ver especialmente ARIÈS, Philippe. *História da Morte no Ocidente – Da Idade Média aos nossos dias*. Rio de Janeiro: Francisco Alves, 1990.

[20] LEITE JR., Nelson. "Estatuto do Idoso. Novos direitos e questões controvertidas". *In*: *JUSTIlex*, Ano III, n. 25, janeiro de 2004, p. 12.

[21] *Lei n. 10.741*, de 01 de outubro de 2003. Disponível em: <http://www2.senado.gov.br/web/relatorios/destaques/2003057rf.pdf>.

[22] *Comissão Especial* destinada a apreciar e proferir parecer ao *Projeto de Lei n. 3.561*, de 1997, que dispõe sobre o Estatuto do Idoso e dá outras providências aos apensados (*Estatuto do Idoso*), p. 04.

[23] "A revolta no país foi grande. Congressistas pediam a saída de Berzoini do Ministério e as filas nos postos do INSS aumentavam". – *AGÊNCIA BRASIL*. "Governo Lula em 2003. Ministros causam constrangimento ao governo Lula". Disponível em: <http://noticias.terra.com.br/retrospectiva2003/interna/0,,OI-222676-EI2474,00.html>.

46   Estatuto do Idoso: Ampliação e Alargamento dos Direitos Humanos na Sociedade Brasileira

[24] *DATAPREV*. Disponível em: <http://www.dataprev.gov.br/imprensa/noticia_JCom08112003.shtm>.

[25]"O que tem preço pode ser substituído por alguma outra coisa *equivalente*; o que é superior a qualquer preço, e por isso não permite nenhuma equivalência, tem dignidade". – "Dignidade". *In*: ABBAGNANO, Nicola. *Dicionário de Filosofia*. São Paulo: Martins Fontes, 1998, p. 276. Para o conceito de *imperativo categórico*, ver também KANT, Immanuel. *Crítica da Razão Pura*. Lisboa: Fundação Calouste Gulbenkian, 1994.

[26] Para as questões relativas à *Filosofia do Direito*, ver especialmente REALE, Miguel. *Fundamentos do direito: contribuição ao estudo da formação da natureza e da validade da ordem jurídica positiva*. São Paulo: Editora Revista dos Tribunais, 1972 e, do mesmo autor, *Filosofia do Direito*. São Paulo: Saraiva, 2002.

[27] "Os direitos do homem, que tinham sido e continuam a ser afirmados nas Constituições dos Estados particulares, são hoje reconhecidos e solenemente proclamados no âmbito da comunidade internacional, com uma consequência que abalou literalmente a doutrina e a prática do direito internacional: todo indivíduo foi elevado a sujeito potencial da comunidade internacional, cujos sujeitos até agora considerados eram, eminentemente os Estados soberanos. Deste modo, o direito das gentes foi transformado em direitos das gentes e dos indivíduos; (...) está crescendo um novo direito, que podemos chamar, com as palavras de Kant, de 'cosmopolita', embora Kant o limitasse ao direito de todo homem a ser tratado como amigo, qualquer que fosse o lugar onde estivesse, ou seja, ao direito (como ele dizia), de 'hospitalidade'". – BOBBIO, Norberto. *A Era dos Direitos*. Rio de Janeiro: Editora Campus, 1992, p. 103.

[28] ELIAS, Norbert. *Sobre o Tempo*. Rio de Janeiro: Jorge Zahar, 1998, p. 34.

[29] Por exemplo, nas sociedades africanas pré-coloniais, os *griot* ("transmissores de ouvido") de cada etnia eram os *velhos* responsáveis pela transmissão, de geração para geração, das tradições de sua cultura. Ver COSTA, Ricardo da. "A expansão árabe na África e os Impérios Negros de Gana, Mali e Songai (sécs. VII-XVI) ". *In*: NISHIKAWA, Taise Ferreira da Conceição. *História Medieval: História II*. São Paulo: Pearson Prentice Hall, 2009, p. 34-53. Disponível em: <http://www. ricardocosta.com/artigo/expansao-arabe-na-africa-e-os-imperios-negros-de-gana-mali-e-songai-secs-vii-xvi>.

[30] REALE, Miguel. *Filosofia do Direito*, *op. cit.*, p. 213.

[31] "Só o homem é um ser que inova, e é por isso que somente ele é capaz de valorar". – REALE, Miguel. *Filosofia do Direito*, *op. cit.*, p. 212.

3

² Como é o caso, por exemplo, dos apresentadores Silvio Santos (1930-), Ana Maria Braga (1949-), Renato Aragão (1935-), Raul Gil (1938), entre outros.

³³ Que consiste, em uma definição técnica, na diminuição progressiva de nossa reserva funcional.

³⁴ "É fundamental que as pessoas em geral e os profissionais de saúde em especial compreendam o processo de envelhecimento e suas peculiaridades de forma a direcionarem seus esforços na construção de um futuro digno e humano a todos. Dentre as muitas definições de envelhecimento, temos utilizado a citada por BABB e adotada pela OPAS na qual '...envelhecer é um processo sequencial, individual, acumulativo, irreversível, **não patológico**, de deterioração de um organismo maduro, próprio a todos os membros de uma espécie, de maneira que o tempo o torne menos capaz de fazer frente ao estresse do meio ambiente e, portanto, aumente sua possibilidade de morte'". – DUARTE, Yeda Aparecida de Oliveira. "O Processo de Envelhecimento e a Assistência ao Idoso". Disponível em: <http://ids-saude.uol.com.br/psf/enfermagem/tema4/texto28_1.asp>.

³⁵ No total, o projeto prevê quatro eixos. O texto integral encontra-se disponível em: <http://www.unati.uerj.br>. A *Universidade Aberta da Terceira Idade* conta ainda com uma série de publicações sobre o tema, igualmente acessíveis em sua *home-page*.

³⁶ Como, por exemplo, a *Universidade para a Terceira Idade* – UNITI – UFRGS (Disponível em: <http://www.ufrgs.br/uniti>), a *Universidade Aberta para Terceira Idade* – UNISANTOS (Disponível em: <http://www.unisantos.br/uati/index.php>), a *Universidade Aberta para a Terceira Idade na Universidade Estadual de Goiás* – UEG (Disponível em: <http://www.ueg.br/noticias_05200504.htm>), o Programa de Terceira Idade da Universidade Federal do Piauí – PTIA. Disponível em: <http://www.ufpi.br>), e a *Universidade do Vale do Rio Doce* (Disponível em: <http://www.univale.br/cursos/universidade.da.terceira.idade>).

A propósito, um dos articulistas desse trabalho, Ricardo da Costa, já proferiu palestra intitulada "A História, seus temas e sua finalidade", na *Universidade Aberta da Terceira Idade* da UFES, no dia 19 fev. 2004, tendo sido uma de suas experiências didáticas mais significativas, em razão da efetiva participação (e emotividade) dos idosos presentes. Disso, posteriormente, resultou um trabalho: COSTA, Ricardo da. "Para que serve a História? Para nada...". *In*: Sinais 3, vol. 1, junho/2008. Vitória: UFES, Centro de Ciência Humanas e Naturais, p. 43-70. Disponível em: <http://www.ricardocosta.com/artigo/para-que-serve-historia-para-nada>.

48 Estatuto do Idoso: Ampliação e Alargamento dos Direitos Humanos na Sociedade Brasileira

[37] Resumimo-nos ao exemplo da *Universidade Internacional para a Terceira Idade* (de Portugal). Disponível em: <http://uiti.no.sapo.pt>.

[38] O tema da morosidade da Justiça brasileira é recorrente e implica numa das principais discussões acerca das propostas de reforma do Poder Judiciário atualmente em discussão no Congresso Nacional. Ver, por exemplo, BICUDO, Hélio. "Considerações sobre a reforma do Judiciário". Disponível em: <http://www.dhnet.org.br/direitos/militantes/heliobicudo/bicudo_refjudiciario.html>; TESHEINER, José Maria Rosa. "Reforma do Judiciário". Disponível em: <http://www.tex.pro.br/wwwroot/artigosproftesheiner/reformadojudiciario.html>.

[39] Dentre os vários aspectos legais passíveis de análise doutrinária, há, por exemplo, o **Título VI**, que trata *Dos Crimes* (praticados contra idosos). Nele, há um artigo cuja constitucionalidade já foi contestada, porque, em síntese, se há uma grande preocupação em garantir a total integridade (inclusive corpórea) do idoso, com um alto grau de reprovabilidade da conduta contra eles praticada, não é razoável considerar de menor potencial ofensivo os crimes cujas penas máximas privativas de liberdade não ultrapassam quatro anos, já que o *Estatuto* os remete para aplicação subsidiária da Lei 9.099/95 (Lei que instituiu os Juizados Especiais Cíveis e Criminais, anteriormente denominados de pequenas causas). Para essa questão ver especialmente RAMOS, Paulo Roberto Barbosa. "O Estatuto do Idoso – Primeiras notas para um debate". *In: LEX Editora*. Disponível em: <http://www.lex.com.br/noticias/artigos/default.asp?artigo_id=18&n=1>.

[40] Segundo a divisão tripartite de Montesquieu (1689-1755), o Estado se subdivide nos poderes Executivo, Legislativo e Judiciário, podendo ser definida a atividade de cada um desses poderes através de sua função típica. No caso do Poder Judiciário, sua função típica é a prestação jurisdicional. MONTESQUIEU, Charles Louis de Secondat, *baron de la Brède et de. Espírito das Leis*. Brasília: Editora Universidade de Brasília, 1995.

[41] *Estatuto do Idoso*, Título IV (Da Política de Atendimento ao Idoso), Artigo 46.

[42] Prudência, Justiça, Fortaleza e Temperança (*Virtudes Cardeais*); Fé, Esperança e Caridade (*Virtudes Teologais*). Para as *virtudes cardeais*, ver ARISTÓTELES. *Ética a Nicômaco*. São Paulo: Martin Claret, 2003, Livro II, 2, 1103b e Livro II, 6, 1106. No caso das *virtudes teologais*, a referência clássica é São Paulo, que fala das três virtudes, sendo que a caridade (no sentido grego de *ágape*, um amor de dileção, que quer o bem do próximo, sem fronteiras, que busca a paz no sentido mais puro, o amor que é a própria natureza de Deus) é a maior delas. Ver *A Bíblia de Jerusalém*. São Paulo: Edições Paulinas, 1991 (Cor, 13, 13), p. 2.166.

[43] REALE, Miguel, *Filosofia do Direito, op. cit.*, p. 09.

[44] CÍCERO. *Cato el Vell (De la Vellesa)*, *op. cit.*, II, 28, p. 110.

[45] _____. *Cato el Vell (De la Vellesa)*, *op. cit.*, II, 29, p. 110-112.

Bibliografia

ABBAGNANO, Nicola. *Dicionário de Filosofia*. São Paulo: Martins Fontes, 1998.

ARIÈS, Philippe. *História da Morte no Ocidente – Da Idade Média aos nossos dias*. Rio de Janeiro: Francisco Alves, 1990.

ARISTÓTELES. *Ética a Nicômano*. São Paulo: Martin Claret, 2003.

Bíblia de Jerusalém. São Paulo: Edições Paulinas, 1991.

BICUDO, Hélio. "Considerações sobre a reforma do Judiciário". Disponível em: <http://www.dhnet.org.br/direitos/militantes/heliobicudo/bicudo_refjudiciario.html>.

BOBBIO, Norberto. *A Era dos Direitos*. Rio de Janeiro: Editora Campus, 1992.

BOBBIO, Norberto. *O tempo da Memória, De senectude e outros escritos autobiográficos*. Rio de Janeiro, Ed. Campus, 1997.

CAMPOS, Vera. "Prazer sem culpa". *In: Revista Distribuição*. Disponível em: <http://www.revistadistribuicao.com.br/content.asp?page=140>.

CÍCERO. *Cato el Vell (De la Vellesa)*. Barcelona: Fundación Bernat Metge, MCMXCVIII.

COSTA, Ricardo da. "Para que serve a História? Para nada...". *In*: Sinais 3, vol. 1, junho/2008. Vitória: Ufes, Centro de Ciência Humanas e Naturais, p. 43-70. Disponível em: <http://www.ricardocosta.com/artigo/para-que-serve-historia-para-nada>.

COSTA, Ricardo da. "A expansão árabe na África e os Impérios Negros de Gana, Mali e Songai (sécs. VII-XVI)". *In*: NISHIKAWA, Taise Ferreira da Conceição. *História Medieval: História II*. São Paulo: Pearson Prentice Hall, 2009, p. 34-53. Disponível em: <http://www.ricardocosta.com/artigo/expansao-arabe-na-africa-e-os-imperios-negros-de-gana-mali-e-songai-secs-vii-xvi>.

DEZEN JR., Gabriel. *Direito Constitucional*. Brasília: Editora VEST-COM, 1998.

DUARTE, Yeda Aparecida de Oliveira. "O Processo de Envelhecimento e a Assistência ao Idoso". Disponível em:<http://ids-saude.uol.com.br/psf/enfermagem/tema4/texto28_1.asp>.

ELIAS, Nobert. *Sobre o Tempo*. Rio de Janeiro: Jorge Zahar, 1998.

Estatuto do Idoso. Disponível em: <http://www2.senado.gov.br/web/relatorios/destaques/2003057rf.pdf>.

FARIA, Sheila de Castro. "Velhos". In: VAINFAS, Ronaldo (dir.). *Dicionário do Brasil Colonial (1500-1808)*. São Paulo: Objetiva, 2000, p. 579-580.

FREYRE, Gilberto. *Casa Grande & Senzala*. Rio de Janeiro: Record, 1989.

GILISSEN, John. *Introdução histórica ao Direito*. Lisboa: Fundação Calouste Gulbenkian, 2001.

HOBSBAWN, Eric. *Nações e Nacionalismos desde 1780*. Rio de Janeiro: Paz e Terra, 1990.

IBGE. *Website*: <http://www.ibge.gov.br>.

KANT, Immanuel. *Crítica da Razão Pura*. Lisboa: Fundação Calouste Gulbenkian, 1994.

LEITE JR., Nelson. "Estatuto do Idoso. Novos direitos e questões controvertidas". *In*: *JUSTIlex*, Ano III, n. 25, janeiro de 2004, p. 12-35. Disponível em: <http://www.justilex.com.br>.

MONTESQUIEU, Charles Louis de Secondat, *baron de la Brède et de. Espírito das Leis*. Brasília: Editora Universidade de Brasília, 1995.

NETO, Miguel Francischelli. "O que é e como funciona a toxina botulínica: *botox, dysport* e *myobloc*? Tratamento das Rugas de Expressão com o Botox / Dysport". Disponível em: <http://www.widesoft.com.br/users/naturale/botox.htm>.

RAMOS, Paulo Roberto Barbosa. "O Estatuto do Idoso – Primeiras notas para um debate". *In*: *LEX Editora*. Disponível em: <http://www.lex.com.br/noticias/artigos/default.asp?artigo_id=18&n=1>.

REALE, Miguel. *Filosofia do Direito*. São Paulo: Editora Saraiva, 2002.

SILVA, José Afonso da. *Curso de Direito Constitucional Positivo*. São Paulo: Malheiros Editores, 2003.

TESHEINER, José Maria Rosa. "Reforma do Judiciário". Disponível em: <http://www.tex.pro.br/wwwroot/artigosproftesheiner/reformadojudiciario.htm>.

A Valorização do Conhecimento da Pessoa Idosa e a Manutenção do Espírito Crítico
Célia Pereira Caldas

Introdução

Alicerçado em conteúdo teórico-conceitual na área do envelhecimento e visando contribuir para o campo das Ciências Sociais, o presente estudo tem como eixo a questão da preservação da memória social a partir da valorização do conhecimento da pessoa que envelhece. A intenção é a de, por meio de uma revisão crítica sobre o tema, dar subsídios para discussões que levem a medidas de valorização da população idosa.

No final da década de 1980, quando se intensifica um movimento de valorização do idoso em decorrência das constatações demográficas acerca do envelhecimento populacional no Brasil, muitos profissionais das áreas da Saúde e das Ciências Humanas e Sociais tomaram como ponto de partida a marcante obra de Simone de Beauvoir (1990), *A velhice*, e aqui no Brasil os eloquentes trabalhos de Eneida Haddad, *A ideologia da velhice* (1986), e de Ecléa Bosi, *Lembranças de velhos* (1987).

Essas autoras já discutiam a perda do valor social do idoso, consequência do processo do avanço do capitalismo, uma vez que o idoso foi sendo considerado descartável para o sistema à medida que diminuía a sua capacidade produtiva.

Desde então, profissionais que assumiram o envelhecimento como um campo para a prática profissional e para a construção de saberes têm travado um ardoroso embate na tentativa de resgatar o valor social do idoso, depreciado no processo de evolução capitalista contemporâneo. E as estratégias certamente passam por assegurar seus direitos de cidadania.

52 A Valorização do Conhecimento da Pessoa Idosa

Neste trabalho foi dado um enfoque ao envelhecimento do ponto de vista social de acordo com a visão de Beauvoir (1990), que afirma que o estatuto da velhice é imposto ao homem pela sociedade à qual pertence. Portanto, não se pode considerar em separado os dados orgânicos e os fatos psicológicos: eles se impõem mutuamente. A sociedade destina ao velho seu lugar e seu papel, e o indivíduo é condicionado pela atitude prática e ideológica da sociedade em relação a ele.

A velhice é uma instituição política. Nesta sociedade significa perda de poder. É uma convenção social instituída por um sistema que revoga os direitos do indivíduo após certo número de anos. O cidadão é velho não apenas porque seu organismo está em processo de declínio biológico, mas sobretudo porque assim é decretado. Portanto, é também um fenômeno cultural.

O envelhecimento como uma aspiração e imperativos éticos na nova ordem mundial

Segundo Boff (2000), o desenvolvimento do capitalismo impôs o modo ocidental de ser e estar no mundo, e deu forma à nova ordem global. No princípio da década de 1970, inicia-se uma escalada de crises em algumas partes do mundo, seguida da desestruturação econômica e do aprofundamento das desigualdades na distribuição de renda. No curso das décadas de 1980 e 1990, o movimento das forças sociais dominantes para o enfrentamento das crises é direcionado para a unificação do capitalismo no plano global, sob a égide do pensamento neoliberal.

Como resultado dessa internacionalização da produção, distribuição e consumo, juntamente com o avanço das tecnologias da informação, a globalização da economia gerou, como consequências macroeconômicas, a transnacionalização empresarial, a mobilidade da força de trabalho e o desemprego estrutural, entre outras. Também se verifica o aumento das desigualdades entre os povos e os grupos sociais, a eclosão de movimentos nacionalistas, a exacerbação dos conflitos étnicos, a agressão ao meio ambiente, a deterioração do espaço urbano, a intensificação da violência e o desrespeito aos direitos humanos.

A ciência também impulsiona o processo do capitalismo global, afirmando-se como produto e sustentáculo do desenvolvimento da sociedade moderna. Se por um lado muitos benefícios foram alcançados por meio do conhecimento científico, por outro lado, a ciência impôs o silêncio a outras formas de saber. Neste contexto, a tradição e a sabedoria dos anciãos perderam valor frente à palavra da ciência.

Hoje se fala do desenvolvimento de um paradigma pós-moderno, no qual se busca reconhecer as diferenças sociais e culturais. E isso não deve significar a ruptura com o conhecimento moderno, científico, e sim a sua superação, pelo reconhecimento das diferenças – o que exclui a ideia de hierarquia entre os desiguais, uma vez que é o respeito às diferenças o que nos torna iguais.

Trata-se de um novo modelo, que traz como imperativos éticos a participação e a solidariedade, articulado à ciência e ao mundo da vida. De acordo com Serrano (2002), neste novo paradigma, uma agenda para o desenvolvimento incluiria: a) a saúde como eixo das políticas públicas; b) uma atitude de cuidado na relação com a natureza; c) compromisso com a participação social de todos que incluam o *empowerment*[1] e a construção dos sujeitos-cidadãos; d) o resgate do lazer; e) o resgate do espiritual; f) a inserção da perspectiva da promoção da saúde, como prioritária; g) e a integração de outras práticas culturais.

Para construir este novo referencial é necessário garantir a cidadania para todos, inclusive para aqueles que já tiveram e perderam este *status quo*. E é a partir da inclusão social que se pode contar com pessoas solidárias, cordiais e conectadas com tudo e com todos. É aí que se pode resgatar o ser idoso como valor para a sociedade.

Assis (1998) aponta que a visibilidade social das questões do envelhecimento é um convite à reflexão sobre atitudes que reproduzem estigmas. Para que haja a inclusão é preciso desenvolver um olhar que considere o papel do idoso na sociedade, sua história pessoal, sua vivência de trabalho, suas relações sociais, gostos, habilidades e interesses. Traduzindo em ações, o que pode ser feito para favorecer seu potencial de crescimento e realização, o que pode ou não ser mudado, o que contribui para o seu bem-estar e dignidade.

É também um convite à reflexão sobre o próprio envelhecimento. Perceber de que maneira é possível estabelecer reservas físicas e emocionais que permitam ânimo e vigor na velhice para desenvolver o potencial de aprendizado, lazer e sociabilidade que o tempo finalmente mais livre pode proporcionar.

O envelhecimento da população é uma aspiração de qualquer sociedade, mas tal desejo, por si só, não é o bastante. É importante almejar qualidade de vida para aqueles que já envelheceram ou estão no processo

54 A Valorização do Conhecimento da Pessoa Idosa

de envelhecer. O que implica na tarefa complexa de manutenção da autonomia e independência. O desafio para os países pobres é considerável já que no passado, quando as populações dos países europeus começaram a envelhecer, a população mundial era menor e a sociedade menos complexa. Veras (1994) observa que nações em desenvolvimento, como o Brasil, ainda não equacionaram satisfatoriamente as necessidades básicas da infância e adolescência e defrontam-se com a emergência, em termos quantitativos, de um outro grupo etário, também fora da produção econômica, em busca de investimentos para atender a demandas específicas.

Veras e Camargo (1995) afirmam que este é o duplo desafio que temos de enfrentar: assegurar serviços de qualidade para os idosos e desenvolver, concomitantemente, recursos humanos de excelência e conhecimento qualificado para lidar com esse grupo etário, que mais cresce em nosso país. E isso sem abandonar a atenção à base da pirâmide etária, sob pena de agravarem-se ainda mais as já lamentáveis estatísticas de mortalidade infantil, evasão escolar e violência.

O contexto atual, no entanto, não parece favorecer esta atuação: a baixa prioridade atribuída aos idosos pelas políticas públicas (assistenciais, previdenciárias e de ciência e tecnologia) evidencia uma percepção inadequada das necessidades específicas deste segmento populacional. Torna-se necessário, portanto, um esforço político orientado no sentido de colocar na pauta da sociedade as necessidades desse segmento populacional.

Velhice e memória social

O afastamento do velho do convívio social por meio de manobras cada vez mais frequentes e sutis, a partir da obsolescência da sua vida de trabalhador, é um dos dados que se unem e se cruzam numa teia de práticas que levam ao amordaçamento da memória social, como forma estratégica de garantir a hegemonia da história oficial.

Walter Benjamin (1962) lembra que o chamado "patrimônio cultural" imposto pela classe dominante tem, na verdade, origem na destruição da tradição dos vencidos. Para ele, quando os artistas se mancomunam com a classe dominante, as obras são arrastadas no cortejo triunfal dos vencedores, e se transformam em documentos da barbárie.

A representação do passado é tarefa da história. O passado pode ter um poder libertador. Há uma teia oculta entre a geração passada e a nossa. A nós, como a qualquer geração que nos precedeu, é dada a possibilidade de assumir um papel messiânico, sobre o qual o passado tem direito. Benjamin (1962) afirma ainda que

> *Articular historicamente o passado não significa conhecê-lo como propriamente é. Significa apropriar-se de uma recordação. Trata-se de fixar a imagem do passado como essa se apresenta provisoriamente ao sujeito histórico no momento do perigo. O perigo ameaça tanto o patrimônio da tradição quanto aqueles que a recebem. Isso ocorre a ambos: reduzem-se a instrumentos da classe dominante. Em qualquer época deve-se arrancar da tradição o conformismo que a ameaça.*

O amordaçamento da memória do idoso tem consequências sérias no âmbito da memória social do trabalho, pois rechaça a experiência dos velhos trabalhadores, cortando a comunicação entre passado e futuro, ficando o presente como lacuna dominada pelos interesses da ideologia dominante, como se a exploração do trabalhador fosse algo natural, como se não tivesse havido outra época, em que os trabalhadores se organizavam em movimentos sociais e políticos e geravam mudanças. É como se a ideologia dominante temesse o contato com as testemunhas da história que indicariam que o que se vive hoje é produto de um processo histórico que não terminou, que há um futuro pronto a ser transformado se os trabalhadores retomarem o fio da história que seus antecessores teceram.

Bosi (1992) afirma que o cotidiano confunde a vida íntima com os eventos históricos. Muitos fatos a que nos referimos não foram por nós testemunhados. No entanto, aceitamos o testemunho de pessoas que viveram esses fatos e, como diz Bosi: "o pensamento e o discurso cotidiano se alimentam dessa confiança social".

O universo imaginário e a consciência empírica de certo grupo social são organizadas em categorias que Goldmann (1990) chama de estruturas categoriais significativas, que não são fenômenos individuais, mas fenômenos sociais.

A substância da história é formada pelo efeito cumulativo das milhares de decisões tomadas por sujeitos individuais que se tornam coletivas e constituem tentativas de modificar situações em favor desse sujeito.

Thompson (1992) destaca que este efeito cumulativo da pressão individual pela mudança emerge imediatamente por meio das histórias de vida, pois as resoluções tomadas pelos indivíduos para mudar de

56 A Valorização do Conhecimento da Pessoa Idosa

vida somam-se às decisões semelhantes de outros indivíduos submetidos às mesmas condições, e esta mudança de padrões de milhões de indivíduos possui tanta ou mais importância para a mudança social quanto as ações dos políticos.

Dessa forma, entende-se a importância de se levar em conta a experiência de vida das pessoas, pois é por intermédio delas que se pode ter uma dimensão mais concreta da história. É inegável que a história oficial reflete o ponto de vista da autoridade. Com isso, o conhecimento das classes hegemônicas tem a garantia de ser legitimada à medida que se torna a verdade disponível e é colocada como fato em si existente, sem questionamentos do ponto de vista ideológico.

Os velhos, principalmente os das classes subalternas, geralmente ignorados e fragilizados economicamente, ao rememorarem sua própria vida, e perceberem que sua experiência tem valor intrínseco como contribuição às novas gerações, adquirem um sentido de utilidade e dignidade que lhes tem sido negado, tanto materialmente quanto moralmente em nossa sociedade.

Além disso, ao contribuírem para a formação das novas gerações, existe a possibilidade de minimizarem-se os efeitos negativos das mudanças nos padrões de comportamento e valores ao longo do tempo. Favorece-se o contato entre as gerações, evitando-se conflitos intergeracionais.

Benjamin (1983) relata que a arte de narrar caminha para o fim porque a experiência de vida das pessoas não tem valor na sociedade de consumo. Aquele que narra sua experiência volta-se para o interesse prático e, ao narrá-la, o indivíduo acrescenta lições ou indicações práticas que se traduzem em conselhos. Mas hoje, "dar conselhos" tornou-se algo fora de moda: "O conselho, entretecido na matéria da vida vivida, é sabedoria. A arte de narrar tende para o fim porque o lado épico da verdade, a sabedoria, está agonizando".

Na sociedade moderna prioriza-se a informação. E essa é algo para consumo imediato, não precisa de explicações, não precisa de reflexões, chega como fato consumado e consumível, incluindo os juízos de valor e as mensagens ideológicas, que são logo assimiladas pela sociedade, sem a necessidade de reflexão e contraposição à própria experiência do indivíduo.

A verdade então passa a ser algo muito questionável na sociedade de consumo, e muitas vezes refugia-se entre as minorias, sobretudo entre os velhos. Horkheimer (1983) acrescenta que *a história ensina que tais grupos inquebrantáveis, apesar de serem pouco notados e até mesmo proscritos por outros setores, podem, devido à sua visão mais profunda, chegar a postos de comando nos momentos decisivos. Hoje em dia, no momento em que todo poder dominante força o abandono de todos os valores culturais e impele à barbárie obscura, o círculo de solidariedade verdadeira mostra-se sem dúvida bastante reduzido. Os inimigos, isto é, os senhores desse período de decadência não conhecem nem fidelidade nem solidariedade.*

É claro que esta postura é uma postura de resistência e nem todos os velhos conseguem resistir ao massacre ideológico que sofrem ao longo da vida. Mas é possível resgatar em suas memórias o testemunho da opressão, mesmo que seja pela narrativa acrítica. O próprio fato do favorecimento do diálogo possibilita ao velho refletir sobre o sentido de sua existência no momento em que narra a uma geração posterior. Sua narrativa jamais será pura informação.

Considerações finais

Quando o resultado final da experiência de toda uma vida toma a forma de conhecimento a ser valorizado para transmissão a outras gerações, está dado o sentido da categoria "Sabedoria".

Erikson (1978) afirma que em face da morte, e apesar da decepção com as falhas humanas, é a sabedoria que mantém e transmite a integridade do ser humano adquirida pela experiência vivida. Benjamin (1983) acrescenta que o conselho, entretecido na matéria da vida vivida, é sabedoria. E é a sabedoria do homem, adquirida ao longo de sua vida, que dá origem à narrativa das histórias de vida que se fazem na velhice, quando a morte se aproxima. Porque, ao transmitir lições aprendidas ao longo da vida, o indivíduo que transmite sua sabedoria tem autoridade.

Beauvoir (1990) acrescenta que a passagem do tempo é uma fatalidade. Suportar a idade não é um projeto de vida, porém para que a velhice não se torne um fardo é preciso continuar a buscar objetivos que deem um sentido à vida: dedicação a pessoas, a comunidades, a causas, ao trabalho social ou político, intelectual, criador. É preciso conservar na velhice paixões fortes o bastante para que continuemos avançando.

A autora continua afirmando que um homem não deveria chegar ao fim da vida com as mãos vazias e solitário. Se, por meio da cultura, o

A Valorização do Conhecimento da Pessoa Idosa

indivíduo pudesse ter sobre o seu meio algum poder, ele seria em todas as idades um cidadão ativo e útil. Na sociedade ideal, os homens não seriam afastados quando envelhecem.

Haddad (1986) afirma que a aposentadoria é sentida pelos indivíduos como um vazio porque durante toda a vida foram submetidos a um processo de reificação, no qual o trabalho recebe uma valorização que eles internalizam por meio do longo processo de educação para a vida produtiva que é por eles próprios reproduzido.

Ao contrário da liberdade que se espera com a aposentadoria, o indivíduo fica condenado à solidão e à pobreza advinda pelo baixo salário que a aposentadoria oferece. No Brasil, esta situação é muito pior porque, antes mesmo de se aposentar, o trabalhador já se encontra com salários sistematicamente baixos na escala internacional, acompanhados de uma péssima distribuição de renda. Os efeitos deste isolamento costumam atingir a saúde do idoso. Assim, a maioria dos velhos fica sujeita à saúde precária, à indigência e à solidão.

À medida que as pessoas vão morrendo perdem-se verdadeiros arquivos de memória social, portanto a história se empobrece, porque cada vida é uma história, um testemunho, um ponto de vista, e todas as vidas são interessantes.

Ao mostrar com sua própria vida como o indivíduo se ajusta às mudanças ocorridas em seu meio social, o velho reforça seu valor e sua dignidade, além de efetivamente contribuir para a compreensão da história dos que o escutam.

A valorização da memória do indivíduo comum é a garantia da manutenção do espírito crítico. E do comportamento crítico, segundo Horkheimer (1983), depende o futuro da humanidade. Nesse sentido, uma ciência que se satisfaz em considerar a práxis –à qual serve e na qual está inserida – como seu além, e se contenta com a separação entre pensamento e ação, já renunciou à humanidade.

Notas

[1] Guerreiro (2001) conceitua *empowerment* como "encorajamento" para a descoberta da força interior e talentos para assumir um papel mais ativo na resolução de seus problemas e necessidades, capacitando-os a exercer um comando mais amplo sobre suas próprias vidas.

Bibliografia

ASSIS, M. Aspectos sociais do envelhecimento. In: CALDAS C. P. (org.). *A saúde do idoso: A arte de cuidar*. Rio de Janeiro: Eduerj, 1998.

BEAUVOIR, S. *A velhice*. Rio de Janeiro: Nova Fronteira, 1990.

BENJAMIN, W. *Angelus Novus*. Torino: Einaudi, 1962.

BENJAMIN, W. et al. *Textos escolhidos*. 2 ed., São Paulo: Abril Cultural, 1983.

BOFF, L. e ARRUDA, M. *Globalização: desafios socioeconômicos, éticos e educativos*. Petrópolis, RJ: Vozes, 2000.

BOSI, E. "Entre a opinião e o estereótipo". In: *Novos Estudos*. Cebrap, n. 32, março, 1992.

_____. *Memória e sociedade. Lembranças de velhos*. São Paulo: Ed. da Universidade de São Paulo, 1987.

ERIKSON, E. H. *Adulthood*. New York: U.S.ª Norton, 1978.

GOLDMANN, L. *Sociologia do romance*. 3 ed. Rio de Janeiro: Ed. Paz e Terra, 1990.

HADDAD, E. G. N. *A ideologia da velhice*. São Paulo: Cortez, 1986.

HORKHEIMER, M. "Teoria tradicional e teoria crítica". In: BENJAMIN, W. et al. *Textos escolhidos*. São Paulo: Abril Cultural, 1983.

SERRANO M. M. *Promoção da saúde: um novo paradigma?* In: V CONGRESSO BRASILEIRO DE EPIDEMIOLOGIA, março de 2002, Curitiba, Paraná.

THOMPSON, P. *A voz do passado – História oral*. Rio de Janeiro: Ed. Paz e Terra, 1992.

VERAS R. P. *País jovem de cabelos brancos*. Rio de Janeiro: Relume-Dumará, 1994.

VERAS R. P. e CAMARGO JR., K. R. "A terceira idade como questão emergente: aspectos demográficos e sociais". In: VERAS R. P. (org.). *Terceira idade: Um envelhecimento digno para o cidadão do futuro*. Rio de Janeiro: Relume-Dumará, 1995.

Reparo de Lesões no DNA e Envelhecimento
Israel Felzenszwalb

Qualquer um que reconhece a importância central do DNA em todos os processos de vida suspeitará certamente que o envelhecimento deva resultar de uma perda de função controlada pelo DNA. Essa perda é motivada por alterações químicas na estrutura do DNA. Se essas modificações se manifestarão em mudanças no RNA e na estrutura de proteínas, dependerá de cada célula, conforme sua habilidade para repará-las.

As doenças degenerativas associadas com envelhecimento incluem câncer, doenças cardiovasculares, diminuição do sistema imune, disfunção cerebral e catarata. A degeneração funcional de células somáticas durante o envelhecimento contribui para essas doenças. Um fator importante para longevidade parece ser a taxa metabólica basal, que pode ser sensivelmente influenciada pelo nível de oxidantes endógenos e outros mutágenos produzidos por produtos do metabolismo.

Danos no DNA são considerados lesões primárias mediadoras de vários eventos citotóxicos e mutagênicos, tendo sido sugerido possuírem papel de destaque no envelhecimento biológico. Evidências apontam que muitas das lesões no DNA ocorrem naturalmente como consequências de processos metabólicos e de reações que envolvem constituintes celulares normais. Danos adicionais no DNA surgem por ações do meio ambiente e de componentes da dieta. Algumas lesões são eficientemente removidas, outras podem persistir e afetar processos celulares.

A contribuição dessas lesões a várias condições patológicas associadas com o envelhecimento não é clara, entretanto muitas dessas mudanças biológicas resultam de danos em genes envolvidos na manutenção de funções celulares diferenciadas.

A hipótese de que o processo carcinogênico é composto por múltiplas etapas, nas quais um conjunto de eventos ocorre contribuindo para a transformação celular e seus subsequentes estágios, é hoje amplamente aceita. Para o surgimento do tumor, uma alteração tem que ocorrer em regiões de genes que estimulem (proto-oncogenes) e/ou inibam (genes supressores de tumor) a proliferação celular, levando assim, respectivamente, ao ganho ou perda de função destes genes. Essas modificações, invariavelmente, fazem com que a célula afetada tenha maior chance de adquirir novas alterações. Portanto, os danos fixados no DNA, além de serem irreversíveis, são também cumulativos, e após um determinado número de alterações nesses genes (5 a 7), a célula poderá vir a tornar-se uma célula neoplásica. Alguns carcinógenos ambientais, agentes endógenos e processos inflamatórios, além de hormônios esteroidais, podem levar a um estímulo reversível para a proliferação celular, fazendo com que um eventual dano no DNA tenha menos chance de ser reparado. Estes carcinógenos são considerados promotores de tumor.

Duas consequências fundamentais deste mecanismo são: (1) a maior parte dos tumores esporádicos ocorre em idades mais avançadas; e (2) a manifestação fenotípica da doença ocorre muito depois de suas causas estarem estabelecidas, oferecendo assim bases para monitoramento e intervenção em indivíduos que ainda não tenham desenvolvido o tumor.

Vários estudos buscam estimar o total de tumores passíveis de prevenção, sendo que tais valores podem atingir 50% de todos os casos em países industrializados. Assim, teoricamente, a maioria das neoplasias é passível de prevenção, uma vez que achados epidemiológicos apontam um grande número de fatores etiológicos ambientais, tais como a exposição esporádica ou sequencial a carcinógenos químicos, radiações ionizantes e não ionizantes e estados inflamatórios e infecciosos crônicos. O estilo de vida, particularmente o hábito tabagista e a dieta, soma-se aos agentes causais possíveis de controle, constituindo importante alvo das campanhas de prevenção. Além destes, fatores como etnia, sexo e idade também influenciam as taxas de incidência e mortalidade por câncer.

A epidemiologia molecular tem favorecido evidências contundentes da contribuição efetiva do ambiente no surgimento do câncer humano e também sobre as situações de risco fortemente influenciadas pela suscetibilidade genética.

Para tanto, indicadores que sinalizam eventos em amostras ou sistemas biológicos (biomarcadores) são importantes. Um biomarcador é definido como método, estrutura ou processo que se encontra na via causal, ou intimamente ligado a essa, entre o momento da exposição e o câncer, em qualquer etapa do processo carcinogênico. Assim, a presença, a quantidade e o padrão de expressão de determinado biomarcador estarão relacionados com a probabilidade de transformação maligna de uma célula ou tecido.

São três os tipos de biomarcadores:

- marcadores de exposição, que fornecem informações sobre a quantidade de xenobióticos a que indivíduos são expostos;
- marcadores de efeito, que indicam a presença da doença ou de sinais pré-clínicos, representando momentos isolados do processo;
- marcadores de susceptibilidade, que indicam indivíduos ou populações com diferenças biológicas capazes de afetar a resposta do organismo a agentes ambientais.

O princípio básico dos marcadores de suscetibilidade reside na diferença interindividual que confere graus de sensibilidade às doenças induzidas pelo ambiente. Esses marcadores podem incluir características genéticas, diferenças no metabolismo ou a capacidade diferencial de um órgão de se recuperar de agressões ambientais. Entre os mais significativos marcadores de suscetibilidade estão as diferenças genéticas na capacidade das células repararem as lesões no DNA causadas por agentes ambientais. Outro biomarcador importante baseia-se no fato de que muitos compostos mutagênicos/carcinogênicos não são capazes, por si só, de provocar efeitos prejudiciais, sendo alterados por enzimas cujas modificações podem aumentar ou diminuir a habilidade dessas substâncias interagirem com as biomoléculas funcionais.

O estresse oxidativo acarreta importantes consequências nos sistemas biológicos, se tanto a maquinaria hereditária é danificada ou se sinais são produzidos, causando modificações na maquinaria hereditária. A excreção pela urina das quase 10^4 bases do DNA, oxidativamente modificadas, por célula por dia, atesta a importância do dano oxidativo e do reparo de DNA. Danos oxidativos resultam do ataque às biomoléculas por radicais livres e espécies reativas de oxigênio formadas por bioprodutos do metabolismo celular normal ou durante o estresse. Para suportar os efeitos letais e mutagênicos das lesões oxidativas, as células desenvolveram diferentes estratégias, incluindo sistemas de reparo.

Lesões causadas no DNA e outras macromoléculas induzidas por espécies de oxigênio reativas têm atraído considerável interesse, e gerado extensiva discussão na relevância dos danos espontâneos causados no DNA relacionados ao envelhecimento e câncer.

Mesmo em um ambiente livre de agentes lesivos, as mutações ocorrem espontaneamente por meio de algumas limitações na capacidade de replicação do DNA e de reparo do mesmo. Entre as células mutantes, muitas poderão possuir distúrbios nos genes envolvidos na regulação do ciclo celular e, em consequência, desobedecer às restrições normais da proliferação celular. A velocidade da mutação pode ser alta devido ao mutagênico no ambiente ou a defeitos intracelulares na maquinaria que controla a replicação, a recombinação e o reparo do DNA.

A mutação é a fonte básica de toda a variabilidade genética, fornecendo matéria-prima para a evolução. A recombinação apenas rearranja esta variabilidade em combinações novas, e a seleção natural (ou artificial) simplesmente preserva as combinações mais bem-adaptadas às condições ambientais existentes (ou desejadas).

Quatro importantes processos endógenos levam a danos significantes no DNA: oxidação, metilação, deaminação e depurinação. Para enfrentá--los existem glicosilases específicas para os aductos formados pelos três primeiros e um sistema de reparo para sítios apurínicos produzidos por depurinações espontâneas.

As mutações também têm sido utilizadas para elucidar as vias pelas quais os processos biológicos ocorrem. A sequência de passos de uma via metabólica pode ser, frequentemente, determinada pelo isolamento e estudo de mutações nos genes que codificam as enzimas envolvidas. Como uma mutação apropriada elimina a atividade de um único polipeptídeo, as mutações são uma sonda com a qual podemos dissecar os processos biológicos.

Os sistemas de reparação ao DNA são importantes na defesa e prevenção dos efeitos biológicos relacionados com as lesões no DNA provocadas por agentes endógenos ou exógenos. Muitos dos danos induzidos no DNA podem ser reparados porque a informação genética é preservada em pelo menos uma das fitas do DNA, de tal forma que a informação perdida possa ser recuperada por meio da fita complementar. Os mecanismos existentes e conhecidos de reparo do DNA são provavelmente universais.

O xeroderma pigmentoso, uma rara doença de pele nos seres humanos, é geneticamente transmitido como um caráter genético e o paciente possui susceptibilidade à luz ultravioleta (UV). Nestes pacientes, cânceres de pele desenvolvem-se em vários locais. Muitos morrem antes de completar 30 anos por metástases destes tumores malignos na pele.

Os estudos de fibroblastos de pacientes com esta doença revelaram um defeito bioquímico. Nos fibroblastos normais, em menos de 24 horas, metade dos dímeros de pirimidina produzidos pela radiação UV são excisados. Por outro lado, quase nenhum dímero é excisado neste intervalo de tempo em fibroblastos derivados de pacientes com xeroderma pigmentoso. Estes estudos mostram que o xeroderma pigmentoso pode ser produzido por um defeito na exonuclease que hidrolisa o arcabouço do DNA próximo a um dímero de pirimidina. As drásticas consequências clínicas deste defeito enzimático salientam a importância crítica do reparo de DNA.

Em 1895, a costureira de Alfred Warthin lhe disse que ela iria morrer em idade jovem por causa de câncer de cólon ou de órgãos femininos porque a maioria dos membros de sua família morria destes tipos de câncer. Sua premonição foi correta: ela morreu de carcinoma no útero. Warthin estudou a família dela e observou que de fato os seus membros familiares tinham alta susceptibilidade ao câncer. Estudos subsequentes mostraram que este distúrbio genético, chamado de câncer colorretal sem polipose hereditário (HPPC), não é raro. Uma em cada 200 pessoas é afetada no mundo. O HPPC resulta de um reparo defeituoso de mau pareamento do DNA (*Mismatch Repair*). As mutações em dois genes, chamados de hMSH2 e hMLH1, contribuem para a maioria dos casos desta predisposição ao câncer. O achado marcante é que estes genes são as contrapartes humanas de Mut S e Mut L de *Escherchia coli*. Parece provável que as mutações nestes dois genes importantes deste tipo de reparo geram um acúmulo de mutações no genoma celular. Com o tempo, os genes importantes para o controle da proliferação celular tornam-se alterados, resultando no câncer.

Acredita-se que o acúmulo de danos não reparados no DNA seja uma das maiores causas para o envelhecimento:

- animais com taxas de reparo de DNA mais rápidas possuem maior período de vida;
- animais que apresentam as taxas mais altas de danos oxidativos por radicais livres (e especificamente com danos oxidativos no DNA) geralmente possuem menor período de vida;
- em formas inferiores de vida sujeitas a danos oxidativos, suplementos antioxidativos que podem corrigir e prevenir danos no DNA, quando ocorrem naturalmente, aumentam o período de vida;
- exposição a agentes externos que levam a danos no DNA (radiação, tabaco, álcool) reduz o período de vida;
- indivíduos que possuem doenças genéticas que acarretam aumento de danos expontâneos no DNA, ou possuem sistema de reparo ineficiente, geralmente apresentam sinais de envelhecimento precoce.

Evidência existe para a diminuição no reparo de DNA e o acúmulo de danos de DNA em vários tipos de células de indivíduos mais velhos. Células sanguíneas e da pele de pacientes mais velhos possuem menor capacidade de reparo do que a de pacientes jovens. Um estudo apontou que leucócitos de indivíduos mais velhos apresentam seis vezes mais danos no DNA do que em indivíduos adultos, o que poderia explicar um declínio das funções imunes associado com o envelhecimento.

Arteriosclerose, comumente conhecida como endurecimento das artérias, é uma característica de várias doenças e condições, incluindo diabetes, colesterol alto e pressão sanguínea alta. Uma importante causa da arteriosclerose é o dano oxidativo nas células das paredes das artérias, originado da ação de espécies reativas de oxigênio ou radicais livres formados durante o metabolismo celular normal. Estudos com animais de laboratório têm demonstrado que: (1) esforços na diminuição do colesterol levam a uma diminuição de arteriosclerose; e (2) substâncias que protegem contra danos oxidativos no DNA reduzem a incidência de complicações do diabetes.

Um tratamento que tem sido capaz de retardar o envelhecimento em células e em alguns animais é a restrição calórica. Alguns trabalhos sugerem que tal fato se dê por induzir mais reparo de DNA. Entretanto, até o momento para o homem, a redução calórica permanece uma forma desagradável (e não comprovada) para promover DNA mais saudável e assim aumentar o período de vida, uma vez que indivíduos que têm esta prática mostram-se frequentemente famintos, com frio e desconfortáveis. Recentemente, identificou-se que o resveratrol, um composto presente no vinho tinto, mimetiza os efeitos da restrição calórica. O resveratrol ativa enzimas conhecidas como sirtuinas, que aumentam o período de vida de leveduras. As sirtuinas também são encontradas em células humanas.

Entender o papel que lesões no DNA e seu reparo, ou a sua falta, têm em doenças relacionadas com a idade é fundamental. Como tratar um DNA lesado? Ou ainda, como prevenir a formação dessa lesão? São questões postas nas bancadas experimentais dos cientistas. Se nossos sistemas de reparo de DNA são "guardiões" do genoma, podemos reforçar esses guardiões?

Como qualquer outra doença, estaremos melhor sempre que nos prevenirmos de lesões no DNA, em vez de tratarmos após já terem ocorrido. Uma das formas ativas de prevenção é evitar toxinas.

É encorajador observar que, no campo do envelhecimento, pesquisadores vêm se ocupando de serem as alterações no DNA as bases primárias para degeneração celular. A figura anexa descreve esquematicamente a teoria do envelhecimento pela alteração genética.

Bibliografia

AMES, B. N., GOLD, L. S. e WILLETT, W. C. *The causes and prevention of cancer.* Proc. Natl. Acad. Sci., v. 92, pp. 5258-5265.

AMES, B. N., SHIGENAGA, M. K. e HAGEN, T. M. *Mitochondrial decay in aging.* Biochimica et Biophysica Acta, v. 1271, pp. 165-170, 1995.

AVISE, J. C. *The evolutionary biology of aging, sexual reproduction and DNA repair.* Evolution, v. 47, pp. 1293-1301, 1993.

BARTSCH, H. e HIETANEM, E. *The role of individual susceptibility in cancer burden related to environmental exposure.* Environmental Health Perspectives, v. 104, pp. 569-577, 1996.

68   Reparo de Lesões no DNA e Envelhecimento

GAUBATZ, J. W. e TAN, B. H. *Aging affects the levels of DNA damage in postmitotic cells.* Annals of the New York Academy of Sciences, v. 719, pp. 97-107, 1994.

GUENGERICH, F. P. *Metabolism of chemical carcinogens.* Carcinogenesis, v. 21, pp. 345-351, 2000.

KADERLIK, K. R. e KADLUBAR, F. F. *Metabolic polimorphism and carcinogen-DNA adduct formation in human populations.* Pharmacogenetics, v. 5, pp. 108-117, 1995.

PERERA, F. P. *Molecular epidemiology:* insights into cancer susceptibility, risk assesment, and prevention. Journal Natl. Cancer Institut, v. 88, pp. 496-509, 1996.

RIBEIRO, L. R., SALVADORI, D. M. F. e MARQUES, E. K. (org.). *Mutagênese ambiental.* Canoas: Ed. Ulbra, 2003.

SMITH, K. C. *Chemical adducts to deoxyribonucleic acid*: their importance to the genetic alteration theory of aging. Interdisciplinary Topics in Gerontology, v. 9, pp. 16-24, 1976.

Anexo

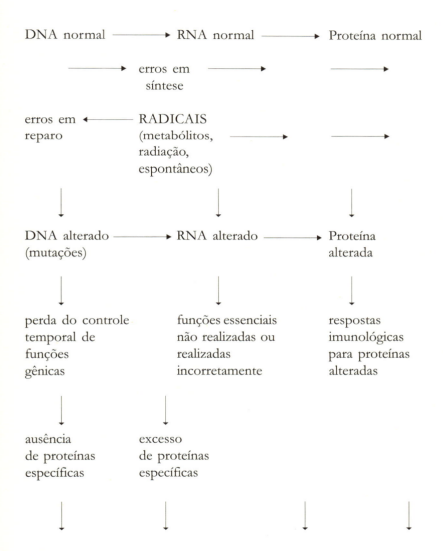

ENVELHECIMENTO CELULAR E MORTE

Ontoestética do Idoso
João Ricardo Moderno

Introdução

A contemporaneidade assiste a uma verdadeira revolução relativamente à história cultural das mentalidades no que concerne à dignificação das diversas etapas da vida humana, da infância à velhice. Durante milênios a humanidade conviveu com inúmeras formas culturais e sociais de preconceito, discriminação e hostilização generalizadas, sem que isso causasse constrangimentos éticos às culturas e às civilizações. Gradativa e lentamente, a humanidade foi integrando a todos no corpo da sociedade, e a nossa época foi a que mais honrou as muitas etapas da vida, apesar de encontrarmos ainda muitos obstáculos a uma humanização completa dessas relações internas da sociedade quanto ao convívio das diversas camadas etárias que a compõem. A contemporaneidade procura cada vez mais acentuar as singularidades das etapas da vida humana, concedendo a cada uma delas um estatuto social dignificado.

Ao abordar os aspectos filosóficos que cercam a problemática do idoso, inevitavelmente somos levados à questão do ser, visto que a finitude da vida deixa de ser uma possibilidade e passa a ser uma certeza descortinada pelo tempo. Ser e tempo estão irremediavelmente entrelaçados na reflexão sobre o idoso. O ser idoso nos remete a uma verdade da vida que foi sendo paulatinamente confirmada. A *idosidade,*[1] ou velhice,[2] nos convence que a medida do mistério não nos foi dada por antecipação, que somado o fato de nos convencer pelas evidências estéticas, ela é também uma descoberta. E uma oportunidade. Avançar na idade é uma descoberta do valor do mistério da vida, que se desvela a cada instante. A obviedade aparente da vida conforme os padrões da juventude vai perdendo força à medida que o tempo passa, a idade avança e o mistério se aprofunda. A obviedade aparente da vida vai cedendo lugar à obviedade do mistério da vida. O mistério é óbvio, mas isso não explica nem resolve o mistério. Ao contrário, o aprofunda. Dá-se então a oportunidade de viver o mistério, senti-lo no dia a dia, desvelar o paradoxo do mistério. A oportunidade da visão do paradoxo do mistério já é uma conquista importante. Indica uma libertação da reificação causada pela sucessão de pequenas obviedades cultivadas ao longo da vida. Mergulhar no mistério é o começo da redenção. Todo ser humano encontra-se diante da oportunidade de encontrar um sentido na vida, e mais ainda de construir um sentido para a vida plasmada no mistério. A permanência do sentimento de obviedade no idoso representa um endurecimento da reificação e a manifestação mais contundente das insuficiências do espírito.

A ontoestética do corpo

Do ponto de vista ontológico, a idosidade do corpo é a verdade do devir. Nada simboliza mais a velhice que a imagem da perda substantiva dos aspectos mais sensíveis do corpo. Ontologicamente, a estética do corpo é a mais representativa. Se a juventude vem associada ao belo, a velhice vem colada ao feio. A ontoestética física do idoso é a confirmação do mistério do tempo, do tempo de vida, da vida no tempo.

Ser é devir. Somos simultaneamente os mesmos e outros desde a concepção até a morte. Somos sempre a mesma pessoa que sofre mudanças, e tornamo-nos a pessoa que queremos e podemos ser, ou mesmo que nos deixam ser, baseados na pessoa que nos fizeram ser na infância e na puberdade. O devir do corpo é devir estético. O corpo é sempre o mesmo e outro. A velhice é a fase final do devir sobre a terra, e a morte a sua fronteira.

A expressão formal da idosidade se caracteriza pela estética do corpo. O devir ontológico se expressa pela forma do corpo, e esse é a imagem mesma da transformação ontológica. A vertente física da ontologia do idoso tem na forma do corpo as cicatrizes do devir. O corpo do idoso é a logomarca ontológica, o selo do tempo. A expressão por excelência da ontoestética do idoso. Sua face mais evidente. É na face ontoestética que se captura toda a semiologia do idoso. O devir estético alcançado pelo idoso é prenhe de sinais físicos que compõem o acervo da vida. A transformação do corpo é uma dura lição do devir, da finitude, da fisicidade, como que nos quisesse indicar o caminho de Deus, com o fim do tempo e a participação na eternidade. O fim da forma física é o começo da forma eterna. No cristianismo a futura vida eterna tem um corpo físico jovem – quem sabe, eternizar-se com a estética dos 33 anos? –, indicando que a velhice não é a imagem da humanidade salva, mas a da humanidade do pecado original. A velhice conclui o percurso do sofrimento inerente ao pecado original. É o fim forçado da soberba.

Seja no tempo ou na eternidade, a vida tem forma. A forma eterna é a beleza eterna absoluta à imagem e semelhança da beleza de Deus. Deus é a forma onipotente e a não forma. O Filho na Santíssima Trindade assumiu a forma humana. Deus fez-se forma para salvar a forma humana. Há uma dimensão estética na Redenção. O Filho fora do tempo fez-se tempo, logo, forma. Assim, tempo e forma são indissociáveis. Essa forma, contudo, é finita, pois causada no tempo. Na eternidade como ausência de tempo a forma não desaparece, mas sim a morte da forma. Se o tempo não muda, a forma tampouco. Deus nos fez à sua imagem e semelhança, e Ele mesmo se fez à nossa imagem e semelhança ao decidir vir habitar entre nós. Ao morrer pela humanidade, Jesus Cristo percorre o caminho da finitude para esgotá-la e destruí-la.

A idosidade é a expressão máxima da ontoestética humana. Ser é forma. Eu sou ontoesteticamente a forma do meu corpo. Desde sempre o corpo é forma, a humanidade como tudo é forma. Entretanto, na velhice a estética do corpo é a mais marcante de todas as fases da vida individual. Eu sou o que meu corpo é, o que meu corpo diz que eu sou. A forma idosa que expressa ontoesteticamente a velhice do corpo representa também a fase aguda das falhas do sistema de saúde individual, quando os órgãos começam a apresentar fadiga de uso. O tempo desgasta o prazo de validade dos órgãos, sinalizando o percurso gradativo até a morte. A perda substancial do corpo saudável ou do corpo belo está associada automaticamente ao ser mesmo do idoso. Ser idoso é

74 Ontoestética do Idoso

esteticamente o ser físico demonstrar coerência. O tempo é estético. Cada momento da vida vem acompanhado de uma representação estética do ponto de vista físico. O ser é estético. Cada fase da vida encontra a sua adequação estética.

O avanço da idade representa um retrocesso nas capacidades físicas do indivíduo, e essa condição é fator de angústias, pois ao mesmo tempo cresce a consciência dos limites do corpo e o anúncio prévio e gradativo da morte. A limitação dos movimentos, a perda substantiva da força, a diminuição das capacidades mentais em geral e o desânimo psicológico remetem os idosos a uma outra condição da ontoestética do corpo. Todas essas condições são acompanhadas das condições estéticas propriamente ditas, com o envelhecimento do corpo pelas mudanças visuais da pele, o aparecimento de rugas e manchas etc. É preciso uma nova sabedoria para conviver com as novas realidades físicas e psicológicas que vão se somando com o passar do tempo.

A problemática do belo e do feio sofre uma mudança axiológica, pois com o passar do tempo os valores da beleza que antes eram como que absolutos agora são relativos, pois estão muito alargadas as fronteiras da experiência. O repertório da experiência, as dores da vida, os sofrimentos acumulados e o conjunto de alegrias diversas e de felicidade são fatores de ruptura de valores até então considerados inamovíveis. As duras experiências sentidas pelo corpo fazem com que à fragilidade física corresponda a fragilidade da alma, quando o coração humano vai amolecendo e cedendo lugar a valores mais elevados. A corrupção do corpo pelo tempo remete o idoso a uma ontologia da finitude e da fragilidade.

Crer no corpo, mas não como um absoluto. A mortalidade do ser físico deve aprofundar a dimensão metafísica do homem.

A ontoestética da alma

A alma desde há muito é um tema nobre na filosofia e nas religiões. Ela vem acompanhada da ideia de imortalidade, pois a crença na existência da alma quase que automaticamente prevê a noção de sua imortalidade. Não nos interessa aqui comentar a história do conceito de alma, mas objetivarmos o nosso próprio conceito sinteticamente, sem maiores pretensões. A nossa perspectiva é a de uma alma que não morre com o corpo, mas nasce ou surge no momento da concepção, quando materialidade e imaterialidade se unem para formar o ser humano. Nesse sentido a alma nasce, mas não morre. Não seria eterna, pois teve início, porém imortal. Ela acompanha a evolução biológica e vive um paradoxo de não ser corpo e simultaneamente só passar a ser no nascimento daquele no momento da concepção, como também evoluir sem evoluir propriamente. Se a alma nasce na matéria, sua condição imaterial não sofre alteração em função disso. Porém, morrendo a matéria, o corpo, ela permanece destinada à imortalidade. O corpo evolui, mas a alma se mantém íntegra. Entretanto, apesar disso, ontologicamente podemos admitir a liderança da alma ao longo da vida, elemento que as religiões indicam como objeto do juízo de Deus ou dos deuses, conforme o caso. Pensamos na hipótese de que a alma tenha estabilidade e se mantenha em perfeita igualdade consigo mesma. Entretanto, se a alma é estável, ela não é imutável, pois se o fosse não estaria sujeita a nenhum juízo posterior de Deus. Ela é estável na sua imaterialidade, porém mutável em sua espiritualidade. A alma muda segundo a decisão humana. O conjunto de decisões imporá a vida que se leva sobre a terra e que será objeto do juízo divino.

Sendo assim, a alma também envelhece, ainda que como simples acompanhamento do corpo ou como metáfora. A alma é fiel depositária da vida que se levou, armazenando todos os dados segundo as obras de cada um. Entretanto, como pode a alma ser imortal e ao mesmo tempo envelhecer, tornando-se uma alma idosa? A alma é paradoxal. Por um lado, a imortalidade lhe garante uma estabilidade, ainda que imaterial, pois à imagem e semelhança de Deus, mas por outro ela muda conforme as decisões humanas individuais, sendo o elemento sensível por excelência. Essa última face da alma envelhece segundo o corpo. Segundo o tempo e seguindo o tempo. A alma é sensível ao tempo durante o tempo em que o corpo viver no tempo. No cristianismo haverá, após a morte, renovação da alma e do corpo na vida eterna em Jesus Cristo, por meio da ressurreição. Fora do tempo a alma não envelhecerá.

Há uma identidade absoluta entre alma e ser, o que nos leva admitir uma ontoestética da alma, pois não há nada sobre a terra que não seja forma e que não possa ser pensado esteticamente. Se a alma envelhece, à imagem e semelhança do corpo, significa que ela também tem uma trajetória estética sinuosa, com variações espetaculares

76 Ontoestética do Idoso

ao longo da vida. As decisões da alma são também interpretadas como sendo de gosto. A alma idosa é um bem da sociedade. A idosidade da alma contribui para a construção de uma sociedade de equilíbrio. A imortalidade da alma é regida pela temporalidade da vida humana esgotada na morte. Ela morre parcial e metaforicamente com a morte do corpo. Digamos que a sua face mortal acompanha a mortalidade do corpo, e a sua eternidade, ou definitiva imortalidade no cristianismo, dependerá do juízo de Jesus Cristo. Esse, contudo, julgará igualmente os que se encontrarem vivos no momento do Seu retorno, o que significará uma interrupção instantânea na condução conteudística que cada pessoa apresentar até aquele momento.

Assim, a alma é o ser mesmo do homem, a sua essência, sem menosprezo do corpo. Este, ainda que hierarquicamente no plano dos valores seja menor que a alma, pois morre, não pode ser pensado sem a alma já que o ser humano foi criado em perfeita integração e unidade de ambos. Há uma unidade ontoestética do corpo e da alma, mesmo que possamos pensá-los separadamente. Essa é uma contradição que precisa ser mantida e explorada. Só Deus seria capaz de criar tamanho paradoxo, e somente por Ele somos capazes de achar tudo isso muito natural.

A ontoestética do espírito

Nós entramos agora em um domínio assaz sutil, pois as diferenças conceituais entre alma e espírito não são evidentes. A primeira razão é que a rigor a alma é espírito, já que não é corpo. Poderíamos até falar em um *corpo* da alma. Desse modo, a alma é a sede da espiritualidade, a morada do ser enquanto tal. A que dá vida ao corpo, materializando-se no corpo e preservando-se imaterial da mesma maneira, visto que com a morte do corpo ela permanece viva. Essa vida, contudo, só se manifesta na concepção humana de caráter orgânico, logo, como corpo. A alma, nesse sentido, é chamada a manifestar-se espiritualmente porque há um corpo que a aceita. Se ela nasce no corpo humano recém-concebido ou a ele preexiste e nele se manifesta por ocasião da concepção, a nós ainda é um mistério. O fato por nós percebido como realidade empírica é que se há anterioridade da alma na temporalidade com relação ao corpo dela ainda não temos provas suficientes, mas que somente no corpo e enquanto corpo ela se manifesta, e depois da morte do corpo ela fica preservada na imortalidade, disso temos inúmeras provas de fé e de razão.

A ontoestética a que me refiro como do espírito deve ser entendida como a expressão da alma, e não como a própria alma. É uma qualidade da alma antes que ela mesma. O espírito em questão é o diretor de toda a vida como manifestação da razão, da imaginação criadora e todas as demais faculdades humanas. Não é o espírito no sentido religioso como no cristianismo, relacionado ao Espírito Santo. Fazemos aqui um uso filosófico do termo espírito. Edmund Husserl afirmou certa vez que a divisão entre ciências da natureza e ciências do espírito não deve nos fazer esquecer que se nessas últimas o espírito predomina em tudo, naquelas, apesar de o espírito não ser objeto nem fim elas, só são possíveis porque há um espírito que as conduzem, pois o ser humano é espírito sempre como causa primeira, independentemente das finalidades para as quais o espírito se volta. O que nos interessa em nosso caso é o espírito como condutor das atividades humanas enquanto produto das diversas faculdades. O espírito faz a ponte entre a realidade humana e a divina.

Ontoesteticamente, o espírito é expressão pura das faculdades humanas. A mente humana enquanto tal é a sede do espírito. Alguns poderiam se perguntar se a alma não teria sede igualmente na mente. A alma tem no espírito um veículo de transmissão do Espírito de Deus. Em termos humanos, o espírito, filosoficamente falando – é bom frisar que estamos teorizando no plano filosófico e não teológico, mesmo que recorramos a aspectos da religião principal ou somente cristã –, é o condutor das atividades filosóficas, científicas, artísticas, esportivas e todas as demais delas decorrentes, em todas as profissões.

O espírito é criador por excelência em quaisquer atividades humanas. Há um caráter inato do espírito assim como um caráter adquirido. A vocação do espírito se desenvolve com a aquisição de conhecimento ao longo da vida. Todas as faculdades se exercitam e se desenvolvem em níveis diferentes em cada pessoa e variam de pessoa para pessoa. Os aspectos sociais vão introduzir variáveis significativas não somente quanto ao comportamento social, mas sobretudo no que concerne ao efeito dessas variáveis sobre a psique individual. O espírito define o estilo do homem em todas as atividades. Ele é a expressão mesma da alma individual. O espírito se apresenta qualitativa e quantitativamente. Com o passar dos

78 Ontoestética do Idoso

anos até a idosidade, o espírito vai ganhando mais e mais sabedoria.
Ontologicamente, há uma estética, uma economia, uma antropologia e
uma psicologia do espírito no idoso que só a ele pertence, visto que é
preciso toda uma acumulação crítica da experiência, que necessita de um
conjunto de erros e acertos, idas e vindas, avanços e recuos ao longo da
vida. Certa vez um filósofo antigo afirmou que o jovem não deve se achar
melhor que o idoso só porque é jovem: se for jovem, provou muito
pouco do que é capaz e ninguém sabe se será um vencedor quando for
idoso, e ainda por cima nem sabe se chegará a ser idoso para ser julgado
pela humanidade, pois pode morrer muito antes; ao passo que o idoso só
por ter sobrevivido provou que é um exitoso, independentemente do que
fez no decurso da vida.

A tendência inata ao homem é o aprimoramento ontoestético que
chega a níveis de excelência na idosidade. Essa afirmação não contém
nenhum juízo moral, visto que a excelência pode ser para o bem ou para
o mal. Estamos nos referindo ao plano do espírito enquanto tal, observando que essa força interior motiva toda ação humana, seja no plano
intelectual, seja no plano prático. O aprimoramento ontoestético do espírito na idosidade tem um caráter qualitativo que encontra resistências
nas tendências regressivas da decadência do corpo e das capacidades em
geral. Contudo, com o avanço das pesquisas de tecnologia médica no
mundo contemporâneo, cada vez mais esse prazo de possibilidade do
exercício do espírito fica dilatado. Esse fato compensaria as perdas nos
outros domínios. Domínios esses que também, por sua vez, estão se
estendendo em função, por exemplo, das respostas no campo da Educação Física e da Fisioterapia, que estão preparando a entrada na
idosidade com uma condição física que a humanidade jamais conheceu.

O sedentarismo do espírito faz tão mal à saúde quanto o
sedentarismo do corpo. A inatividade do espírito pode acarretar inúmeras consequências no plano físico. A contemporaneidade incorporou
a idosidade como uma fase, como outra qualquer da vida humana, na
qual devemos continuar a desenvolver diversas atividades mentais, va-
lendo-nos da imensa experiência acumulada e extraindo um enorme
proveito daquelas atividades. Mesmo após a aposentadoria, que é um
mero ato formal da vida de uma pessoa e não o fim da pessoa, o adulto
poderá iniciar ou continuar certas atividades. A vida se renova a cada dia,
e a cada fase pode ser reinventada a cada momento. E em cada fase ou
momento adaptar-se-á o adulto às atividades segundo as suas condições

A Arte de Envelhecer 79

físicas, seus interesses renovados, a sua motivação em ser útil e demais possibilidades volitivas. O movimento permanente do espírito age em conjunto com o movimento do corpo.

Assim, a preservação da dignidade do idoso passa necessariamente pela dignificação do espírito, levando-o a uma plena ontoestética do espírito, mantendo-se a vida em equilíbrio em função da dignidade conjunta dos diversos planos da vida.

Concluindo, observamos que todas essas manifestações da vida renovadas pelas atividades permanentes do adulto idoso foram incorporadas na nova construção da cidadania contemporânea. A cidadania plena deve concernir todos os aspectos parciais da ontoestética do idoso, formando a totalidade ontoestética que seria uma fiel imagem da dignidade completa do ser.

Notas

[1] *Idosidade* é um neologismo criado por mim para designar o caráter e a condição de ser idoso. Por mera coincidência, o sufixo *idade* cai como uma luva junto a idoso, como que também designando a idade idosa.

[2] *Velhice* é uma palavra detestada pela onda politicamente correta, que prefere os eufemismos a chamar as coisas pelo nome. Cego, por exemplo, ninguém mais é, pois agora encontraram a pérola "portador de deficiência visual".

A Constituição da Gerontologia e da Geriatria como Campos de Conhecimento Interdisciplinar: O Desafio da Formação Profissional

Luciana Branco da Motta

Introdução

O processo de envelhecimento populacional emerge como um desafio a ser enfrentado. Os múltiplos aspectos presentes neste processo e suas inter-relações fazem com que esse seja complexo e que necessite de uma compreensão abrangente por parte dos profissionais de saúde. O desenvolvimento da Gerontologia e Geriatria como campo de conhecimento e a prática interdisciplinar na sua abordagem são desafios colocados. Porém, para que estes desafios possam ser enfrentados, torna-se necessário discutir a formação de recursos humanos na área de saúde, aptos a trabalharem dentro destes paradigmas. Este texto discute os conceitos de Gerontologia, Geriatria e interdisciplinaridade, suas relações, e as questões implicadas na formação de recursos humanos na saúde.

Conceituação de Geriatria e Gerontologia

Questões relacionadas ao envelhecimento e à longevidade aparecem na história desde os tempos antigos. As primeiras teorias refletem a visão do mundo dada pela cultura. Para os hebreus, por exemplo, a longevidade estava ligada à obediência a Deus. As sucessivas gerações reconstruíram estas explicações de acordo com seu contexto histórico.

82 A Constituição da Gerontologia e da Geriatria

A ênfase ao conhecimento positivista da Renascença leva à construção de algumas teorias sobre o envelhecimento. Porém, é no século XIX que o pensamento gerontológico se organiza – "O homem nasce, cresce e morre segundo certas leis que não foram investigadas apropriadamente." (QUETELET, 1842, apud HENDICKS, 1999, p. 25), discutindo-se a importância da diversidade no processo. Por outro lado, os avanços tecnológicos e das possibilidades de intervenção permitiram o desenvolvimento de uma visão de doença, fisiologia e patologia que identificamos como Biomedicina. Este modelo ganha ênfase com o livro de Charcot, *Diseases of the elders and their chronic illnesses*, de 1867. O século XX traz um desenvolvimento das pesquisas científicas. Alguns autores, como Comte, trabalham a ideia de uma trama integrada entre o biológico e o social como parte do pensamento científico. Criam-se dois polos de discussão em relação ao envelhecimento: "O envelhecimento resulta das doenças degenerativas", "envelhecimento é considerado um processo natural" (HENDICKS, 1999). Esta polaridade está presente ainda hoje, com a discussão entre os campos de atuação da Gerontologia e da Geriatria.

O termo Gerontologia surge em 1903 com Metchnikoff, sucessor de Pasteur, que propõe a criação desta disciplina, prevendo que esta seria um campo importante da ciência. Posteriormente, em 1909, foi proposta por Nascher, nos EUA, a criação da especialidade médica Geriatria, ou o estudo clínico da velhice, para tratar das doenças dos idosos e da própria velhice. A ideia de avaliação multidimensional, portanto, da abordagem interdisciplinar, surge em 1930 com Warner, na Inglaterra.

Os conceitos de Gerontologia e Geriatria são vários e apontam para diversas estratégias de estudo e intervenção no objeto em análise. Para conhecer melhor este campo torna-se importante dialogar com seus conteúdos e métodos (PAPALÉO NETTO, 2002):

- *Gerontologia*: disciplina multi e interdisciplinar cujo objetivo é o estudo das pessoas idosas, as características da velhice, o processo do envelhecimento e de seus determinantes biopsicossociais, capaz de fornecer uma atenção holística, integral, à população idosa. Entende-se por Gerontologia Social os aspectos antropológicos, psicológicos, legais, ambientais, econômicos, éticos e políticos de saúde.

- Por *Geriatria* compreendem-se os aspectos curativos e preventivos da atenção à saúde e por Gerontologia Biomédica o estudo do envelhecimento do ponto de vista molecular celular, estudos populacionais e de prevenção de doenças. Nesta linha, a Geriatria seria um componente da Gerontologia.

Segundo Carvalho (1984):

A gerontologia estuda o idoso do ponto de vista científico, em todos os seus aspectos físicos, biológicos, psíquicos e sociais, sendo responsável pelo atendimento global do paciente. Assim, a geriatria, que se ocupa do aspecto médico do idoso, pode ser considerada como parte da gerontologia.

Interdisciplinaridade

A interdisciplinaridade é intrínseca à constituição do campo da Gerontologia, pois o processo de envelhecimento permeia todos os aspectos da vida, do biológico ao social, demandando, para sua operacionalização, de um trabalho em equipe.

Martins de Sá trabalha a definição de Gerontologia como ciência, explicitando que esta utiliza conteúdos científicos e técnicos de outros campos, dos quais participam dimensões biológicas, psíquicas, sociais, culturais e estéticas.

Não se pode fragmentar o objeto porque a parte que ela isola ou arranca do contexto originário do real — o velho e o processo de envelhecimento — só pode ser explicada efetivamente na integridade de suas características. (1998, p. 43)

Assim, a Gerontologia não se limita a uma incorporação de conhecimentos, mas é um processo de criação contínua de novas estruturas conceituais e operacionais. Estes conhecimentos, ao romperem com as estruturas disciplinares de origem, são recombinados, reconstruídos e sintetizados de forma a configurar uma nova totalidade. A interdisciplinaridade é característica do processo de conhecimento da Gerontologia, com uma troca permanente de conhecimentos, movimento constante e uma estabilidade dinâmica. A estrutura teórico-metodológica pode ser explicada como um conjunto de procedimentos interligados, interdependentes e coerentes.

84 A Constituição da Gerontologia e da Geriatria

Bass também analisa o conceito de Gerontologia, listando suas bases de conhecimento:

Estudo científico do envelhecimento, perpassa por várias disciplinas incluindo a biologia, psicologia, sociologia, ciência política, história, antropologia, economia, humanidades, ética, sendo integrada a profissões como saúde pública, enfermagem, serviço social, direito e medicina, entre outras. (2000, p. 97)

Este autor aponta questões institucionais relacionadas a este campo, como o envolvimento de diferentes departamentos, o fato de alguns programas estarem ancorados em uma disciplina ou profissão estabelecidas, e estruturados para transcender seus limites. Estas questões dificultam o processo de criação de uma (inter) disciplina com estas características. Em alguns casos, programas se propõem a fomentar a interação intelectual entre disciplinas, porém esta interação varia enormemente entre os grupos de interesse e currículos. É ressaltado que muitos programas de educação gerontológica trabalham de forma multidisciplinar, porém com variados graus de integração. Ou seja, do ponto de vista institucional, em especial na universidade, a constituição de um campo interdisciplinar é de difícil execução.

Apesar de não estar estabelecida como disciplina, a Gerontologia desenvolveu medidas que explicitam este seu desenvolvimento: tema único, métodos distintos, capital intelectual e medidas de padronização e qualidade; o que a coloca num adiantado processo de estruturação de sua identidade.

O debate acadêmico acerca da interdisciplinaridade surge como crítica à fragmentação do saber e da produção de conhecimento.

O reconhecimento da realidade como complexidade organizada implica que se busque compreendê-la mediante estratégias dinâmicas e flexíveis de organização da diversidade percebida, de modo a se compreender as múltiplas interconexões nela existentes. (LÜCK, 2002, p. 51)

Objetiva trabalhar com uma visão de realidade que ultrapasse os limites disciplinares e conceituais do conhecimento, extrapolando a síntese de conhecimento simplesmente por integração dos seus campos de origem, mas visando à associação dialética entre dimensões polares como teoria e prática, ação e reflexão, conteúdo e processo. A prática interdisciplinar permite a superação da fragmentação, linearidade e artificialização, tanto do processo de produção do conhecimento, como do ensino e do afastamento em relação à realidade (LÜCK, 2002). A interdisciplinaridade objetiva

> *a realização do homem [sic] como pessoa, em todas as suas dimensões; a superação de individualismo, desesperança, desajustamentos, enfim, problemas existenciais, oriundos de uma ótica fragmentadora; a integração política e social do homem no seu meio. (LÜCK, 2002, p. 55)*

Estes objetivos cabem à educação no sentido de formar o ser humano em todas as dimensões para a vida em sociedade.

No campo da ciência, a interdisciplinaridade mostra a necessidade de superar a fragmentação da produção de conhecimento. Seu objetivo é superar a visão restrita de mundo e compreender a complexidade da realidade, resgatando a centralidade humana na realidade e na produção do conhecimento como ser determinante e determinado. Representa uma nova consciência da realidade, do pensar, ambicionando a troca, a reciprocidade e a integração entre diferentes áreas, objetivando a resolução de problemas de forma global e abrangente. Segundo Fazenda,

> *O pensar e o agir interdisciplinar se apoiam no princípio de que nenhuma fonte de conhecimento é, em si mesma, completa, e de que, pelo diálogo com outras formas de conhecimento, de maneira a se interpenetrarem, surgem novos desdobramentos na compreensão da realidade e sua interpretação. (1979)*

Lück (2002) aponta para os pressupostos que sustentam esta afirmativa. A realidade é construída mediante uma teia de eventos e fatores que ocasiona consequências encadeadas e recíprocas, é dinâmica, em contínuo movimento, e construída socialmente. A verdade é relativa, pois o que se conhece depende diretamente da ótica do sujeito, não tendo significado próprio, sendo este a ela atribuído pelo ser humano. Desta forma, a interdisciplinaridade vem como uma reação a esta fragmentação em diversos campos, como o da ciência, no qual pretende contribuir para a superação da dissociação do conhecimento produzido. Na educação, representa uma condição para a melhoria de qualidade mediante a superação contínua da sua clássica fragmentação disciplinar, uma vez que orienta a formação global. Lück (2002) considera que

86　A Constituição da Gerontologia e da Geriatria

> *o enfoque interdisciplinar consiste num esforço de busca global da realidade, como superação das impressões estáticas, e do hábito de pensar fragmentador e simplificador da realidade. Ele responde a uma necessidade de transcender a visão mecanicista e linear e estabelecer uma ótica globalizadora que vê a realidade, em seu movimento, constituída por uma teia dinâmica de inter-relações circulares, visando estabelecer o sentido de unidade que ultrapassa as impressões fracionadas e o hábito de pensar e de exprimir-se por pares e opostos, como condição e resultado final do processo de produção do conhecimento. (p. 72)*

É necessária uma mudança de atitude individual e institucional para que a interdisciplinaridade floresça. No campo da saúde, a interdisciplinaridade acena com a possibilidade da compreensão integral do ser humano e do processo saúde-doença (FEUERWERKER, 1998). A construção da interdisciplinaridade ultrapassa a renovação da estratégia educativa, necessitando ser consolidada pela reestruturação acadêmica e institucional via o compromisso com a formação do profissional adequado para prestar, no campo da saúde, atendimento eficaz, humano e baseado nas demandas do processo saúde-doença (SOBRAL, 1990).

A rapidez com que o conhecimento se altera, a dialética da realidade social, a partir da noção de contradição, na qual a realidade pode ser una e diversa ao mesmo tempo, mostra que, embora um dado problema possa ser delimitado, não se pode desconsiderar as inúmeras determinações e mediações históricas que o constituem. Segundo Morin (1990, apud TORALLES-PEREIRA, 1998, p. 149), é necessário se conscientizar da complexidade de toda a realidade em suas várias vertentes. Toralles-Pereira (1998) enfatiza o conhecimento como uma trama de relações complexas, requerendo cada vez mais trabalho interdisciplinar e novas formas de interação comunicativa.

Vasconcelos (2002) define tipos de "práticas" de produção de conhecimento e interpretação da realidade como a multi, inter e transdisciplinares, contextualizando-as. A prática *multi* é composta por campos de saber simultâneos, que mantêm um objetivo único, porém sem cooperação, realizando um trabalho isolado e sem troca de informações. Na *pluri*, há uma justaposição de campos em um mesmo nível, no qual aparecem as relações existentes entre eles, com objetivos múltiplos e cooperação, porém sem coordenação. Na *trans*, há a estabilização de um campo teórico, aplicado ou disciplinar de tipo novo ou mais amplo em relação aos que lhe embasam. E a *inter,* na qual a interação participativa constrói um eixo comum a um grupo de saberes, apresenta objetivos múltiplos, com horizontalização das relações de poder e coordenação. Busca uma mudança estrutural que gere reciprocidade, identificação de problemática comum, num trabalho conjunto, colocando os princípios e conceitos básicos dos campos originais em um esforço de decodificação em linguagem mais acessível e de tradução de sua significação para o senso comum, incorporando o interesse na aplicabilidade do conhecimento produzido. Há, portanto, uma recombinação dos elementos, o que permite, com o tempo, a criação de campos novos de saber: teóricos, práticos ou disciplinares.

Para Vasconcelos,

> *essas práticas implicam um sério questionamento e recolocação em novas bases dos princípios e da formação convencional aprendidos pelos profissionais nos cursos universitários tradicionais, exigindo uma cultura institucional nova nos serviços, capaz de oferecer um clima favorável para este processo de reelaboração efetiva das relações de poder nas equipes, apesar de todos os atravessamentos [...] (2002, p. 114)*

As práticas *inter* se desenvolvem em campos como as disciplinas, teorias, paradigmas, campos epistemológicos, profissões e campos de saber/fazer. Porém, o termo "disciplina" é utilizado mais frequentemente para exprimir este contexto – a interação entre fronteiras de saber.

Assim como Martins de Sá (1998) e Bass (2000), Vasconcelos (2002) ressalta obstáculos e limitações encontrados para o desenvolvimento da interdisciplinaridade. No campo das profissões e instituições, o conflito se deve ao processo de inserção histórica na divisão social e técnica do trabalho e na constituição dos saberes enquanto estratégia de poder e ao mandato social sobre um campo de saber. A formalização das profissões acompanha-se de um reconhecimento de reivindicações de um saber e competência exclusivos, aos quais é atribuído um mandato social para tomar decisões, realizar tarefas específicas, controlar recursos e responsabilidade legal, cristalizando uma divisão social e técnica do trabalho. A legislação profissional e assistencial influencia as práticas profissionais e também as políticas sociais, a sociedade civil e o Estado. A institucionalização de organizações corporativas

88 A Constituição da Gerontologia e da Geriatria

como sindicatos e conselhos, que estabelecem fronteiras de saber e competência, exerce controle na formação e prática, nas normas éticas, e defende interesses econômicos e políticos de cada grupo. A cultura profissional tende a assumir valores culturais, imaginários e identidades sociais, preferências técnicas e teóricas, estilos de vida, padrões de relação com a clientela, com a sociedade e com a vida política.

É importante conhecer as dinâmicas da cultura e as identidades profissionais, já que se comportam como barreiras aos estímulos ambientais, estabelecendo os "rituais de verdade" e padrões de competência, além de organizarem dispositivos de ação, conferindo segurança e *status* aos profissionais. As práticas na saúde, inclusive, convivem com um conjunto de estratégias de saber/poder, de competição intra e intercorporativa e de processos institucionais e socioculturais que impõem barreiras profundas à troca de saberes e às práticas interpessoais colaborativas e flexíveis.

Outro fator de dificuldade é a precarização das condições de trabalho, nas quais os vínculos informais e frágeis, a multiplicidade de ocupações, a competitividade e a introdução de tecnologia levam a uma situação, na qual a estruturação e o desenvolvimento da equipe tornam-se difíceis.

Fatores importantes na implementação das práticas interdisciplinares incluem a flexibilização dos mandatos sociais por meio da discussão das legislações profissionais, o incentivo para a ampliação destas práticas na formação básica dos profissionais, nos cursos de graduação e pós-graduação, buscando uma nova profissionalização, capaz de enfrentar os desafios teóricos e práticos dos campos transdisciplinares. Inclui vislumbrar a integração do ensino-pesquisa-extensão, a mudança da hierarquia institucional para uma estrutura democrática e horizontal, e a possibilidade da análise e quebra das defesas corporativas, permitindo a troca e o aprendizado, e a reconstrução das bases profissionais (VASCONCELOS, 2002).

Questões institucionais como o envolvimento de diferentes departamentos, disciplinas ou profissões, em especial na universidade, dificultam a constituição de um campo interdisciplinar (BASS, 2000).

Vasconcelos (2002) ressalta a importância da escuta e participação ativa dos usuários e familiares nos projetos assistenciais e de pesquisa, possibilitando a reafirmação da complexidade de suas realidades, das demandas e sua avaliação do processo de assistência ou pesquisa.

Integralidade e formação de recursos humanos

Camargo Jr. (2003) ressalta que a integralidade não é um conceito e sim um objetivo a alcançar, visa ao trabalho multiprofissional interdisciplinar e ao desenvolvimento de uma compreensão abrangente do processo saúde-doença.

A discussão de integralidade também abarca trabalho em equipe. Porém, este por si só não avança nesta construção. É necessária a flexibilização da divisão do trabalho, no qual "os profissionais realizam intervenções de suas respectivas áreas, mas também executam ações comuns, nas quais estão integrados saberes provenientes de distintos campos" (PEDUZZI, 2001, p. 108). Em um estudo empírico em equipes de saúde, em vários cenários de prestação de serviço, Peduzzi (2001) analisa as concepções de equipe que informam o trabalho. A autora propõe a categoria de equipe "agrupamento", a qual se orienta pela justaposição de ações, e equipe "integração", orientada para a articulação das ações. A atenção integral à saúde só é possível quando o trabalho conjunto se articula na integração das ações, quebrando a fragmentação entre os saberes e práticas.

A Geriatria é descrita por Barry (1997) como um trabalho interdisciplinar, devido aos problemas nesta população serem múltiplos, complexos, e envolverem aspectos biopsicossociais, sendo apontada a questão de seu treinamento dentro deste modelo. A autora coloca que esta necessidade se deve ao fato de a abordagem ao idoso ser complexa e de nenhuma disciplina sozinha possuir o conhecimento e habilidade necessários para enfrentá-la; que um trabalho em equipe com vários profissionais tem sua resolutividade aumentada; que cada habilidade e conhecimento são relevantes e igualmente importantes para o enfrentamento; e que os profissionais, individualmente, dividem o mesmo objetivo. Este modelo de trabalho requer o conhecimento de outras disciplinas, flexibilidade de regras, evolução da prática disciplinar e da identidade baseada no talento individual, e experiência, frente ao conforto e habilidade na troca entre as disciplinas. A educação interdisciplinar permite o alargamento dos recursos e a criatividade, o preparo para uma prática colaborativa, o enriquecimento e o crescimento profissionais. Porém, traz na sua discussão a dificuldade na mudança das práticas educacionais e institucionais, e do processo de crescimento e autoavaliação do aluno.

90   A Constituição da Gerontologia e da Geriatria

Cohen (2002) entende a Geriatria perpassando praticamente todas as especialidades, trazendo um debate se a Geriatria é uma disciplina, uma especialidade, uma subespecialidade ou uma supraespecialidade. As alterações demográficas criam a necessidade de formação de profissionais aptos a lidar com esta população, e iniciam um processo de busca de identidade e credibilidade para esta área de conhecimento. A questão que se coloca é que as pessoas mais velhas estão sendo tratadas por profissionais, de forma bem feita ou não. Em ambos os casos, os profissionais de saúde acreditam estar cuidando de forma apropriada, não vendo a necessidade de uma disciplina separada para se estabelecer uma identidade e uma prática. A solução para esta questão seria o treinamento básico para todos os médicos, não ficando a Geriatria como uma especialidade separada, mas sim uma forma de abordagem que possa ser aprendida e abraçada por todas as especialidades, transformando-as em formadoras de profissionais capazes de cuidar desta população. Integração nos diversos níveis é a solução para o enfrentamento do envelhecimento populacional.

O aumento da população idosa e de doenças complexas nos leva à necessidade de um cuidado coordenado e colaborativo entre os profissionais. Para Tsukuda (1990), idosos frequentemente têm problemas múltiplos, interligados e complexos, que demandam conhecimentos e habilidades que não são possíveis de serem fornecidos por um único profissional. Esta ideia é baseada nas seguintes suposições: o problema é grande e/ou complexo o suficiente para requerer mais de uma área de conhecimento ou habilidade; a quantidade de conhecimentos ou habilidades é grande o suficiente para não ser possível ser abraçada por somente uma pessoa; a reunião de várias áreas de conhecimento permite uma maior possibilidade de resolução; todos os membros da equipe são considerados importantes e estão trabalhando para um objetivo comum para o qual podem sacrificar alguma de sua segurança profissional. Existe uma negociação dos papéis e tarefas, assim como da qualidade de relação entre os membros e entre esses e o usuário.

O trabalho em equipe está vinculado ao treinamento em equipe, porém, as perspectivas educacional e de trabalho estão afastadas deste processo, as instituições acadêmicas oferecem diferentes pontos de vista teóricos, de educação e experiência para os alunos, o sistema é rígido e enfatiza um corpo único de conhecimento. As barreiras podem ser individuais, do grupo ou organizacionais. No campo de educação, o trabalho em equipe oferece uma fonte inovadora de treinamento. Além do conhecimento na abordagem ao idoso, o aluno também aprende a colaborar e cooperar com os demais membros. A equipe permite ao estudante identificar o papel de sua disciplina no cuidado ao idoso e a contribuição das demais disciplinas, reconhecendo a natureza interdependente do trabalho em saúde, confiança e respeito para com as demais e para com a sua própria disciplina.

A OMS (1988) coloca que a educação multiprofissional não é um objetivo final, mas um meio de possibilitar o trabalho conjunto de profissionais de saúde voltados para as necessidades da população. Os programas educacionais devem permitir que os membros da equipe aprendam a trabalhar de forma eficiente juntos, a compreender a responsabilidade do grupo como equipe, o papel de cada membro do grupo dentro da responsabilidade da equipe, a extensão da superposição do papel de cada um, o processo necessário para trabalhar o conjunto e o papel da equipe na prestação de serviço. Estas habilidades não são adquiridas quando em treinamentos individuais, pois é necessário que o trabalho em equipe se caracterize pela adaptabilidade, entendendo-a como a habilidade de a equipe resolver os problemas como equipe, de reagir de forma flexível para mudar as demandas do meio, para incorporar diferentes profissionais, representantes da comunidade e usuários como tendo contribuições importantes para o objetivo final; como juízo de identidade, baseado no conhecimento e percepção do que é a equipe e o que ela pode fazer e o compromisso de cada um do grupo com o objetivo final; como a habilidade em descobrir, perceber adequadamente e interpretar corretamente as particularidades do meio que são relevantes para o funcionamento da equipe.

A formação de recursos humanos nesta área está vinculada a uma compreensão do processo de envelhecimento, suas repercussões biopsicossociais, da necessidade do trabalho interdisciplinar, dos novos paradigmas na concepção de saúde-doença, do papel e objetivos do profissional de saúde. Isto importa no conteúdo e habilidades a serem desenvolvidos durante o treinamento dos profissionais da saúde.

Ainda há muito para fazer e aprimorar, mas percebe-se que a discussão permanente sobre as estratégias utilizadas, as dificuldades institucionais vividas e as possibilidades de mudança oferecem um solo fértil para novas conquistas.

Conclusão

O envelhecimento e suas repercussões trazem a Gerontologia e Geriatria como áreas de conhecimento de progressiva importância. A sua característica de múltiplas inserções e entrelaces nos coloca frente ao desafio de mudança de paradigmas do processo saúde-doença, integralidade da atenção, trabalho em equipe.

O trabalho em equipe requer, para a construção da interdisciplinaridade, um processo de ajuste constante e diário. Esse é uma prática construída nas tensões do cotidiano entre os profissionais e que envolve um entendimento e disponibilização de cada um individualmente. A formação de profissionais já mais identificados com esta prática, com certeza, possibilitará uma maior facilidade na sua implementação e desenvolvimento.

Bibliografia

BARRY, P. P. "Geriatric Education: a Team Approach." In: ANNUAL MEETING OF THE ASSOCIATION FOR GERONTOLOGY IN HIGHER EDUCATION, 23, 1997, Boston, Massachusetts, USA. *The Beverly Lecture on Gerontology and Geriatrics Education.* New York, Washington, USA: Association for Gerontology in Higher Education, 1997.

BASS, S. A. e FERRARO, K. F. "Gerontoloy Education in transition: Considering Disciplinary and a paradigmatic evolution." *Gerontologist*, v. 40.

CAMARGO JR., K. R. "Um ensaio sobre a (In)Definição de integralidade." In: PINHEIRO, R. e MATTOS, R. A. *Construção da Integralidade: cotidiano, saberes e práticas em saúde.* Rio de Janeiro: UERJ, IMS, Abrasco, 2003.

COHEN, H. J. "Geriatric Education: a model for Integration." In: ANNUAL MEETING ASSOCIATION FOR GERONTOLGY IN HIGHER EDUCATION, 28, 2002, Pittsburgh, PA, USA. *The Beverly Lecture on Gerontology and Geriatrics Education.* New York, Washington, USA: Association for Gerontology in Higher Education, 2002.

FAZENDA, I. C. A. *Integração e interdisciplinaridade no ensino brasileiro.* São Paulo: Ed. Loyola, 1979.

FEUERWERKER, L. C. M. e SENA, R. R. "Interdisciplinaridade, trabalho multiprofissional e em equipe. Sinônimos? Como se relacionam e o que têm a ver com a nossa vida?" *Olho Mágico*, ano 5, n. 18, mar. 1998.

GLOBE, R. *Positional paper on multiprofessional Education*. Disponível na internet via www.network.unimaas.nl/position/index.htm. Acesso em 20 set. 2003.

HENDICKS, J. e ACHENBAUM, A. "Historical development of theories of ageing." In: BENGTON, V. L. e SCHAIE, K. W. *Handbook of theories of aging*. New York: Springer Publishing Company, Inc., 1999.

LÜCK, H. *Pedagogia Interdisciplinar: fundamentos teórico-metodológicos*. 10 ed. Petrópolis: Vozes, 2002.

MARTINS DE SÁ, J. L. "Gerontologia e interdisciplinaridade – fundamentos epistemológicos." *Gerontologia*, v. 6, n. 1, 1998.

PAPALÉO NETTO, M. "O estudo da velhice no século XX: histórico, definições do campo e termos básicos." In: FREITAS, E. V. et al. (ed.). *Tratado de Geriatria e Gerontologia*. 1 ed. Rio de Janeiro: Guanabara Koogan, 2002.

PEDUZZI, M. "Equipe multiprofissional de saúde: conceito e tipologia." *Revista de Saúde Pública*, São Paulo, v. 35, n. 1, fev. 2001.

TORALLES-PEREIRA, M. L. e FORESTI, M. C. P. P. "Formação profissional: reflexões sobre interdisciplinaridade." *Interface: Comunicação, Saúde e Educação*, v. 2, n. 3, 1998.

TSUKUDA, R. A. "Interdisciplinary collaboration: teamwok in Geriatrics." In: CASSEL, C. K. et al. *Geriatric Medicine*. 2 ed. New York: Springer-Verlag, 1990. cap. 52.

VASCONCELOS, E. M. *Complexidade e pesquisa interdisciplinar: Epistemologia e Metodologia operativa*. Petrópolis, RJ: Vozes, 2002. 343 p.

WHO STUDY GROUP ON MULTIPROFESSIONAL EDUCATION OF HEALTH PERSONNEL: THE TEAM APPROACH. *Learning together to work together for health*. Geneva: World Heath Organization, 1988. 72 p. Techinal Report Series.

As Várias Faces da Velhice
Mariana de Aguiar Ferreira Muaze

As indagações acerca dos novos caminhos a serem percorridos pelos historiadores iniciadas pelos *Annales*, no século passado, foram aprofundadas por seus seguidores nos debates que contemplaram os novos objetos e problemas da disciplina da História. Neste flanco, Phillipe Ariès, na década de 1960, escreveu a obra *História social da família e da infância*, na qual propunha uma historicização destes conceitos, partindo do princípio de que cada sociedade, em sua época distinta, tem uma forma diferente de conceber a infância e as relações familiares, colocando assim estas questões no terreno da investigação histórica. A tese defendida pelo autor era de que as diferentes formas de conceber a infância e, consequentemente, as fases da vida humana são explicadas, em primeira instância, pela transformação de sociedades tradicionais em industriais, ou seja, pelo nascimento do capitalismo.

Tendo em vista a perspectiva de que as diferentes sociedades vão conceber de forma específica as noções acima apontadas, o presente trabalho pretende estudar qual o lugar social do idoso na sociedade oitocentista brasileira. Quais as várias faces da velhice? De que forma os diferentes setores da sociedade oitocentista vivenciavam a última fase da vida? Inicialmente, gostaria de apresentar algumas reflexões de como as etapas da vida humana eram entendidas na segunda metade do século XIX. Os dicionários de época são uma fonte preciosa para tal questão porque possuem definições por vezes semelhantes entre si (conotando noções há tempos consolidadas), por outras descompassadas (demonstrando um processo de transformação dos conceitos).

Refletir sobre as várias faces da velhice pressupõe dizer que, numa sociedade profundamente hierarquizada como a sociedade imperial, as representações e vivências do idoso vão variar conforme o *status* social do indivíduo. Neste aspecto, a fotografia é uma fonte privilegiada de análise porque coloca a nu as diferenças de representação entre negros escravos e homens livres e brancos, ambos em idade avançada.

As idades da vida

Atualmente, quando nos referimos às idades da vida, logo nos vêm em mente: a infância (primeira idade), a etapa adulta (segunda idade) e a terceira idade, termo surgido como substituto do substantivo velhice, já há muito carregado de um caráter pejorativo em nossa sociedade. No geral, a infância comporta a adolescência, chegando até cerca dos 17 ou 18 anos. Contudo, há quem reivindique um estatuto mais individualizado para a adolescência, entendendo-a como uma fase autônoma, falando-se inclusive em pré-adolescência, o que torna a infância cada vez mais curta entre nós. Por outro lado, o que mantém a adolescência próxima da fase infantil é a crença de que o indivíduo ainda não é responsável por seus atos, não tendo alcançado um grau de amadurecimento necessário para a condução de sua vida como adulto. Daí a polêmica que se estabelece no campo jurídico sobre a idade para a maioridade legal. Entretanto, estas noções, que hoje nos parecem tão sólidas e imutáveis, quando analisadas para a segunda metade do século XIX, têm outros sentidos.

O termo infância, que em latim significa "carência da palavra",[1] era entendido como sendo composto de duas etapas principais. A chamada primeira infância se iniciava com o nascimento e se estendia até os três anos. Era identificada como: a "fase em que se cria", a "idade em que se exprimem as ideias de necessidade, de debilidade, e do cuidado de que o homem necessita debaixo do teto paterno".[2] Dessa maneira, esta primeira fase da vida era descrita como biologicamente dependente de amamentação e carente de cuidados específicos, que deveriam ser supridos no ambiente doméstico, com a supervisão dos pais. Em seguida, alcançava-se a segunda infância, que se estenderia até os sete anos, mantendo a característica de dependência.

Depois de concluídas estas duas etapas, que constituíam a infância, chegava-se à puerícia, conceituada como a "idade entre a infância e a adolescência", que se prolongava dos 7 aos 14 anos.[3] Em seus estudos sobre a sociedade colonial, Gilberto Freyre e Maria Beatriz Nizza da Silva identificaram a puerícia como a fase dos castigos físicos e do pouco contato das crianças com os pais.[4]

Com a puberdade iniciava-se uma nova época de vida, a adolescência, citada nos dicionários como sinônimo de juventude e mocidade. Eduardo Faria, por exemplo, descreve o termo adolescente como: "pertencente à mocidade, mancebo que está na idade da adolescência, ou que ainda vai crescendo, que está no começo, que ainda não alcançou todo o seu vigor". É possível perceber que, tanto naquela época como hoje, a adolescência já se encontra relacionada ao pleno desenvolvimento físico do ser humano e à puberdade. Frei Domingos Vieira também a restringe dos 14 aos 25 anos, "período em que o corpo atinge sua perfeição física".

A vida adulta ou varonil, como era comumente chamada, se iniciava em torno dos 25 anos. No entanto, o limite de idade variava de dicionário para dicionário, apesar de as definições se manterem: "Adulto – que chegou ao período de vida entre a adolescência e a velhice".[5] Sua sucessora era a fase da velhice, ou ancianidade, marcada em sua outra extremidade pela morte e conceituada como "estado do que é velho, último quartel da vida, [...] idade da madureza".[6] Nos dicionários do século XIX, as palavras velho, velhote, velhusco, ancião, senil e idoso aparecem como sinônimos e são descritas como "que tem muita idade", "carregado de anos", "de provecta idade", "antigo", "que está adiantado em anos".

Maria Beatriz Nizza da Silva, em seu livro sobre a vida privada e o cotidiano no Brasil Colônia, apresenta um estudo baseado nos mapas de população do final dos Setecentos e conclui que, na época, a velhice chegava para as mulheres aos 50 e para os homens aos 60 anos.[7] Estas idades parecem não ter mudado substancialmente até o final do século XIX, pois apesar da institucionalização da Medicina como ciência neste período, os avanços reais das práticas médicas e da arte de curar ainda vão demorar a se fazer notar a ponto de trazer um prolongamento efetivo da vida que influencie os conceitos de idoso e velhice.

A morte encerrava a ancianidade, entretanto ela era um medo permanente que rondava homens e mulheres durante toda a vida oitocentista. O nascimento, em todas as camadas sociais, era encarado como um momento de muito risco e expectativa devido aos altos índices de mortalidade de

98   As Várias Faces da Velhice

crianças e de mães, que tinham como costume confessar-se antes do parto.[8] As condições de higiene pouco favoráveis e a falta de saneamento básico das cidades deixavam as crianças à mercê de doenças variadas. Segundo o Boletim Mensal da Inspetoria Geral de Higiene, em um dos meses de 1872 foram registrados na cidade do Rio de Janeiro: 41 casos de óbitos de crianças entre 0 a 3 meses; 45 casos entre 1 e 3 anos, sendo 25 deles na faixa de 1 a 2 anos; 35 casos para a idade entre 3 e 5 anos e 53 de 5 a 15 anos.[9] Entretanto, as doenças epidêmicas, como febre amarela, varíola, cólera e tuberculose, eram as mais mortíferas e tanto podiam atingir crianças, quanto velhos e adultos.[10] O assunto fazia parte do cotidiano das famílias e foi narrado pelo pai José Maria Velho da Silva à sua filha Mariana.

> *Rio, 24 de janeiro de 1858.*
> *Minha querida Marianinha.*
> *[...] A mulher do pobre João Thomas está finalizando tísica já está sacramentada e sem esperança alguma. Ontem fui vê-la por que só ante ontem é que soube em casa de Isidro aonde fomos jantar. Ele faz muita pena porque está magoadíssimo. A mulher do Farani também está tísica e desenganada. É a moléstia que mais deve assustar por cá e mais do que a febre amarela.[11]*

Por tudo o que foi dito, chegar à velhice depois de uma longa vida e poder organizar cuidadosamente a própria morte era um privilégio de poucos e que merecia uma estratégia de salvação, geralmente utilizada pelas camadas sociais da elite. Era importante não ser tomado de surpresa pelo último ato entre os vivos e preparar-se conforme os ritos católicos, por meio do "rosário à noite, testamento e missa diária". Portanto, a morte acidental, prematura, era encarada como grande desventura que fazia sofrer não só a alma de quem partia como a consciência dos parentes e amigos que ficavam. A morte deveria ser de alguma forma anunciada por meio de doença ou diretamente pelas forças do Além. Neste contexto, as enfermidades eram interpretadas como um desejo de Deus em facilitar a salvação do fiel.[12]

A velhice era a fase de avaliação dos atos cometidos em vida. Para tanto, o testamento era um documento de extraordinária importância, pois dava a chance de reparação moral após a morte, como, por exemplo, o reconhecimento de filhos ilegítimos e a inclusão dos mesmos na partilha de bens. Os testamentos também possuíam uma preocupação de cunho religioso, como o cuidado com as almas pela encomenda de missas e de doações à Igreja e às irmandades, não só em memória do testador, mas para os seus entes queridos que também já haviam partido. Nos testamentos havia também o desejo de proteger e recompensar os membros da família e aqueles que prestaram solidariedade e apoio durante a vida, a enfermidade e a velhice.

Por outro lado, a abertura do testamento pode ser motivo de discórdia e de futuras disputas familiares. D. Mariana Velho de Avellar, viscondessa de Ubá, escrevia em carta à sua mãe, D. Leonarda Velho da Silva, a seguinte reclamação: "Muitíssimo tenho sentido a injustiça que nossa tia fez a Mariquinhas, a suas filhas e a Ivão Carlos". Entretanto, "deve-se ter dó dela porque, coitada, sabe Deus o que ela sofreu". Neste mesmo conjunto de cartas, D. Mariana escreve sempre bastante preocupada com a avó, de saúde frágil, que vive em uma casa na corte, com alguns escravos domésticos.

> *Recebi a sua carta de 25 deste na qual me diz que vovó vai sempre na mesma, só sim cada dia mais sensível, o que incomoda a doente por se mortificar e aos que a rodeiam e que se penalizam pelo seu estado.*
>
> *Mamãe, a minha opinião é que vovó há de viver no triste estado em que se acha por muito sempre e que não sucumbirá senão ao terceiro ataque. Eu a lastimo e as pessoas que a acompanham e principalmente me compadeço da sua posição e ainda mais por não poder eu ajudar como devo e desejo, eu poderia fazer muito se morasse ao mesmo lugar, mas estando tão longe me é de todo impossível prestar como se morasse e estivesse no mesmo lugar. [...]*
>
> *Eu persisto sempre na ideia de estar ali segunda e terça-feira, logo que Joaquim aqui chegar eu parto, eu avisarei a tempo.*
>
> *Adeus minha boa mãe, fico rogando a Deus que lhe dê forças para suportar tanto cansaço e tanta responsabilidade.*
>
> *Peço-lhe que me recomende muito ao vivo, ao Juca, a Carolina, mil afagos a meu sobrinho e saudades a todos. Seus netos passam bem e lhe pedem a sua benção e também.*[13]

A responsabilidade pelo tratamento da mãe coube a D. Leonarda, que era auxiliada por uma escravaria doméstica antiga e de confiança, como bem demonstram as cartas. Já viúva e com a saúde frágil, buscava conciliar o cotidiano doméstico com os cuidados com a mãe idosa. Em carta datada de 15 de fevereiro de 1862, sua filha D. Mariana Velho de

Avellar se desculpava por não poder ajudá-la na convalescença da avó doente devido às obrigações com os filhos pequenos, aos afazeres de uma senhora proprietária de terras e escravos e à distância de Vassouras, onde morava, para a corte. Entretanto, em todas as suas cartas verifica--se pedidos de recomendações e mensagens carinhosas à matriarca. Conforme pesquisa de Maria Beatriz Nizza da Silva, eram principalmente as mulheres – filhas, sobrinhas, afilhadas, filhas de criação e enjeitadas –, com algumas referências a genros, quem mais colaboravam no auxílio aos pais carentes de ajuda e companhia.[14]

Idosos escravos sob a lente de Christiano Jr.

A fotografia oitocentista pode ser dividida essencialmente em duas modalidades principais: os retratos e as vistas, as quais enfocavam com suas panorâmicas tanto as cidades quanto as paisagens e o mundo natural. O retrato permitiu a expansão e o encanto inicial com a fotografia. Muito mais barata do que a pintura, a fotografia, principalmente após as invenções do *carte de visite*[15] e do *cabinet size*, ampliava as possibilidades dos indivíduos de terem sua imagem perenizada através do tempo.[16]

Numa sociedade de maioria analfabeta, a fotografia, enquanto experiência visual, carregava uma importância fundamental. A imagem fotográfica deve ser trabalhada tanto como representação de um grupo social quanto como importante veículo institucionalizador de um *habitus*, que por intermédio da mensagem visual legitima a posição do fotografado na hierarquia social. Neste processo, a pose, a vestimenta, os apetrechos da cena, o ângulo da fotografia, tudo adquiria um caráter de *mise-en-scène* que objetivava retratar um determinado estilo de vida e um padrão de sociabilidade condizentes com os novos valores de classe que a boa sociedade pretendia instituir e perpetuar. Ao se deixar clicar em conformidade com as representações de seu grupo social, o fotografado efetivava sua imagem entre seus pares, compartilhando com eles de uma simbologia, ao mesmo tempo em que demarcava os limites sociais entre a boa sociedade e aqueles que não compunham esta configuração social.

Após esta explanação, cabe voltar à nossa pergunta inicial acerca das formas de representação do idoso na fotografia oitocentista. Quais as várias faces da velhice? Para tanto, parto do princípio de que a ancianidade, como se referiam os dicionários da época, era vivenciada de diferentes maneiras, que refletiam as hierarquias e preconceitos fundadores de uma sociedade escravista, sendo impossível falar de uma única forma de representar o idoso.

De início vale a pena lembrar que a identificação de fotografia de idosos em meio às coleções fotográficas trabalhadas é uma tarefa, por vezes, bastante abstrata. Primeiramente, a maioria das fotografias não traz, em seu verso, o ano em que foi tirada, a identificação do retratado ou mesmo sua idade. A indumentária, não muito diversa entre a fase adulta e a terceira idade, dificulta o reconhecimento dos considerados idosos. O mesmo acontece com os chapéus, lenços e outros adereços que impedem a visualização dos cabelos e das mãos. A presença da cabeleira branca, bem como outras marcas do tempo, ajuda neste trabalho de identificação, contudo, são apenas indícios. Procurei separar as imagens de idosos tendo em vista respeitar as conceituações das fases da vida descritas pelos dicionários de época. Ou seja, considerar idosos aqueles que a sociedade oitocentista também o fazia. Entretanto, algo pode ter escapado.

Por volta de 1865, o fotógrafo de origem portuguesa Christiano Júnior, então estabelecido à Rua da Quitanda nº 45, conforme anúncio no *Jornal do Commercio*, registrou o que denominou de "collecção de typos de pretos", na qual negros de diferentes nações e ofícios eram fotografados num fundo liso de ateliê e suas imagens vendidas como *carte de visite* para colecionadores e estrangeiros que se interessavam pelo exotismo da escravidão que ainda persistia no Brasil. Com este intuito anunciava no *Almanaque Laemmert* em 1866: "Variada coleção de costumes e tipos de pretos, coisa muito própria para quem se retira para a Europa". Com certeza, os escravos não eram a clientela e nem o público-alvo do estúdio de Christiano Jr. Seu interesse meramente comercial ficava latente nestas imagens, nas quais os negros são representados como simples mercadorias.[17]

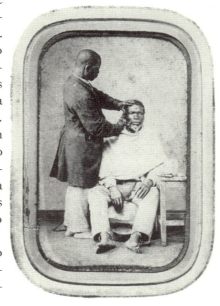

Nas fotografias de Christiano Jr., os escravos idosos não aparecem com algum tipo de represen-

tação que os diferencie dos pertencentes a outras faixas de idade. Os objetos que fazem parte da *mise-en-scène* fotográfica são de dois tipos principais. Aqueles relacionados ao trabalho, como cestas, carrinhos de empurrar mercadorias, ferramentas, lâminas de barbear etc. E as vestimentas e seus complementos, sempre muito simples, como chapéus, turbantes e panos enrolados em estilo africano. Neste caso, é importante falar também do poder simbólico das ausências, construído socialmente, e compartilhado pela linguagem fotográfica. É o caso do sapato cuja utilização era negada ao escravo, transformando os pés descalços em símbolo maior do estatuto de cativo, sempre bastante ressaltado na composição das fotos de corpo inteiro. Portanto, por meio dos objetos e vestimentas com os quais o escravo idoso era registrado, havia uma intenção de identificar seu ofício, muito mais do que sua idade, dentre uma vasta gama de outras funções: carregador, barbeiro, vassoureiro, vendedores, negra de tabuleiro, quituteira etc.

Nestas imagens, o escravo, personagem principal da fotografia, não tem o controle de como deseja ser representado, pois não lhe pertence o produto de sua própria imagem que seria revelada, aprovada, fixada e negociada, a despeito de sua participação e controle. A diferença primordial está em que "quem encomenda uma fotografia, mostra-se, dá-se a conhecer, esparrama-se pelo papel, a si e a seus atributos e propriedades, como gostaria de ser visto, como se vê a si mesmo no espelho. É o sujeito do retrato. Aqui o escravo é visto, não se dá a ver".[18] Sua representação não lhe pertence, assim como sua própria liberdade e direito sobre sua pessoa. Os escravos aparecem nas fotografias sob formas que os despersonalizam. Como lembra Manuela Carneiro da Cunha, o que estava em primeira instância não era o seu atributo enquanto pessoa e sim seu tipo físico, que o identificava como parte de um grupo. O fotógrafo buscava em seu ângulo a generalidade que permitia reconhecer aquele negro como pertencente a uma nação – "mina, gabão, crioulo".[19]

Outros fotógrafos também se interessaram em registrar tipos negros e escravos no Brasil oitocentista: João Goston, Auguste Stahl, João Ferreira Villela, Felipe Augusto Fidanza, Rodolfo Lindemann, Alberto Henschel e Marc Ferrez. No entanto, foi Christiano Jr. quem o fez de forma mais comercial e em maior número, totalizando 77 imagens, justificando sua escolha para este artigo.[20] O valor cobrado por cem fotografias de Christiano Jr. era de 28.000 réis, cerca de dez vezes mais do que o salário de um africano livre ou equivalente à renda obtida pelo aluguel mensal de um cativo.[21]

Nas fotografias, assim como na vida real, o escravo estava sempre ligado ao mundo do trabalho, estando ele em idade avançada, partilhando da velhice ou na fase adulta. No caso dos escravos, a fase senil parece que não lhes conferia nenhum direito legal de fato até a promulgação da Lei do Sexagenário, em 1885. As mudanças nas condições de trabalho ocorriam por meio de trocas de favores, principalmente em se tratando de escravos domésticos, em que a afeição e a convivência podia m beneficiá-los de alguma maneira, seja com a alforria, seja com a execução de tarefas mais leves. Assim, o escravo buscava formas de sociabilidade e de integração ao longo da vida, que em nada tinham a ver com uma submissão controlada pelo senhor, mas que podiam lhe render regalias na velhice. Uma negociação no dia a dia que gerava uma espécie de resistência por dentro, pelas brechas do sistema escravista.[22]

O espaço da negociação entre senhor e escravo de forma alguma apaga os momentos e os eventos de conflito e mesmo as atrocidades cometidas por senhores. O próprio Gilberto Freyre alertava que a "benignidade nas relações de senhores com os escravos [...] não é para ser admitida [...] senão em termos relativos. [...] pois senhor é sempre senhor."[23] A inglesa Maria Graham, que chegou ao Brasil, em 1821, acompanhada de seu marido, o capitão Thomas Graham, relatou em seu diário que "não é raro conceder a um escravo alforria, quando ele está velho ou muito doente para trabalhar, isto é, pô-lo pela porta afora para mendigar ou morrer de fome".[24]

A Lei dos Sexagenários, promulgada em 28 de setembro de 1885, demonstrava a preocupação do governo imperial com o futuro dos idosos libertos. Em seu artigo 13, afirmava que:

Todos os libertos maiores de 60 anos [...] continuarão em companhia de seus ex-senhores, que serão obrigados a alimentá-los, vesti-los, e tratá-los

104 As Várias Faces da Velhice

em suas moléstias, usufruindo os serviços compatíveis com as forças deles, salvo se preferirem obter em outra parte os meios de subsistência, e os Juízes de órfãos os julgarem capazes de o fazer.[25]

O registro da obrigatoriedade dos ex-senhores em darem condições de sobrevivência aos idosos, devido à sua libertação por idade avançada, demonstra, em primeiro lugar, que o abandono devia ser uma prática corriqueira e, em segundo lugar, que o governo imperial pretendia manter o asilo e o sustento destas pessoas como obrigação privada, isentando o Estado de tais tarefas. O poder de decisão sobre o seu futuro também era limitado ao ex-escravo idoso. Para desligar-se do abrigo de seu ex-senhor, era necessária a comprovação da capacidade de sustento a um juiz de órfãos. Assim, o Estado procurava limitar oficialmente a incursão destes idosos na camada de desclassificados sociais e sem função. No entanto, como em muitos casos, a distância entre a existência da lei e o cumprimento da mesma era grande.

A preocupação legal de garantir abrigo, comida e vestimenta ao escravo idoso, após sua alforria, estava pautada na tentativa de mantê-lo junto ao seu ex-senhor para tentar evitar sua indigência ou mendicância, já que o Estado não delegava a nenhuma instituição a responsabilidade pelo cuidado ou asilo de escravos idosos.[26]

A Lei dos Sexagenários, no seu parágrafo 3º, dizia que:

> *São libertos os escravos de 60 anos de idade, completos antes e depois da data em que entrar em execução esta Lei; ficando, porém, obrigados a título de indenização de sua alforria, a prestar serviços a seus ex-senhores pelo espaço de três anos.*[27]

Segundo a legislação, antes de gozar da liberdade, o sexagenário teria que estender sua labuta por três anos para indenizar seu proprietário. Portanto, a concessão legal da liberdade era dada ao idoso antes do usufruto da mesma, uma prática que revela uma diferenciação entre o direito à liberdade e o exercício do mesmo. Talvez por este motivo a Lei dos Sexagenários tenha ficado conhecida na época como "gargalhada nacional".[28] A pena de Ângelo Agostini não deixou escapar a oportunidade de satirizar o evento em caricatura feita para a *Revista Ilustrada* na qual chama José Antônio Saraiva de "coveiro dos sexagenários". Sua crítica pautava-se, dentre outras coisas, no fato de que a expectativa de vida da maioria dos escravos era menor do que a idade em que a alforria seria concedida, não tendo a lei, portanto, um grande efeito na prática.

Num primeiro olhar, o conceito de velhice e seus cuidados parece coincidir em todas as esferas sociais. Ou seja, os escravos, assim como os homens livres, eram considerados idosos a partir dos 60 anos. Esta fase da vida, em ambos os casos, era digna de cuidados, como demonstra a lista de deveres que os ex-senhores deveriam ter com seus ex-escravos. Contudo, para o escravo, a chegada da velhice não coincidia com a interrupção de sua principal atividade, o trabalho. Tanto na fotografia quanto na legislação essa é a atividade que justifica a sua existência, lógica fundadora do moderno sistema escravista de produção.[29] A Abolição foi marcada pela noção de processo e concretizava-se pelos extremos: primeiro os recém-nascidos, ao se conceder a liberdade do ventre, depois os idosos. Bem como a Lei Áurea, a Lei Saraiva Cotegipe – ou dos Sexagenários – não veio acompanhada de um projeto de incorporação dos libertos à sociedade.

106   As Várias Faces da Velhice

Em foco: os idosos da boa sociedade

Diferentemente dos idosos escravos, a lente do fotógrafo não causava estranhamento àqueles pertencentes à boa sociedade imperial. Esta classe social estava mais à vontade com os códigos fotográficos. A partir da segunda metade do século XIX, os retratos foram crescendo de importância e ganhando novos atributos, tais como cenário, indumentária e pose, por meio dos quais o fotografado se revestia dos emblemas da classe com a qual queria se ver reconhecido. A experiência do retrato e a fotografia foram fundamentais no processo de construção das representações sociais e de comportamento da boa sociedade imperial.

Quando se encomendava uma fotografia havia a intenção, mesmo que inconsciente, de mostrar-se. No entanto, não se tratava de um ato de despojamento e sim de "invenção de si", da sua própria imagem. Travestidos com atributos de propriedades, procurava-se deixar revelada no papel a imagem de como gostaria de ser visto. Uma busca da imagem capaz de criar a representação ideal para ser lembrada no futuro, nos álbuns de família. Um ato de invenção de memória para ser perenizada. Assim, os membros da boa sociedade construíam marcas visuais que legitimavam a sua identidade social ao mesmo tempo em que os distinguiam dos outros grupos sociais.

A boa sociedade também estava à vontade com a fotografia no que dizia respeito à sua decodificação, pois partilhava do *habitus* e dos símbolos de poder ali registrados. A troca de retratos em formato *carte de visite* e *cabinet size* era um hábito costumeiro entre os membros da família nuclear, dos parentes, e entre os núcleos familiares que mantinham relações de amizade e compadrio. O gosto pelo retrato vinha acompanhado da moda do colecionismo e dos álbuns de família que proliferaram a partir da década de 1950. Eram de diferentes formatos, cores, tipos de revestimento e já vinham com ranhuras no formato *carte de visite* (e depois *cabinet size*) para facilitar seu encaixe. Muitas de suas páginas possuíam vinhetas douradas ou diferentes motivos em desenhos policromados. Expostos nas mesas das salas de estar das casas das melhores famílias, podiam ser folheados e vistos pelos familiares, amigos e outros curiosos.

Muito embora a invenção do *carte de visite* tenha proporcionado um barateamento do processo de produção da imagem, se comparado à pintura e ao daguerriótipo, a fotografia continuou por todo o século XIX no Brasil endereçada aos chefes de família que detinham o capital para investirem em consumo de bens simbólicos. Logo, a clientela frequentadora dos estúdios fotográficos era formada tanto por proprietários de terras quanto por famílias abastadas e de classe média que habitavam os centros urbanos. Segundo Ana Maria Mauad, entre 1840 e 1900 a cidade do Rio de Janeiro possuía 120 fotógrafos profissionais, o que aponta para uma grande demanda por este tipo de produto.[30]

A família Ribeiro de Avellar, por exemplo, rica proprietária de terras e cafezais no Vale do Paraíba, possuía uma vasta coleção de fotos que incluía parentes e amigos. Ao todo, 91 destas imagens chegaram às minhas mãos, preservadas e em bom estado de conservação. Como a maioria das imagens não possuía uma datação precisa, o reconhecimento foi feito por meio da pesquisa dos endereços dos estúdios fotográficos, das mudanças na indumentária e das expressões físicas dos familiares, o que me levou a concluir que foram produzidas entre as décadas de 1960 e 1990 do século XIX. Renomados fotógrafos nacionais e internacionais deixaram suas assinaturas nos versos desta coleção: Insley & Pacheco, Carneiro & Gaspar, J. F. Guimarães, Mangeon & Van Nyvel, estabelecidos na corte, e Elliot and Fry, Maujean e Leopold Dubois, residentes em Londres e Paris, respectivamente. O verso da fotografia oitocentista, assim como a própria imagem revelada, buscava hierarquizar. Os estúdios mais caros, os fotógrafos condecorados ou premiados nas exposições nacionais e internacionais constituíam um *status* a mais na disputa pelo capital simbólico.

Em relação ao local de produção das fotos da coleção Ribeiro Avellar, pode-se dizer que 7,5% são de estúdios estrangeiros e 92,5% foram produzidas no Brasil. Destas, 66% são assinadas por estúdios estabelecidos e 34% pelo fotógrafo itinerante Manuel de Paula Ramos que no ano de 1870 percorreu a região do Vale do Paraíba oferecendo seus serviços.[31] No que se refere às fases da vida dos retratados, os índices são os seguintes: 20% infância, 6% puerícia, 13% adolescência, 51% idade madura (adultos) e 10% ancianidade (idosos), conforme a designação dos dicionários anteriormente citados.

As imagens de idosos não se diferenciam da estética instituída para os outros retratos de adultos. As fotos são, com exceção de uma, todas verticais e em formato *carte de visite*. Há na sua forma uma busca do equilíbrio entre a direção esquerda e a direita, sempre tendendo a uma centralidade que trazia uma certa harmonia ao espaço e colocava o sujeito (ou os sujeitos) em posição privilegiada. Nas fotos com duas ou mais pessoas, a figura masculina sempre adquiria importância central, repro-

108 As Várias Faces da Velhice

duzindo a lógica de funcionamento do sistema familiar e social da sociedade oitocentista. O mesmo ocorria com as pessoas mais velhas, as quais sempre tinham um papel de destaque nas fotografias; seja do marido com a esposa, da avó com o neto etc. Esta conclusão me faz lembrar a análise de Gilberto Freyre para quem, nas sociedades patriarcais, o prestígio da idade avançada era grande, devido à legislação que instituía o patriarca como absoluto na administração da justiça de família.[32]

O passo seguinte desta pesquisa foi identificar de quem eram as dez imagens de idosos da coleção Ribeiro de Avellar. Depois de reconhecidas, com exceção de uma, pude notar um fato curioso: todas as fotografias de idosos, pelo menos das que chegaram às minhas mãos, eram de parentes muito próximos, diretamente ligados ao núcleo familiar. O que este indício pode apontar a respeito do lugar social do idoso na família da boa sociedade oitocentista?

A fazenda do Pau Grande, principal residência dos Ribeiro de Avellar, possuía duas casas independentes, ligadas por uma capela. A primeira, pertencente ao barão de Capivari, onde morava com seu filho, Joaquim Ribeiro de Avellar, sua nora, cinco netos e suas irmãs – Mariana Luiza, Antônia Angélica e Maria Angélica. A segunda era habitada por suas sobrinhas do ramo Mascarenhas Salter e pelo primo Joaquim Mascarenhas Salter. O barão de Capivari, que nunca contraiu matrimônio oficial, tratou de arranjar o casamento de seu único filho e herdeiro com D. Mariana Velho de Avellar, filha do mordomo do Paço, José Maria Velho da Silva, e da dama da imperatriz, D. Leonarda Velho da Silva. Assim, ele procurava agregar a fortuna advinda dos cafezais e do negócio da venda de animais com o nome e o refinamento de uma família frequentadora da corte. Sua finalidade era que a origem de seu filho, proveniente de seu romance com Maria dos Anjos, uma mulher casada, caísse no esquecimento social.

Este histórico é importante porque os idosos retratados são: o barão de Capivari (uma foto), o primo Joaquim Mascarenhas Salter (uma foto), a irmã D. Maria Angélica (uma foto), a nora D. Mariana Velho de Avellar (duas fotos), D. Leonarda Velho da Silva – sogra do filho – (duas fotos) e a avó da nora (duas fotos). Todos os citados são parentes, habitantes da fazenda Pau Grande, quando não são pessoas bastante próximas, como é o caso de D. Leonarda e de sua mãe, que residiam na corte, mas que possuíam um grau de intimidade, comprovado nas cartas pesquisadas.[33] Portanto, parece ser uma prática a troca de retratos em todas as fases da vida, incluindo a velhice. Entretanto, o que a sobrevivência destas fotos sugere é que o registro da ancianidade, sua imagem revelada no papel, tinha uma distribuição mais restrita, sendo voltada somente aos mais íntimos, pois não foram encontradas fotografias de pessoas de fora do núcleo familiar, como ocorreu em registros fotográficos de outras fases da vida.

Sob as lentes de Manuel de Paula Ramos, o barão de Capivari e seu primo Joaquim Mascarenhas Salter pareciam bastante à vontade, como se estivessem acostumados com o momento do clique.[34] O trabalho itinerante do fotógrafo é denunciado pelo cenário de poucos recursos, compartilhado pelos dois patriarcas. De carroça ou no lombo de mulas, Ramos levava um cenário básico que constava de um fundo liso, cortinas, esteiras para o chão, aparador de corpo e algum mobiliário básico. Com isso, oferecia seus serviços aos senhores no interior, longe da forte concorrência da corte. Contudo, a pobreza do cenário contrasta com a altivez dos olhares dos sujeitos retratados que preenchem a fotografia. O enquadramento, a pose (concentrada nas partes mediana e inferior, que valorizavam as indumentárias) e o posicionamento de objetos, tais como luvas, joias masculinas, medalhas e condecorações, são cuidadosamente pensados para demarcarem o *status* destes idosos na sociedade e no interior da família. Fisicamente, os dois personagens também se assemelhavam: cabelos brancos, barba cheia, costeleta e bigode. Mas, o que parece coincidência foi interpretado por Gilberto Freyre como característica dos mais velhos na sociedade patriarcal, ou seja, atributo simbólico daquela que seria a idade da vida masculina de maior prestígio.[35]

A velhice não chegava igual para todos. Diferentemente dos idosos escravos fotografados por Christiano Jr., os senhores e senhoras registrados pelas lentes dos vários fotógrafos oitocentistas revelavam-se donos de suas próprias imagens e travestidos de símbolos de poder e prestígio, cuidadosamente escolhidos, com o intuito de eternizarem suas memórias. Deixar-se fotografar era uma escolha, um ato consciente, no qual a elite oitocentista dialogava consigo mesma e com o resto da sociedade por intermédio da produção de imagens.

As figuras femininas expostas são D. Maria Angélica de Avellar, irmã do barão de Capivari, e D. Leonarda Velho da Silva, dama de companhia da imperatriz.[36] Ambas estão de pé, com os braços direitos apoiados; a primeira no encosto de uma cadeira de madeira, simplicidade característica dos cenários de Manoel de Paula Ramos, e a segunda num rico móvel de sala em um ambiente montado no estúdio Pacheco Phot. O artifício da pose no século XIX estava fundamentado no tempo de exposição necessário para que a imagem fosse fixada; assim, sentar-se ou apoiar-se em algum objeto, facilitava a conquista de uma boa foto, evitando que a mesma saísse de foco ou ficasse tremida. Embora numa pose muito semelhante, as fotografias apresentam diferenças interessantes de serem analisadas. D. Maria Angélica de Avellar (Fig. 6) era uma mulher do campo, pertencente a uma família de fazendeiros e proprietários de terra e escravos. Cresceu no interior da casa-grande, sem o costume de uma vida social mais intensa. Conta a tradição de família que a senhora tinha libertado em testamento algumas escravas domésticas que há muito lhe prestavam serviços. Um dia, após uma discussão entre escravos na cozinha, aborrecida, desfez o testamento e vendeu as escravas para o irmão barão de Capivari com a condição de trabalharem como escravos de fora. Assim, ficou conhecida por seu rigor com os escravos, herança que, com certeza, aprendeu observando o cotidiano da vida em fazenda. Pode-se dizer que a escolha para o registro em foto de uma indumentária simples, de uso habitual, vai ao encontro desta tradição rural na qual a vestimenta diária, assim como o mobiliário, não era muito rebuscada.

Nem por isso a *mise-en-scène* de sua foto é menor ou menos intencional. Como os outros familiares, D. Maria Angélica fez questão de eternizar sua memória e escolher os atributos e símbolos que melhor a identificariam para a posteridade: brincos, broche e livro que, pelo formato e tamanho, mais se parece com uma coletânea de salmos, uma bíblia ou mesmo um livro de horas. Com os cabelos presos e a expressão séria, encarava a lente do fotógrafo. Usufruindo um cenário pouco pomposo, ela compartilhou daquele que deve ter sido um grande, se não o maior, acontecimento familiar do ano de 1870: a visita do fotógrafo Manoel de Paula Ramos. A importância de tal ocasião pode ser comprovada em números: 34% das fotografias produzidas no Brasil, encontradas nesta coleção, são assinadas por Ramos; além de que ele é o único profissional itinerante identificado e com um considerável número de personagens retratados.

Ao contrário, D. Leonarda (Fig. 7) procurava valorizar ao máximo seu vestuário por meio de sua imagem exposta de corpo inteiro. O estúdio escolhido por ela oferecia um mobiliário fino e condizente com sua intenção de ostentação de poder, que era confirmada pelos objetos escolhidos para exposição: um par de brincos, um camafeu, um leque e alguns livros, símbolos que em nada lembram a esfera doméstica. As joias e o leque conotavam riqueza e civilidade, já os livros forneciam

112 As Várias Faces da Velhice

uma atmosfera de intelectualidade e espírito culto ao cenário e, consequentemente, a retratada. O cabelo preso, o olhar altivo que encarava a lente do fotógrafo, e o escuro da vestimenta passavam um ar de sobriedade e discrição bastante valorizado entre as qualidades ditas femininas. Desta forma, procurava criar e perpetuar uma imagem de mulher urbana, conhecedora dos códigos de refinamento da corte, perfeitamente condizente com *habitus* recorrente na boa sociedade. Sua idade foi anotada, com sua letra, na frente do retrato, presenteado à filha Mariana Velho de Avellar: "Tirado em 1865, com 54 annos". Assim, a mãe orgulhava-se de sua aparência e idade. O fotógrafo parecia ter alcançado seu objetivo e mais uma imagem eternizava-se.

Pela análise das imagens de mulheres e homens idosos da coleção Ribeiro de Avellar, procurei esboçar os gostos e modos de vida de cada um dos personagens. No entanto, creio que estas singularidades estão circunscritas nos limites da cultura do próprio tempo e do próprio grupo social, sendo possível pensar o geral pelo particular.[37] Os indivíduos agem, pensam e organizam suas vidas a partir de um *habitus* comum, criado e recriado cotidianamente, mas, acima de tudo, compartilhado por seu grupo social. Como tentei demonstrar, os idosos da boa sociedade, assim como as pessoas de idade menos avançada, compartilhavam da "febre do retrato", incluindo seus códigos, atributos e *mise-en--scène.* Ao pousar para a foto, as mazelas da idade, muitas vezes descritas nas correspondências íntimas como cartas e diários, eram esquecidas em prol da construção de uma imagem de velhice sóbria e austera. Numa elite que valorizava o poder do patriarca em torno do qual se organizavam a honra da família, sua fortuna e patrimônio, a velhice era respeitada e trazia a expectativa da manutenção da união familiar após a morte.

A velhice oitocentista aparece cindida, assim como cindida era a sociedade escravocrata. Logo, as faces da velhice são múltiplas. Aqui, procurei analisar a situação dos idosos escravos e daqueles pertencentes à boa sociedade, mas, com certeza, dentro destes próprios grupos ainda é possível perceber especificidades. Nas fotografias de escravos idosos registrados por Christiano Jr., o negro perdera a sua singularidade para representar um grupo, um ofício. No que se refere ao destino da foto, o fotografado não o conhece, nem tem participação nos lucros de suas vendas para turistas e europeus, encantados com o exotismo de um país que ainda mantinha a escravidão na segunda metade dos Oitocentos. No caso das fotos encomendadas pela boa sociedade, o fotografado, agora transformado em

A Arte de Envelhecer   113

cliente, tem uma participação ativa no processo, que tem por objetivo maior a sua satisfação. Para este público, o objetivo da produção de imagens é a sua troca entre seus pares para, por intermédio dela, perpetuar sua memória e legitimar uma posição no seio de um grupo social de elite.

Notas

[1] FARIA, E. *Novo Diccionário da Língua Portuguesa*. 4 ed. Rio de Janeiro: Typ. Imperial e Constitucional de Villeneuve, 1859. Para análise das fases da vida também foram consultados os seguintes dicionários de época: VIEIRA, frei Domingos. *Grande Diccionário Portuguez ou Thesouro da Língua Portuguesa*. Rio de Janeiro e Pará: Casa dos Editores Ernesto Chardron e Bartholomeu H de Moraes, 1871, e PINTO, Luiz Maria da Silva. *Dicionário da Língua Brasileira*. Ouro Preto: Typografia de Silva, 1832.

[2] FARIA, E., op. cit.

[3] Idem, ibidem.

[4] FREYRE, G. *Casa-grande e senzala*. 25 ed. Rio de Janeiro: José Olympio, 1987; SILVA, M. B. N. *História da família no Brasil Colonial*. Rio de Janeiro: Nova Fronteira, 1988.

[5] CALDAS, A. *Dicionário Contemporâneo da Língua Portuguesa*. Imprensa nacional, 1881.

[6] Idem, ibidem.

[7] SILVA, M. B. N. da. *Vida privada e cotidiano no Brasil – Na época de Maria I e de D. João VI*. 2 ed. Lisboa: Estampa, 1993.

[8] Segundo Luiz Felipe Alencastro, a confissão era obrigatória pelas normas canônicas somente em três ocasiões: antes do parto, na Quaresma ou antes da extrema-unção. ALENCASTRO, L. F. "Vida privada e ordem privada no Império". In: *História da Vida Privada no Brasil*. São Paulo: Cia das Letras, 1997, v. II.

[9] MAUAD, A. M. "A vida das crianças de elite durante o Segundo Reinado" In: PRIORE, M. de (org.). *História da criança no Brasil*. São Paulo: Contexto, 2000, p. 15. Para um estudo sobre os cuidados com a infância na segunda metade do século XIX, ver: MUAZE, M. de A. F. A. "Descoberta da infância". In: *A construção de um* habitus *civilizado na boa sociedade imperial*. Dissertação de mestrado, Departamento de História, PUC, 1999.

114 As Várias Faces da Velhice

[10] CHALHOUB, S. *Cidade Febril – Cortiços e epidemias na corte imperial*. São Paulo: Cia das Letras, 1996.

[11] Carta de José Maria Velho da Silva para Mariana Velho de Avellar, viscondessa de Ubá (Rio de Janeiro, 24 de janeiro de 1858). As correspondências e as fotografias com as quais trabalhei neste artigo foram gentilmente cedidas por Roberto Meneses de Moraes, genealogista e profundo estudioso e conhecedor da história da família Avellar, a quem devo meus profundos agradecimentos. Para saber mais ver: MORAES, R. M. de. *Os Ribeiro de Avellar na fazenda Pau Grande*. Rio de Janeiro: 1994.

[12] REIS, J. J. "O cotidiano da morte no Brasil oitocentista". In: ALENCASTRO, L. F, op. cit.

[13] Carta de D. Mariana Velho de Avellar, viscondessa de Ubá, à sua mãe, D. Leonarda Velho da Silva (Petrópolis, 27 de novembro, s/d).

[14] SILVA, M. B. N. da., op. cit., p. 126. A autora exemplifica sua afirmação com a história ocorrida em 1778, de Maria Domingas, que resolveu doar "uma escrava mulata 'livre e desimpedida de dívidas sem dever dela nada a ninguém', por esmola a uma moça, filha de uma tal Ana Antonia que lhe criara como filha".

[15] O *carte de visite* foi patenteado pelo francês André Adolphe Eugéne Disdéri, em 1854. Consistia na utilização de uma câmera com lentes múltiplas, que permitiam a obtenção de 4 a 8 negativos, a partir dos quais eram feitas as reproduções em tamanho 6x9,5 cm, em uma única folha de papel fotográfico, tratado com albúmen, e depois prosseguia-se ao corte e montagem do *carte de visite* (6,5x10,5 cm). O processo importava em redução de tempo, material e queda de custo da fotografia. Já o *carte cabinet* ou *cabinet-portrait* (*cabinet size*) surgiu na Inglaterra, em 1866. Sua fotografia media 10x14 cm e o cartão 11x16,5 cm, aproximadamente.

[16] FABRIS, A. (org.). *Fotografia: usos e funções no século XIX*. São Paulo: Edusp, 1998.

[17] Fotos retiradas das seguintes impressões: VASQUEZ, P. K. *O Brasil na fotografia oitocentista*. São Paulo: Metalivros, 2003, p. 83 (Fig. 1), e CUNHA, M. C. da. "Olhar escravo, ser escravo". In: *Negro de corpo e alma*. São Paulo: Fundação Bienal de São Paulo, 2000, p. 134 (Fig. 2).

[18] CUNHA, M. C. da. "Olhar escravo, ser escravo". In: *Negro de corpo e alma*. São Paulo: Fundação Bienal de São Paulo, 2000, p. 134.

[19] Idem, ibidem, p. 135.

[20] VASQUEZ, P. K., op. cit.

[21] Idem, ibidem, p. 82.

[22] REIS, J. J. e SILVA, E. *Negociação e conflito – a resistência negra no Brasil escravista.* São Paulo: Cia das Letras, 1989.

[23] Apud FREYRE, G. *Os escravos nos anúncios de jornais brasileiros do século XIX.* 2 ed. São Paulo: Cia Ed. Nacional, 1979.

[24] GRAHAM, M. *Diário de uma viagem ao Brasil e de uma estada nesse país durante parte dos anos de 1821, 1822 e 1823.* São Paulo: Cia Ed. Nacional, 1956, p. 158.

[25] NEVES, M. de F. R. "Lei número 3.270". Coleção das leis do Império do Brasil de 1885. In: *Documentos sobre a escravidão no Brasil.* São Paulo: Contexto, 1996, p. 81.

[26] Em caso de doenças, existiam a Santa Casa da Misericórdia e o Hospital dos Lázaros, que atendiam escravos. KARASCH, M. C. *A vida dos escravos no Rio de Janeiro – 1808/1850.* São Paulo: Cia das Letras, 2000, p. 194.

[27] Idem, ibidem.

[28] Novas pesquisas acerca do processo de abolição da escravidão têm privilegiado questões como a crescente deslegitimação da propriedade escrava e seu debate na esfera jurídica, a radicalização do movimento abolicionista e as fugas em massa. Neste novo enfoque, as Leis do Ventre Livre e dos Sexagenários adquirem importância, pois fomentariam conquistas fundamentais como direito ao pecúlio e à autocompra, fixação de um preço máximo por escravo de acordo com a faixa etária, alforrias condicionais etc. MATTOS, H. "Lei dos Sexagenários". In: VAINFAS, R. *Dicionário do Brasil Imperial* (1822-1889). Rio de Janeiro: Objetiva, 2002, p. 471.

[29] NOVAIS, F. "Nos quadros do antigo sistema colonial". In: MOTTA, C. G. *Brasil em perspectiva.* 17 ed. Rio de Janeiro: Bertrand Brasil, 1988.

[30] MAUAD, A. M. *Sob o signo da imagem: a produção da fotografia e o controle dos códigos de representação da classe dominante, no Rio de Janeiro, da primeira metade do século XX.* Niterói: Instituto de Ciências Humanas e Filosofia. Centro de Estudos Gerais, UFF, 1990.

[31] Idem. "Imagem e autoimagem do Segundo Império". In: ALENCASTRO, L. F. (org.), op. cit.

[32] FREYRE, G. *Sobrados e mocambos.* 8 ed. São Paulo: Record, 1990.

[33] Esta pesquisa valeu-se de um total de 96 cartas trocadas entre D. Mariana Velho

116 As Várias Faces da Velhice

de Avellar e seus pais José Maria e Leonarda Velho da Silva, entre os anos de 1854 e 1869, emprestadas por Roberto Meneses de Moraes.

[34] Coleção particular de Roberto Meneses de Moraes.

[35] FREYRE, G., op. cit., p. 69. Lilia Moritz Schwarcz compartilha desta crença de que a barba, no século XIX, era símbolo de maturidade. Para ela, após a maioridade, D. Pedro II teria deixado a barba crescer no intuito de atuar numa atmosfera simbólica já pré-existente e construir uma imagem mais madura e responsável que fosse condizente com o cargo soberano de imperador do Brasil. SCHWARCZ, L. M. *As barbas do imperador – D. Pedro II, um monarca nos trópicos*. São Paulo: Cia das letras, 1998, caps. 3, 4 e 5.

[36] Coleção particular de Roberto Meneses de Moraes.

[37] GINSBURG, C. *O queijo e os vermes – O cotidiano e as ideias de um moleiro perseguido pela Inquisição*. 3 ed. São Paulo: Cia das Letras, 1987, p. 27.

Asilo Santa Genoveva: Memória do Horror[1]
Nilson Alves de Moraes

A Santa de Palavra e a Assistência aos Idosos

No imaginário[2] religioso, representações e discursos simbólicos de origem religiosa, Santa Genoveva, em agradecimento e reconhecimento às suas ações, é a padroeira de Paris. Segundo as histórias veiculadas pela Igreja Católica, ela foi responsável pela defesa da cidade e da população contra as tropas de Átila. A nobre, gentil e solidária Genoveva se destacou na resistência e transformou-se em santa ao dar a sua palavra que a população local nada sofreria; além disso ela investiu toda a sua riqueza na proteção da cidade e na assistência à sua gente.

Para a Igreja e fiéis, Santa Genoveva cuidou de afastar a fome e, principalmente, restituiu a esperança da população num momento em que a cidade estava cercada e ameaçada pelo inimigo. A Santa Genoveva é atribuída uma frase: "aquele que quiser tornar-se grande entre vós, seja aquele que serve". A imagem e as representações simbólicas sobre Santa Genoveva remetem à ideia de segurança, proteção e assistência aos desprotegidos ou ameaçados. A santa sintetiza a generosidade e a capacidade de doação cristã.

Santa Genoveva é o nome de uma clínica especializada em tratamento médico e acolhimento – asilar – de idosos, situada no Rio de Janeiro. Esse, entretanto, não é o motivo de seu reconhecimento ou aquilo que a levou ao noticiário. Em 1996, a clínica que recebeu o nome da santa tornou-se o nome e a expressão do horror. O lugar do horror na memória e no imaginário social. A Clínica Santa Genoveva (CSG), desde então, se constitui num intermediário que opera, identifica, organiza e produz os sentidos no jornal *O Globo*.[3]

A clínica geriátrica e assistência ao idoso SG passou a se constituir em metáfora e síntese de uma ameaça, em representação de terror e de tragédia. Na clínica, a morte de mais de uma centena de idosos e o tipo de cuidado – tratamento – oferecido a estes idosos foram tornados públicos em abril de 1996.

O Globo constitui o *corpus* deste estudo, o período de análise corresponde a 20 dias de 1996. Embora o tema, neste e em outros jornais, estivesse espalhado ou distribuído por numerosas editorias, ele expressa maior importância no tratamento e conteúdo das notícias, privilegiando o registro noticioso.[4] Este tema foi registrado de tal forma, e utilizando-se de tantas linguagens, que foi possível acompanhar o seu percurso como uma conversa com a sociedade, instituições e corporações. As falas e as vozes presentes nos textos não constituem apenas elemento de inteligibilidade, mas também de estruturação.

Nora (1996) afirma que nas sociedades tradicionais a memória estava incorporada ao cotidiano dos indivíduos e grupos sociais por meio das vivências da tradição e costumes, regulando e informando o futuro das coletividades. A memória orientava os sentidos dos indivíduos. No mundo moderno, a memória é incorporada a "lugares", espaços e processos sociais, tornando-se atributo de alguns indivíduos, instituições e agências, passando a depender desses lugares e a constituir agentes e saberes dedicados à sua produção e reprodução social. Os *lugares da memória*, de Nora, estabelecem os laços entre o passado e o presente, produzem ou atribuem sentidos aos processos, relações e símbolos; enfatizam, reinventam o mundo e as relações que o cerca. O jornal *O Globo* representa um lugar de memória.

Fausto Neto (1999) afirma que "o sentido não se doa, mas é construído pelo trabalho das enunciações discursivas". A disputa de sentidos se realiza entre suas próprias editorias. Sua preocupação é produzir uma hegemonia enunciativa sobre o objeto de notícia, faz-se disputa simbólica e esta produção enunciativa é responsável por uma outra disputa: o empenho e a capacidade de fazer circular, reproduzir ou orientar narrativas e os sentidos pretendidos diante dos acontecimentos. Além de Netto, destacamos o pensamento de Bourdieu.

Bourdieu demonstra que há intermediação entre os interesses na produção, circulação e leitura do jornal. O jornalista, na perspectiva bourdiana, comporta-se como o portador de uma cultura, de um olhar treinado para observar, registrar e selecionar alguns elementos entre outros, é o portador de uma linguagem específica partilhada e disputada por seus pares. O jornalista é o operador e apresentador desta realidade. O jornalista e o jornal se articulam como partes de uma ordem social e produtiva preexistente e independente de seus interesses ou de seus juízos de valores.

Ao abraçar um tema ou um problema, o jornal pretende impedir que este vague sem rumo ou orientação, sem o seu controle. O jornal se empenha em atribuir um significado aos acontecimentos ou aos temas noticiados. O jornal realiza um encaminhamento e neste trilho sugere uma possibilidade ou resolutividade. O jornal, além da organização das notícias, dos fatos e dos processos, constitui uma hierarquia e uma inteligibilidade definidas, estabelecendo o que seja ou não importante ou merecedor de preocupação.[5] Neste sentido, o debate da década de 1970 perde o sentido: a quem se destina o jornal? Qual é o seu público leitor? Existe um leitor ideal ou padrão? É possível a existência de um público cativo?

O estudo da CSG no jornal *O Globo* nos obriga a considerar, com uma dimensão não verbal fundamental para a compreensão do tema, um enfoque especial sobre as fotografias. O impacto visual é parte da montagem do texto e do sentido pretendido, há um profundo nexo e associação entre as fotos e os textos. O imagético, expresso nas fotografias, *cartoons*, charges e nos conteúdos dos textos noticiosos, editorias, análises, assinados ou não, cartas de leitores etc., apontava para uma única direção. A saúde que era vista era também parte de uma saúde que se sabia e que não era vista ou apresentada pelos veículos impressos.

Nas notícias recolhidas no período de 30/5/1996 a 21/6/1996 do jornal *O Globo* percebemos a trajetória "natural", previsível e irreversível da vida dos "idosos" internados na Clínica Santa Genoveva, eleita símbolo do horror, como consequência de uma política de saúde e de uma política assistencial no Brasil. A tragédia é previsível porque suas causas já são conhecidas – negligência e impunidade. Ela revela para alguns segmentos da sociedade, porém de uma forma explícita, conceitos fortemente internalizados. Ela é reveladora de uma situação, de um trato e de um problema, o problema assistencial e de saúde do idoso. Neste senti-

120   Asilo Santa Genoveva: Memória do Horror

do fica claro que o chamado problema do idoso remete a outras questões e diferentes contextos: qual é o problema do idoso? É ter idade? É ser doente? É ser pobre? É estar vivo?

30 de maio de 1996 – Uma notícia sobre intoxicação

O Globo, no dia 30 de maio de 1996, publica a ocorrência de casos de intoxicação e mortes entre idosos na CSG. Esse é o ponto de partida da sucessão de notícias que o tema vai provocar.

A notícia da ocorrência de mortes na CSG – supostamente por uma infecção – é seguida de uma afirmação que traduz uma versão, interesse ou conclusão, sobre o fato noticiado: "a causa das mortes é o surto trazido pelos parentes". Na versão da direção da CSG a "causa da infecção pode ter sido alimento deteriorado levado por parentes durante uma festa" (página 12). A notícia é acompanhada de uma fotografia cuja legenda afirma que "40 pacientes sofreram com diarreia aguada e desidratação. Funcionários dizem que 29 deles morreram". O jornal parte de uma informação – que se traduz numa linguagem afirmativa – que contém um número preciso de vítimas. De outro lado, se os funcionários *dizem*, o jornal não possui meios para confirmar, portanto o jornal coloca na terceira pessoa e utiliza-se de uma palavra que não define uma posição.

Na reportagem que apresenta o fato é demonstrado que o problema não é recente. Ao contrário, é reconhecido como grave e merecedor de atenção por parte dos responsáveis. Na notícia fica-se sabendo que "nos últimos dez dias, pelo menos dez pacientes morreram nos dormitórios da instituição", esta que seria a primeira notícia divulgada sobre a "nova tragédia" na CSG é apresentada de forma imprecisa e recorre ao diretor médico Roberto Dias, da própria CSG. Na ocasião, ele considerava que "a morte destes pacientes foi acelerada pela diarreia". Em sua análise o médico constitui um cenário prévio que permite antever que – naquele ambiente – o adoecimento e a morte são considerados processos naturais. O médico afirma que "eles estavam fracos devido a outras doenças e não resistiram", e conclui comunicando que estão sendo realizadas investigações internas "para descobrir a causa do surto de diarreia", e que a qualidade da água já foi examinada e aprovada.

A notícia da morte dos idosos, confirmada pela direção da clínica, não revela o número total das vítimas e o jornalista demonstra na reportagem – a seriedade do procedimento investigativo do profissional – que "a direção da instituição se recusou a mostrar para *O Globo* o livro de registro com os dados dos últimos dez dias". Reafirma, confirmando as palavras do médico, a desconfiança que as mortes teriam sido causadas por "alimento deteriorado oferecido pelos próprios parentes na festa realizada no Dia das Mães". Na notícia, há o anúncio da direção da clínica de que o controle sobre a entrada de alimentos deverá ser ampliado.

Na notícia, nenhum outro ator ou interessado é entrevistado, será ouvido ou será levado em conta, somente a voz da direção da Clínica. No último parágrafo da reportagem é anunciada a instalação do Conselho de Defesa dos Direitos da Pessoa Idosa pelo governo estadual.

Na edição de 31/5 havia uma mudança no modo de veicular a notícia: o que era secundário na véspera se transforma em assunto principal. A CSG era chamada de "Clínica dos Horrores". No parágrafo inicial, uma imagem provoca o imaginário, a emoção do leitor, e demonstra que o tema se transformava em "problema público", entendido como instância que necessita controle e vigilância social e das instituições estatais em diversos níveis: "Clínica dos Horrores: Santa Genoveva foi inspecionada durante todo o dia por deputados e representantes dos governos". Na primeira página, outras notícias sobre a CSG não admitem dúvidas sobre os fatos anunciados na véspera: "Dois meses, 84 mortos" e que em "um refrigerador de comida dos internos é encontrado até um sapo em decomposição". A notícia é acompanhada de uma fotografia que carrega uma legenda: "Um idoso solitário no terreno da clínica Santa Genoveva, onde deputados e membros do governo encontraram três corpos de idosos".

As notícias de mortes, maus-tratos, condições de vida, carência ou ausência de assistência e de cuidado modificam a natureza do problema. A carência ou ausência assistencial é transformada em problema de polícia e de política e demonstra a inexistência ou incapacidade do governo na fiscalização dos serviços.

O diretor da CSG, que prestara as informações – e o discurso que havia predominado na edição anterior –, é substituído como a voz que apresenta os fatos e, consequentemente, a versão se modifica. O diretor da CSG, que insistia em demonstrar o espanto com a repercussão das mortes, "já que o caso é banal", constata a evolução do caso para a órbita policial. A abordagem inicial, que enfatiza o debate sobre um surto de infecção, ao longo dos dias muda de direção. Transforma-se em sucessivos relatos do horror e da capacidade de sobrevivência de alguns.

Aos poucos, *O Globo* introduz policiais, fiscais, deputados, jornalis-

Asilo Santa Genoveva: Memória do Horror

tas, parentes de idosos e representantes do setor empresarial médico que disputam a produção de sentidos para os acontecimentos. Diante dos acontecimentos, do modo de apresentação e de notícias como "fiscais ainda não sabem quantos morreram por causa da diarreia", a população reclama apuração dos fatos e punição para os responsáveis.

Nos discursos dos populares e de familiares internados na CSG convive-se com a existência de uma "máfia" médico-hospitalar. Esta expressão acusatória sobre segmentos da categoria dos médicos e empresários de saúde, mais interessados na acumulação de riqueza, é anunciada ao longo dos dias enquanto cresce o número de vítimas e os casos de maus-tratos na CSG. Aos poucos, as condições a que estão submetidos os idosos demonstram que o ocorrido na CSG não se tratava de fato isolado.

A partir do dia 4 de junho de 1996, observa-se uma mudança na narrativa. A dramaticidade do texto é substituída por um estilo discursivo, imagético e um tom menos indignado e denunciativo. Há uma percepção de notícia que exige um aprofundamento, pois a população e os leitores já conviviam com o assunto há alguns dias.

Há um movimento no enunciado e conteúdo das notícias em *O Globo*. Este movimento sugere que o ponto de partida do tema revela a incapacidade do SUS (Sistema Único de Saúde) em cobrir as demandas da população e atender às necessidades das empresas que oferecem tais serviços, e constata a inexistência de uma política pública para o idoso.

Idoso se transforma em questão estatal, pela sua incapacidade e também de sua família em cobrir suas necessidades, um reconhecimento explícito do problema. Indivíduos, instituições, saberes e poderes reconhecem a existência do problema e demonstram a incapacidade ou impossibilidade em reverter tal situação, transferindo a responsabilidade e a capacidade de resolutividade para uma outra instância, "superior", fazendo diluir sua responsabilidade frente aos fatos.

Na edição do dia 4 de junho, duas manchetes se destacam. "Estado do Rio fica com 56,6% dos recursos para idosos" e "Donos da Santa Genoveva são acusados de fraude em dois processos de 1995". Nestas manchetes encontram-se novas lógicas que movem o tratamento do assunto.

A primeira permite a compreensão de que o investimento foi – mesmo que em parte – realizado e que o Estado do Rio de Janeiro foi contemplado pelo governo da União com mais da metade dos recursos disponíveis. Desta forma é possível concluir que ocorreu uma incapacidade gerencial ou mesmo desvio de recursos. Este tipo de construção da notícia ou enunciado despolitiza o assunto e remete ao aspecto gerencial ou policial. Demonstra também o empenho do governo federal em eximir-se de responsabilidade e a sua preocupação com o idoso. A segunda manchete considera uma situação prévia, que pode constituir-se num alerta, mas possui a estrutura prévia de uma defesa. O setor público reconhece a existência anterior do problema e, nesta perspectiva, inocenta-o, posto que ele já estava sendo objeto de ação pelos responsáveis pelo setor. Ou seja, o Estado, em nome da sociedade, já acolhia e desenvolvia ações no sentido de resguardar os interesses da população. De outro lado, demonstra que os autores são os mesmos e que o Estado é capaz de reconhecê-los e agir contra eles no interesse da população.

Os discursos do ministro da Saúde, Adib Jatene, e dos proprietários da CSG – e de outra clínica acusada de abusos e tratamento desumano (Clínica Humaitá), do empresário-médico Mansur José Mansur – utilizam diversas estratégias discursivas. Eles deixam implícita a desorganização do sistema e a necessidade de articulação do setor público em relação ao setor privado, numa lógica de complementariedade.

Enquanto o ministro da Saúde afirma desconhecer a existência de uma "máfia das casas geriátricas", ao mesmo tempo se empenha em enfatizar as ações de seu Ministério, destacando o valor dos recursos transferidos para o setor privado e para o sistema de saúde de âmbito ou de responsabilidade dos estados. Em nenhum momento o ministro, ou o empresário, discute a questão de controle social dos recursos empenhados.

O empresário adota um discurso que acusa a impossibilidade em oferecer um serviço de qualidade ao custo de "menos de R$ 18,00 por paciente". A forma imprecisa da narrativa descontextualiza e favorece a manipulação das cifras pagas, e oferece uma oportunidade de desviar a atenção para parte do problema. Assim, segundo Mansur, era impossível o custeio da CSG, e desta forma, portanto, "pagar a limpeza da água, onde foi encontrada uma camada de 30 cm de lodo, nem de comprar novas ataduras, usando as sujas em pacientes". Segundo Mansur, "os pacientes eram caquéticos", portanto, expressavam a situação sociossanitária e a impossibilidade de uma atuação mais efetiva da clínica. *O Globo* demonstra que cada paciente internado na CSG custou aos cofres públicos R$ 554,00 por mês. Isto seria o correspondente a cinco salários mínimos por idoso.

Diante do tipo de enfoque e o tratamento que técnicos do Estado e políticos oferecem ao tema – demonstrando a inexistência ou a fragilidade de ações e políticas para o setor e a única preocupação em produzir respostas imediatas, de curto prazo e parciais, para as denúncias e demandas da população – Jorge Darze afirma que "o Governo Federal está com pés e mãos amarradas". O que era um sentimento de fragilidade e inoperância presente nos discursos ganhava expressão na voz autorizada do presidente da Federação Nacional dos Médicos.

Na página 24, uma manchete destaca: "Idosos: pacientes da Santa Genoveva já podem até deixar o Hospital Pedro Ernesto para onde oito deles foram levados". A frase *já podem até deixar* confirmaria as análises: a questão central é o abandono e os maus-tratos. A notícia destaca o caso de Benedita, "que estava com desnutrição e anemia, engordou dois quilos, ficou curada da diarreia e, segundo os médicos, já tem condições de deixar o hospital". Portanto, *deixar o hospital* é uma premissa que move as ações das instituições médicas.

Segundo a notícia, "a recuperação não se deve a um tratamento sofisticado. Pelo contrário". O diretor do HUPE conta que a recuperação dos pacientes não se fundamentou numa lógica exclusivamente biomédica; afirma que "era uma enfermaria que estava desativada. Num tempo recorde, conseguimos os leitos, pintamos as janelas, ajeitamos o banheiro e botamos até vasos de flores sobre as mesas".

No discurso do diretor do HUPE há uma preocupação para a ideia de cuidado. Cuidado, ao contrário da ideia de assistência, que remete ou circunscreve a ação a uma dimensão curativa e local. O cuidado contextualiza e enfatiza a dimensão individual e humana daqueles que são objeto de uma intervenção, não o reduzindo à condição de paciente ou cliente. Assim, eles são simultaneamente objetos de uma equipe médica e também de uma equipe de saúde com uma perspectiva multidisciplinar.

A percepção das diferenças é imediata. Segundo Benedita, "passei muita fome na Santa Genoveva [...] determinados dias não tinha nada. Nem um café [...]. Médico também não tinha. A doutora levava de 15 a 20 dias para aparecer. Eu rezava todos os dias para sair de lá com vida. Acho que Deus ouviu as minhas preces". Entretanto, o diretor do HUPE anunciava que a permanência destes transferidos se daria pelo prazo máximo de duas semanas e "como não podem contar com a família, elas deverão ser transferidas para outras casas de saúde ou asilos". Esta afirmação deixa para os leitores uma sensação de dúvidas quanto à possibilidade de futuro para estes indivíduos.

No dia 8/6, a notícia de uma ação ministerial merece destaque. A manchete é reveladora da intenção e deixará explícita a situação da assistência ao idoso: "Maus-tratos: A reação do Ministério da Saúde às sucessivas mortes de idosos e de pacientes em fase terminal no Rio" (página 11). Destaca a situação e a armadilha que ela representa, limitando a capacidade de resolução do problema pelo MS: "Vamos intervir tentando melhorar outras clínicas antes de transferir os pacientes da Santa Genoveva para lá". Isto é, das 36 clínicas existentes no Estado, 16 conveniadas com o SUS sofreram intervenção federal. O MS apresenta um retrato da situação: "Minha intenção era fechar a Clínica Santa Genoveva imediatamente, mas descobrimos que outras unidades tinham problemas tão graves quanto os encontrados em Santa Teresa".

Uma fotografia em preto e branco sobressai na diagramação e destaca a página, mas ela não é a única entre as reportagens que abordam o tema "Santa Genoveva". A fotografia destaca o ambiente pobre e ensolarado e a falta de acompanhamento que segue o corpo para o enterro de um idoso. Na foto, a sensação de abandono e solidão é seguida da manchete: "Na Santa Genoveva, a média é de um mês de vida" (página 12).

Nesta notícia há uma síntese num parágrafo que traduz a dramaticidade e a intensidade do tema:

Nem as médicas da Clínica Santa Genoveva bebiam água do bebedouro. Duas delas – Rachel Miranda e Maria Amélia Pombal – disseram ontem à delegada Sônia Bello, da 7ª DP (Santa Teresa), que a água do bebedouro é anti-higiênica e, por isso, elas bebiam água mineral. A delegada ouviu também os irmãos Marcos e Giovanni de Oliveira Rizzo, donos da Funerária Irmãos Flack. Eles confirmaram que os próprios funcionários da Santa Genoveva avisavam à funerária sobre a morte de algum paciente, mas negaram dar pagamento por isso. A enfermeira-chefe Márcia Mello negou que tivesse sido servida ração de cachorro aos pacientes, alegando que um quilo é mais caro que um quilo de carne moída.

Enquanto a tragédia parece se renovar a cada dia, as sucessivas reuniões envolvendo os responsáveis pela política de saúde revelam a fragmentação do modelo assistencial e a falta de articulação e de complementaridade entre eles, mas demonstram também que os elevados custos pela assistência convivem com poucos recursos e agravados pela desorganização e ineficácia do sistema.

O discurso moral apresenta-se com frequência em *O Globo*, notícias que favorecem os julgamentos são constantes. No dia 9/6 (página 32), o destaque do noticiário é o comportamento e o estilo de vida dos proprietários das clínicas, a sofisticação e despesas vultosas que os hábitos de consumo de Mansur José Mansur e Eduardo Quadros Spinola implicam. Os proprietários são apontados como médicos – que acumularam fortunas – que se caracterizam por relações com políticos que possuem influências no aparelho de poder; os dois exercem liderança na Associação Brasileira de Hospitais, que representa os interesses corporativos do empresariado do setor.

O relatório da Vigilância Sanitária da Secretaria Estadual de Saúde recebe atenção especial (10/6), e a conclusão da reportagem é uma frase de Rosângela Bello (SES): "Não adianta apenas melhorar os hospitais e as clínicas. Temos que oferecer uma política para o idoso". Isto é, o idoso não deve ser considerado como um inevitável consumidor de serviços médicos e assistenciais, mas como um ser que envolve outras relações com o mundo e com as instituições, no mínimo um cidadão.

O processo de tomada de decisões implica em mobilizar e administrar interesses e versões contraditórias. As notícias sobre as mortes e maus-tratos entre os idosos da CSG produzem expectativas contraditórias aos pacientes e parentes dos internos, principalmente quando é anunciada a possibilidade do fechamento da CSG. No dia 14/6 a manchete revela a tensão e as contradições que o fato encerra: "Maus-tratos: fechamento de clínica causa muita apreensão", e destaca que "idosos temem transferência e parentes querem evitar alta" (página 13).

A decisão do MS – fechamento da CSG – mobiliza pacientes e familiares contra esta política e eles passam a defender a ideia que "a clínica tem que permanecer aberta, mas com a fiscalização aqui dentro". O presidente da Federação Nacional dos Médicos, Jorge Darze, (observar que o Cremerj e os Sindicatos dos Médicos pouco foram ouvidos) considera que "o processo de transferência é uma loteria". Enquanto esse defende a qualidade dos serviços públicos, parentes dos internos afirmam que temem "encontrar condições piores nos hospitais públicos" e por uma "possível alta".

No dia 15/6, a transferência e a recepção dos pacientes da CSG no Hospital Universitário Pedro Ernesto (HUPE) recebem especial atenção. "Hospital recebe idosos com flores, carinho e camas limpas" (página 13) enfatiza os contrastes nas condições de atendimento, os aspectos materiais e humanos, e o cuidado que cercou a transferência dos internos para o HUPE. Na fotografia que acompanha a notícia, uma enfermeira carinhosamente conforta uma paciente e mostra a curiosidade que cercou a sua chegada.

Benedita, paciente transferida da CSG para o HUPE, transforma-se em metáfora da mudança desejada. Alegre, ela comenta os momentos difíceis que passou: "Lá eu ficava três dias sem comer e oito sem tomar banho" (16/6).

O processo de remoção dos internos da CSG faz o jornal *O Globo* destacar um novo aspecto o significado e o papel do *paciente social* – ou *casos sociais* – que ocupa indevidamente leitos da rede hospitalar quando deveria estar com acompanhamento residencial e familiar. *O Globo*, que reclama uma racionalidade nos serviços, aborda o tema sem contextualizar a origem do problema, ou simplifica sua dimensão ao tratá-lo como *problema social*. Estes pacientes não necessitam de internação e poderiam ser levados para casa por parentes.

José Carlos (17/7, página 9) justifica a presença do pai na clínica, o visita e leva alimentos com frequência. As suas palavras são transformadas em posição do jornal pela invocação do discurso direto: "A culpa de a clínica estar daquele jeito é de todo o mundo. Das famílias que abandonaram seus velhinhos, dos donos e do governo que não faz a fiscalização direito – acusa José Carlos". Na notícia havia o destaque na impossibilidade de a família receber em casa ou de tratar o idoso. Outro personagem citado na reportagem é João Devanil da Silva, de 56 anos. Ele afirma que "no meu barraco moram nove netos, a mulher e uma filha. Todos sobrevivem com apenas um salário mínimo que a minha mulher ganha fazendo faxina. [...] só ficarei o tempo necessário para encontrar um outro canto para mim".

Reveladora da situação que estas clínicas representam era a condição descrita por José Soares dos Santos, 63 anos e cego. O idoso, dias antes, havia declarado aos jornais que a clínica servia comida de cachorro aos internos. No dia 17/6, na página 8, uma notícia em *O Globo* destacava um efeito imediato da declaração: "Isto agravou ainda mais a situação. Agora ele está sofrendo represália dos outros pacientes que acham que a clínica vai ser fechada por causa do que ele falou".

A velhice – ou idoso – é sintomatizada no discurso jornalístico que se confunde com o discurso médico. Nesta reportagem o jornalista afirma na conclusão do texto que "não é só a idade e as condições em que são assistidos é também o abandono". Neste momento, o jornal decla-

128 Asilo Santa Genoveva: Memória do Horror

ra, avalia e desenvolve uma afirmação reconhecida e praticada por outra instância ou campo disciplinar.

Os advogados transformam-se, depois de duas semanas, em personagens do drama. Intermediários entre os atores e agências envolvidas, disputam os sentidos e procedimentos, com isto os limites da ação jurídica ou estatal. No debate que os advogados imprimem, encontramos a dúvida se o caso CSG estaria configurado como "homicídio culposo" ou "homicídio doloso", e quais instâncias deveriam ou poderiam realizar os inquéritos, acolhendo ou não as denúncias, pedindo arquivamento dos processos com base ou não na legalidade dos inquéritos realizados. Há uma disputa para a orientação na condução do processo e para as possíveis conclusões.

Afastados, apenas referência dos acontecimentos, os idosos são, no dia 21/6, notícia da editoria de política. Em primeira página, a manchete anuncia que o presidente da República deve adotar novas leis objetivando proteger os idosos, informando, na página 17, que o presidente da República vai "sancionar lei para beneficiar os idosos", não explicitando os benefícios. Preocupada com a integração social do idoso, a lei a ser proposta obrigaria a que os convênios habitacionais a serem assinados deveriam criar "Centros de Convivência". Sugeria que as universidades, no curso de Medicina, deveriam criar uma disciplina de Geriatria; nos cursos médios, os alunos deveriam receber "lições de respeito aos idosos" e, finalmente, a transformação de asilos em "casas-lares".

No dia 26/6, o debate havia sido lançado, o governo tomava a iniciativa de sugerir medidas para melhorar a qualidade e a assistência aos idosos. Entre manifestações e apoio e críticas às propostas de atenção aos idosos é lembrado, pelo jornal, um projeto que pretende que parte dos recursos destinados às clínicas, asilos e abrigos seja redirecionada "para os familiares de pacientes crônicos, sobretudo os idosos, a fim de que eles possam tratá-los em casa" (página 17).

"Maus-tratos: Projetos prevêem ações voltadas para os idosos – Fernando Henrique quer reaparelhar asilos e abrigos" (página 16) utiliza-se do recurso da voz programativa que apresenta o agendamento da solução do problema num discurso que não admite dúvida da seriedade e da eficiência das medidas. O texto é incisivo.

Nos relatos dos técnicos, dos internos, nos textos dos jornais, algumas frases e situações se repetem: os ambientes marcados pelo cheiro de mofo e pelas infiltrações, os alimentos deteriorados, mau-conserva-

A Arte de Envelhecer   129

dos ou repetindo a situação dos remédios que são encontrados sem data de validade ou com validade vencida.

Uma conclusão possível

A CSG constitui inteligibilidade e sentidos diversos, produz uma agenda e permite a convivência de diferentes atores e projetos sociais. Por intermédio do tema, constatamos a existência de discursos governamentais que não implicam em resolução do problema, mas o esforço em domá-lo e considerá-lo segundo uma perspectiva ou interesse. O *Globo*, para falar da CSG, utiliza-se de tensas nomeações e metáforas. Elas se referem à idade, assistência e prática social. A CSG aparece associada à violência, pobreza, abandono, prioridade política, ação ou omissão pública ou familiar que marcam ou indicam uma inevitabilidade ou irreversibilidade da ameaça ou da tragédia que constitui a velhice, principalmente entre as classes populares.

As manchetes e notícias norteiam e associam as fatalidades. O *Globo* não inventa a realidade ou os fatos, eles estão no cotidiano, no contexto da época e dos fatos e processos que envolvem setores da sociedade. O *Globo* produz ou viabiliza uma apresentação e intervenção sobre estes fatos. O *Globo* intervém nos fatos e ajuda a intervir na realidade ao produzir uma determinada perspectiva sobre o mundo.

A notícia sobre a CSG induz ao leitor uma certa ordem e sequência de acontecimentos – transformados em notícias –, apontando para a "naturalização" e "inevitabilidade" dos fatos ocorridos pela consequência da falta ou parcialidade de políticas públicas e ações particulares (no caso, familiares) que modifiquem essa realidade e o desfecho "previsível": a morte de mais de cem pessoas pobres, mal-alimentadas e mal-assistidas.

A CSG é um dos raros consensos na sociedade e noticiário. As notícias foram complementadas, como se documentando a veracidade da informação de fotografias e dos relatos dos envolvidos e de uma documentação produzida ao longo dos fatos. Cercados de fotografias em que o preto e branco se transformam em metáforas e contrastes, os idosos são apresentados como sinônimos de fragilidade, deterioração e abandono, uma possibilidade ou alerta. Além dos depoimentos e documentação de diferentes hospitais, cemitérios e do Instituto Médico Legal, que confirmam as narrativas e fatos, as fotos são utilizadas para comprovar o conteúdo da notícia.

Autônoma e parte fundamental do que é noticiado e do que é objeto de investigação, a fotografia ocupa um papel central no debate provocado pelo texto. O preto e branco e o jogo das luzes das fotos traduziam e acentuavam uma tensão e uma dramaticidade que transformavam em público o que era sabido. Nas imagens dos ambientes e idosos, a angustiante e inevitável associação com o holocausto e com as trágicas experiências dos campos de concentração é absolutamente previsível.

A estratégia de comunicação utilizada no jornal *O Globo* parte do paradigma biomédico (prevenção da doença), enquanto discurso, e os projetos institucionais tomam a promoção de saúde (objeto transdiciplinar e multiprofissional que reivindica ações intersetoriais e institucionais) como ponto de partida.

Notas

[1] Texto fundamentado no debate e no material reunido na pesquisa realizada no Mestrado em Memória Social e Documento da UNIRIO. O título deste trabalho procura expressar uma percepção dos acontecimentos e, portanto, define-se face aos fatos analisados.

[2] Estamos denominando imaginário como as representações discursivas que a sociedade, ou segmento dela, faz do que a cerca: como o mundo é percebido, concebido, organizado, hierarquizado e, a partir disso, como as representações sociais são construídas. Isto quer dizer que elas estão referidas, em primeiro lugar, à cultura da qual fazem parte. Operamos com fragmentos ou elementos parciais da realidade, a que se atribui nexos e sentidos.

[3] Para a análise das reportagens, elaboramos um recurso que considera: 1. O título da reportagem; 2. Quem fala; 3. O que fala; 4. Quem é o intermediário; 5. Qual(is) o(s) modo(s) de dizer do discurso; e 6. O que converge e o que diverge entre o discurso midiático e o discurso político-partidário.

[4] De maneira objetiva podemos afirmar que os *cartoons* e as Cartas dos leitores produzem os momentos mais emocionantes e contundentes do tema nos jornais, mas eles enfatizam um discurso moral.

[5] Chamamos atenção, em particular, para o debate que Marialva Barbosa e Ana Paula Goulart Ribeiros desenvolvem em seus estudos sobre mídia e memória.

Bibliografia

BOURDIEU, P. *O Poder Simbólico.* Lisboa: Difel, 1989.

FAUSTO NETO, A. *Comunicação & Mídia Impressa.* São Paulo: Hacker Editores, 2000.

FOUCAULT, M. *Microfísicas do Poder.* Petrópolis: Vozes, 1979.

GOULART RIBEIRO, A. P. "Fim de ano: tempo de rememorar." In: NETO, F. e PINTO M. J. *O indivíduo e as Mídias.* Rio de Janeiro: Compós-Diadorim, 1996.

LE GOFF, J. *História e Memória.* Campinas: Unicamp, 1990.

MAINGUENEAU. D. *Analyser lês textes de communication.* Paris: Nathan Université, 2000.

MORAES, N. A. "Notícias sobre o BO e a Saúde no Governo FHC – Políticas e estratégias de Comunicação." In: COMUNICAÇÃO E SAÚDE, Cebela, ano IX, v. 2, 2002.

_____. "FHC: imagem, mídia e poder político." REVISTA ACHEGAS.NET, n. 6, 2003. Disponível em: via http://www.achegas.net. Acesso em 20 jun. 2003.

NORA, P. "Entre a história e a memória: a problemática dos lugares." In: REVISTA PROJETO HISTÓRIA, São Paulo, 1984.

PINTO, M. J. "Contextualizações." In: NETO, F. e PINTO, J. M. (orgs.). *O indivíduo e as mídias.* Rio de Janeiro: Compós-Diadorim, 1996.

RESENDE, P. E. A. "Vicissitudes da democracia planetária pela via da federação." In: MARGEM, n. 3, São Paulo, EDUC, 1994.

VERÓN, E. *A produção de sentido.* São Paulo: Cultrix/Edusp, 1980.

Os Velhos e os Velhacos
Orlando de Barros

A bolsa dos valores e o balcão do atacado

Não seria inapropriado, embora sardônico, começar a falar um pouco sobre os velhos começando por uma epígrafe em língua morta. Que seja então *senectus insanabilis morbus est*,[1] velho aforisma latino que, dando a velhice como doença incurável, haverá de provocar protesto dos médicos e psicólogos especialistas. Mas se, em verdade, para os pediatras, o usual é que a tarefa se resuma em prevenir, curar e preparar o corpo para o porvir, já para os geriatras o principal é gerar conforto, adequar, prolongar a vida e adiar o inevitável. Se, de um lado, se pode dizer que o progresso das práticas médicas autoriza a atenuar o caráter mórbido da velhice, de outro, as práticas sociais e o ambiente cultural, no mais comum, tendem a insanizá-la, em algumas sociedades mais, noutras menos. O que me interessa aqui é o aspecto social e cultural da questão, que pretendo tratar de uma maneira que não seja estritamente acadêmica – embora sem deixar de sê-lo também –, ainda mais porque porei nestas linhas um pouco de história e de experiência pessoal.

Que as sociedades tratam os velhos de modo diverso se dispensa dizer, e as modernas tendem a normatizar e definir em regras estritas a condição e o conceito de velhice. Assim, no Brasil, país largamente subdesenvolvido, com grau de civilidade medida em boa dose pela restrita aplicação dos direitos de cidadania, os velhos ganham o direito de terem assento marcado nos meios de transporte aos 65 anos, e na França aos 75. Não que os brasileiros sejam mais deferentes para com os seus veteranos, pois, talvez, projeta-se aí a sombra da pirâmide demográfica, posto que os brasileiros idosos só agora começam a mostrar-se numericamente significativos, num país ainda dominado pela presença dos jovens. Na França, concedendo aquele direito aos que têm 65 anos, por certo haveria de provocar falta de assentos aos que estão em idade produtiva, aqueles que, afinal, pagam com seus impostos as pensões dos retirados, uma vez que a longevidade comparativa é bastante favorável aos franceses. Assim, do privilégio dos assentos ao custeio da saúde e das pensões, as sociedades hesitam entre considerar os velhos ora como detentores de direitos e de privilégios, ora como um fardo excessivamente pesado a conduzir, sabe lá até quando, no mar encapelado dos tempos neoliberais em que se revisam os orçamentos públicos destinados ao bem-estar social.

Na maior parte das sociedades, de modos diferentes, a velhice pendulou mesmo entre o conceito de repositório da experiência de vida, o da velhice útil, e o do fardo que se deve carregar com sacrifício. Mesmo nas sociedades primitivas, quase sempre dadas como reverentes dos velhos, tal pendulação parece ocorrer, e assim revelam autores como B. Malinowski, R. Benedict, M. Mead, Marcel Mauss e ainda outros. Quem não se lembrará das imagens do famoso documentário de Flaherty em que, numa das sequências, um grupo esquimó abandona os anciãos na paisagem gelada para que morram, devido à dificuldade de obter alimentos durante o inverno? Conta Câmara Cascudo que os velhos eram tratados com dignidade e notável respeito durante o período colonial brasileiro.[2] Talvez se pudesse especular se tal dignificação não se deva à herança indígena, uma vez que os tupis da costa tinham os velhos como intermediários com o Além, uma vez que estavam tão próximos dos mortos.

Mas no tempo colonial, em virtude da baixa esperança de vida, se pode dizer que poucos chegavam à época de fruir a dignidade dos encanecidos, ao passo que hoje eles são tão copiosos que se *deve* questionar se a sociedade está mesmo em condições de conceder a eles os direitos que *merecem*. De qualquer forma, a maior parte dos brasileiros hodiernos, sobretudo os do Sul e do Sudeste, se apartou da memória indígena, temperados pela imigração europeia, criando uma "outra" história.

Foi nessa *outra história* que, aos poucos, medraram os direitos dos idosos, não de *per si*, mas como integrante de um conjunto de reivindicações sociais que se instituíram senão com demora. Entretanto é bom que se diga que na maior parte do processo histórico em que se deram tais conquistas sociais as vantagens dos idosos se resumiam tão somente às pensões e aposentadorias ao cabo de um longo período de produtividade (e contribuição previdenciária). É notável o fato de que as antigas reivindicações anarcossindicalistas pesassem mais a favor do seguro por acidente de trabalho, ou de melhores condições funcionais, de regulamentação de horas de trabalho e remuneração e muito menos em favor da aposentadoria. Com efeito, no Império, ressalvados poucos cargos públicos, ninguém chegava à velhice sob amparo do Estado, sendo fator cruciante entre os militares, elemento integrante das "questões militares", tão importantes na Proclamação da República. Naquele tempo recorriam-se aos montepios, quem tivesse renda, e às ordens religiosas, quem também a tivesse, para direito a pecúlio no primeiro caso, a asilo, no segundo. As ordens, às vezes, tinham hospitais ou enfermarias e isso consistia no pouco mais que havia além dos prontos-socorros. Mas, para consolo dos idosos, as ordens invariavelmente reservavam lugar em seus campos santos.

Não surpreende, portanto, que houvesse tanta mendicância, e especialmente a de idosos, na capital do Império e depois na capital da república proclamada, na falta de assistência adequada. Quanto aos que não podiam trabalhar, ou que não encontravam trabalho, cabia contar com a solidariedade familiar ou as iniciativas filantrópicas. Ainda que alguns direitos trabalhistas fossem conquistados durante a República Velha, somente no período de Vargas consolidou-se o sistema de amparo social, sob o foco atuarial e previdencialista. Concebido como poupança mista do trabalhador, do Estado e dos empregadores, o sistema caminhou razoavelmente bem, ainda fora da feição concentradora que foi ganhando com o tempo. Mas se, entre os trabalhadores, podia-se confiar que os idosos estariam amparados no futuro, a massa majoritária continuou desamparada, pois os que não encontravam trabalho regular ou que não logravam registro oficial ficavam de fora. E de fora ficavam também os habitantes do campo, num país cuja maior parte da população ainda permaneceu rural até o começo da década de 1970. De qualquer forma, pode-se dizer que foi com Vargas que se introduziu e consolidou o conceito de aposentadoria e dever social do Estado para com os trabalhadores e os idosos.

O crescimento econômico seguido à Grande Guerra, num mundo bipolarizado ideologicamente e acossado pelas reivindicações sociais, permitiu o avanço da responsabilidade pública em busca não só do bem-estar social mas também do arrefecimento da luta de classes, conceito reconhecido ou não pelos regimes dominantes mundo afora. O momento internacional e a elevação quase geral da renda permitiram uma consútil construção de retalhos que se havia experimentado mesmo antes da guer-

136 Os Velhos e os Velhacos

ra, como na Escandinávia, nos governos fascistas, no *New Deal*, e nos regimes socialistas coetâneos, surgindo daí o *Wellfare State*. O Brasil, a seu modo, não deixa de refletir e reagir ao processo circundante, avançando e recuando, conforme os ciclos periódicos de crescimento e estagnação. Mas, nesse tempo, a porção da sociedade envelhecida que havia contribuído para os dias de retiro ainda não havia cumprido seu tempo de usufruto do direito. Consolidada a legislação trabalhista em 1943, aqueles que neste ano haviam iniciado sua capitalização – e, rigorosamente, esse é o melhor termo – estariam aptos a se retirar em 1978. Porém muito havia passado que poluiu o sistema, a ponto de deixá-lo em crise permanente.

A Previdência Social poderia ser, como acabou sendo, uma caixa que o Estado poderia usar para investimento no desenvolvimento econômico, caso em que era muito desejável que mantivesse uma contabilidade rigorosa e bem planejada. Por décadas, os ingressos foram regulares e maciços, sem haver pressão considerável de dispêndio, com grande número de contribuintes e pequeno de pensionistas, sendo a pirâmide demográfica favorável à acumulação dos recursos. Mas, como é sabido, os recursos da Previdência foram sistematicamente desbaratados, usados nos investimentos públicos, sem previsão nem forma de retorno.

E os recursos não demoraram a se juntar àqueles que geraram obras importantes como as hidrelétricas, as rodovias, mas também a ponte Rio-Niterói, a inoperante Ferrovia do Aço, a Transamazônica... Mas, em quaisquer dos casos, sem retorno. De outro modo, a concentração paulatina das "caixas" profissionais em um sistema previdenciário unificado, que desbaratou o controle dos sindicatos e ordens profissionais, burocratizou, enrijeceu e politizou (no pior sentido do termo) a Previdência. Juntou-se aos defeitos trazidos pelo tempo um outro antigo, a velha corrupção. Hoje, há quem diga, o desbaratamento dos recursos previdenciários pela ratonagem ininterrupta orça em torno dos 20%. Além disso, nesta mesma hora da colheita dos benefícios juntou-se, por força de decisão política, uma massa considerável de beneficiários que jamais havia contribuído para a caixa comum, provocando o aprofundamento da crise e certo buleversamento oficial de conceitos, quais sejam, os de Previdência e assistência. Do *Wellfare State* imperfeito ao privatismo neoliberal, o Brasil não pôde criar um sistema que não fosse outro senão esse existente, que é uma sombra ameaçadora sobre os dias futuros dos trabalhadores e dos idosos.

Durante a dominância do conceito de bem-estar social, seguindo a linha dos investimentos responsáveis dos recursos capitalizados, alguns países lograram operar verdadeira revolução social. Não devemos tomar a Escandinávia ou a Suíça como exemplos contrastantes, mas outro país que esteja ou tenha estado mais próximo de nós em sua conjuntura. Que seja, pois, a Espanha, país que despejou uma enorme quantidade de população pobre e não integrada nos portos brasileiros, sobretudo nas décadas de 1920 e 1930. Recuperando-se lenta mas gradualmente de sua terrível guerra civil, a Espanha pôde colher os melhores frutos de seu desenvolvimento nos anos da unidade europeia. Ali os velhos recebem pensões e assistência social integrais, que compreendem cuidados com a saúde, recreio, reeducação, informação, cultura e integração social, sendo notáveis os centros de convívio mantidos pelo Estado, a que não faltam sequer jornais e revistas. Para os brasileiros na mesma condição já seria paradisíaco receber dez e não seis salários mínimos de aposentadoria para aqueles que haviam contribuído para dez. Ou a correção conforme a inflação, de acordo com os índices reais, sem as chicanas de "planos" cuja finalidade não é outra senão diminuir ou procrastinar os valores das pensões mediante artifícios, que tumultuam os tribunais, provocam problemas políticos e tensões extremamente danosas para a população idosa.

Há, mesmo assim, muita controvérsia sobre os recursos da Previdência. Uns dizem que não há *deficit*, sendo ele "fabricado" pelos governos sucessivos, desde o regime militar. O mais correto é admitir que o *deficit* exista realmente, talvez não tão amplo quanto o alardeado, em grande parte provocado pela retirada de um gigantesco segmento social do sistema, dos que ora não contribuem para a Previdência, em face do desemprego e do trabalho marginal. De qualquer modo, os recursos arrecadados na Previdência seguem seu destino regular, a caixa única, servindo a que sirva, mesmo ao superávit primário, para atender aos compromissos decorrentes das obrigações da dívida externa. E também, como sempre, os recursos não são capitalizados ou tratados de modo atuarial, como fez regularmente a Espanha. E aí chegamos ao tempo neoliberal, sob o conceito de Estado mínimo. E, nesse sentido, uma situação exemplar ocorre sob nossos olhos.

O funcionário público não desconta 8% sobre um teto máximo de dez salários mínimos. Ele desconta 11% sobre o total dos vencimentos, quantia muito maior descontada do trabalhador em geral. Foi das últimas categorias a conservar um pouco das antigas "caixas" de categorias profissionais e uma das últimas a cair no buraco negro do sistema social concentrador, sob a política de uma categorização única de trabalhadores perante o sistema de Previdência. "Caixas" antigas permanecem, todavia, sob a intencional confusão conceitual de "funcionários públicos", a maioria, e "funcionários do Estado", como os militares e diplomatas. Enquanto os funcionários já aposentados estão sob a ameaça de descontos "previdenciários" sobre os direitos de Previdência (já aprovados em lei, que ora se contesta no Supremo Tribunal), os que não estão no sistema precedente serão forçados a contribuição complementar em entidade privada, caso queiram melhorar suas futuras pensões.

Isto está de acordo com o conceito de "Estado mínimo" e com es-

tatuto neoliberal, que procura maximizar as oportunidades do mercado. O caso do funcionário público deverá ser muito estudado no futuro, seja como um retrato da mentalidade econômica transiente, seja como derrocada de um modelo que se desenvolvia há mais de meio século, mas que nunca chegou mesmo a funcionar a contento. E nesse aspecto, quando o presidente Fernando Henrique Cardoso afirmou que contribuía para a revogação da herança de Vargas por certo incorria em verdade histórica.

Em princípio, quando, pensando em sua velhice, o funcionário público vier a contribuir para uma empresa de seguro social privado o que ocorrerá, grosso modo, é o seguinte. Os recursos arrecadados serão investidos de maneira a capitalizar o necessário para a cobertura das pensões, que virão depois de um prazo determinado, e que não será nada curto. No passado, durante o regime militar, a Capemi fez exatamente isso, e a inflação, os índices oficiais fraudados, a falta de fiscalização, o malbarateamento ou a má gestão do capital provocaram escândalo com as pensões que não passavam de centavos. Os recursos investidos para o futuro simplesmente "viraram pó". Da mesma forma, quando o Estado retira percentagem leonina do funcionário público, deveria ser uma seguradora zelosa do capital, mas se comporta como depositário infiel. Mas, nessa altura, a questão já não é econômica ou técnica, mas ideológica e não surpreende alocações e frases feitas que parecem provir de Lady Thatcher, a Dama de Ferro, tão importante para a firmação do conceito de **Estado mínimo**. Seja como for, o Chile bem serve também, nesse sentido, para comparações, pois ali o sistema foi implantado desde os tempos de Pinochet e hoje se calcula em 30% a defasagem dos valores das pensões que se devem pagar. Com efeito, os investimentos têm como variável principal o tempo, e os velhos foram jovens que investiram no futuro, mas, conforme o que se vê, e sob um conceito clássico marxista dessa vez, o futuro virou estritamente mercadoria. É claro que a situação do velho não se resume tão somente na questão previdenciária/assistencial. Mas ela é chave, pois nenhuma outra se aparta dela, em essência, e qualquer outra, mesmo aparentemente distinta, não deixa de se conectar à principal. Seja, por exemplo, o tratamento condigno que se deve dar aos velhos, que se tem por princípio geral, e mesmo por polimento público ou privado. Porém, recentemente, contrariando a convicção geral, tivemos um escândalo sem precedentes, cuja repercussão ultrapassou as fronteiras do país. O ministro da Previdência, agastado com as fraudes, ordenou por decreto (um verdadeiro ucasse) o recadastramento dos pensionistas, que deveriam comparecer pessoalmente aos postos indicados. Viu-se, de um lado, o quanto em longevidade havia ganhado a população brasileira, mas, de outro, a mídia mostrava constantemente velhos nonagenários sob o suplício das filas intermináveis, sofrendo achaques em público e mesmo dando-se mortes. A reprovação geral fez o ministro recuar das medidas e, relutantemente, pedir desculpas publicamente.

O desgaste do governo foi inevitável, diante da crítica enérgica da mídia, em editoriais, colunas e charges. Numa destas charges, difundida pela internet, o ministro aparece com uma suástica, dizendo ser um representante do AP, Arbeit Partei, Partido do Trabalho, em alemão, e estar providenciando a "solução final" para os velhos aposentados. Agastado nesta crise, o governo atual segue, no entanto, a afirmar que realiza as "reformas", que, no caso da Previdência, nem há tanto a reformar, pois só se reforma o que foi implantado, e a nossa Previdência "negou fogo" na hora mesma que começaria a dar resultado como sistema, de 1978 em diante, principalmente, 35 anos depois de criada. Porém, se a mercadoria "futuro", que os velhos deveriam ter por força de seu investimento pretérito quando jovens, não se consubstanciou a contento na maior parte das vezes, a eles caberá, talvez, diante de nossa velha tendência burocrática, uma outra porção de direitos, quiçá virtual, etérea, discursiva em essência, de natureza cartista, uma constituição dos velhos, e é ela a mais recente produção do imaginário nacional, em muitos aspectos digna de um outro "Bruzundangas",[3] fosse Lima Barreto ainda vivo e, quem sabe, pensionista. Trata-se do **Estatuto do Idoso**. Não é que o **Estatuto** traga nenhum mal em si mesmo, muito ao contrário, sendo, de fato, resultado do progresso social e do esforço sincero em prol do avanço da cidadania. Reconhecemos nele, mesmo, um precioso sentido pedagógico, sem negar que muito poderá contribuir para o bem-estar no envelhecimento. Há ali, em verdade, um ou outro ponto controverso ou pouco claro, o que é de menos. Comecemos pelo fato de que muito há no **Estatuto** que se coloca na situação da frustração de direitos, isto é, a da promessa legal que é inexequível ou que se praticará jamais porque não há indício de promoção dos recursos necessários à aplicação da lei.

Nesse sentido, é exemplar a história da Previdência Social, que falhou no exato momento em que deveria realizar o que a lei havia prometido. De outro modo, vivemos num país de leis perfeitas com execução imperfeita e aí está a exemplificar o **Estatuto da Criança e do Adolescente**, contrariado pelos magotes de jovens desamparados que vagam pelas cidades, da mesma forma que a excelente e avançada legislação sobre a proteção ambiental, num país devastado pela degradação da natureza. A frustração de direitos, de que tanto poderiam falar os funcionários públicos, para os velhos é, psicologicamente, fatal, pois o tempo para eles é curto e não há à vista recobramento possível. Seja, por exemplo, o desastrado recadastramento ordenado pelo ministro da Previdência, que aludimos, em face do disposto no parágrafo terceiro do capítulo II do **Estatuto do Idoso**, que estabelece que "é dever de todos zelar pela dignidade do idoso, colocando-o a salvo de qualquer tratamento desumano, violento, aterrorizante, vexatório ou constrangedor".

Da mesma forma, muita colisão se prevê diante de outros dispositivos legais que se erguem como impeditivos da aplicação dos dispositivos do **Estatuto**, ou que podem vir a ser alegados como impeditivos, anulando, na prática, direitos e vantagens previstos. Um deles é, por exemplo, a vigente **Lei de Responsabilidade Fiscal**, que já tem sido muito utilizada como argumento para denegar outros direitos concedidos em lei. É aqui que nos encontramos verdadeiramente com um "Bruzundangas" efetivo. Hoje, como é sabido, vive-se um tempo de controvérsias sobre os valores das aposentadorias pagos pela Previdência, em virtude da manipulação dos índices de correção da inflação, provocando o congestionamento dos tribunais devido a processos incontáveis, em meio a negociações conflitantes e intermináveis entre o governo e as entidades representativas.

Há mesmo, em decorrência disso, um Partido dos Aposentados, fato inusitado na organização política ocidental, que, por agora, não passa de uma tentativa desesperada de resistência. Todavia, em contraste, o artigo 29 do **Estatuto** estabelece que "os benefícios de aposentadoria e pensões do Regime Geral da Previdência Social observarão, na sua concessão, critérios de cálculo que preservem o valor real dos salários sobre os quais incidiram a contribuição, [...] ". Essa é questão essencial e se aplica genericamente, conforme, ao menos, a prática atuarial. Mas que diriam, a propósito, os idosos aposentados do serviço público, que se preparam para ter os salários reduzidos pela incidência de desconto? Se não em todos, mas na maioria dos casos, por certo, não se poderia negar que tal desconto constitui verdadeiro imposto sobre a velhice.

Do mesmo teor é quase tudo que trata da saúde do idoso, enfatizando a obrigação do Estado em garantir à pessoa idosa "a proteção à vida e à saúde, mediante efetivação de políticas sociais públicas que permitam um envelhecimento saudável e em condições de dignidade" (artigo 9). Basta acompanhar as notícias diárias para constatar que o sofrimento nas filas dos hospitais públicos, que vem de longa data, e não poupa os idosos, como, aliás, tem sido por todo o sempre até agora. Pode-se dizer, entretanto, que é preciso que a lei preceda os atos para que eles se realizem ou sejam exigidos. E, nesse sentido, melhor que o **Estatuto** esteja em vigência, que traga esperança e que contribua efetivamente para o bem-estar do idoso. Que não seja outra lei avançada, nem letra morta, como outras que não se aplicam senão parcialmente, por falta de recursos, de vontade política ou carência de fiscalização; que não seja, enfim, outra fonte de frustrações.

O balcão do varejo

A UERJ, pode-se dizer, tem sido uma universidade atualizada, no sentido de ter sido pioneira em questões de cidadania. Pôs-se na corrente, se não foi nela que nasceu a decisão de enfrentar a questão das cotas para admissão de alunos, procurando favorecer segmentos tradicionalmente desfavorecidos, como negros e oriundos das escolas públicas. Sua vigorosa agenda tornou-se, ainda que muitas vezes de modo polêmico, um objeto de discussão nacional. Não foi por outra razão que a reitora que iniciou o processo hoje se encontra em cargo federal, presença essa que muito pode ajudar a promover a implantação de programa assemelhado nas universidades pertencentes ao governo.

No mesmo sentido, as iniciativas em favor da ampliação dos direitos de cidadania, a universidade tem programas de cooperação com as comunidades vizinhas e instituiu a **UnATI**, a vitoriosa e muito procurada Universidade da Terceira Idade. A **UnATI**, verificando a legislação do idoso, em grande parte contempla dispositivos ali presentes, seja os da Constituição de 1988, sejam os da Lei 8.842, de 1994, e os do Decreto 1.948, de 1996. Assim, a **UERJ** está "nos conformes" em relação ao idoso que vem de fora, sobretudo nos itens que se referem à assistência educacional, à cultura e ao lazer. Os corpos docente e discente, bem como os funcionários em geral, já estão acostumados com os idosos que encontramos nos elevadores e corredores, animados com o tanto que a Universidade oferece a eles. Seria de perguntar, em face desse programa, o que a Universidade tem feito pelos seus próprios idosos, que programas tem para eles ou, pelo menos, se tem agido ou se comportado de modo a pôr também em sua agenda o que dispõe a lei a respeito dos idosos docentes (e, por que não, também discentes e funcionários?). Creio que muito devemos caminhar, nesse sentido, para que a Universidade não seja apanhada em flagrante contradição. É justamente a respeito disso que vou tratar em seguida, tendo que recorrer, infelizmente, a um caso ocorrido com o autor destas linhas. Preferia não fazê-lo, não fosse a esperança de que o relato possa deflagrar um processo de mudanças visando à situação dos mais velhos no interior da própria instituição, sendo propósito também o de contribuir para fixar um pouco da memória da Universidade.

Fui aluno da antiga **UEG** e, convidado pelo catedrático doutor Ney Palmeiro, comecei na Universidade como aluno monitor, com função docente, em 1965, aos 22 anos de idade. Feita a experiência inicial, fui contratado em abril de 1966, estando em exercício até o presente, agora decano do **IFCH**. Fui dos primeiros professores da UERJ a obter pós-graduação, há 30 anos, ao começar os mestrados no Rio de Janeiro, prosseguindo depois com o doutorado, realizado na **USP**. Tenho sido, creio, bastante útil à Universidade, regendo turmas sempre, com a primeira licença médica aos 39 anos de serviço, sem nenhuma falta às aulas há uns 15 anos, pelo menos. Faço parte do Departamento de História, no qual tenho conduzido pesquisas, oferecido cursos na graduação e pós-graduação e publicado livros e artigos variados. Sou, até o momento, o professor que mais concluiu orientações de dissertações no mestrado (o doutorado começa no ano corrente), algumas marcantes, que resultaram em livros publicados ou em edição, um deles de repercussão internacional. Desde 1991, aposentado do serviço educativo federal, por escolha própria e sem ser exigido, passei a dedicar-me com exclusividade à Universidade. Mesmo assim, com tantas atividades, pouco me dei conta de quão rápido o tempo tinha passado e hoje, aos 62 anos, ainda estou em plena atividade, colhido pelo advento direitos do **Estatuto do Idoso**. Conceitualmente, sim, perante a lei, sou "idoso". Mas, pergunto, sou tratado pela Universidade como tal, para efeitos dos direitos e vantagens previstos naquela lei? Segue, à guisa de resposta, um caso exemplar.

No tumultuado segundo semestre de 2003 (com alteração radical do ano letivo, em virtude de greve), o Departamento de História foi alertado para um problema que haveria na distribuição da carga horária, mormente devido ao afastamento de três professoras de História do Brasil, uma delas definitivamente, em virtude de aposentadoria. Nesta altura, sabendo que talvez viesse a trabalhar com uma turma a mais, procurei o chefe e o subchefe do departamento para dizer que alguns alunos da graduação haviam solicitado um curso especial, em multimídia, que seria muito trabalhoso e absorvente; e se seria ou não conveniente atender os alunos, em face das circunstâncias. Tive de repetir insistentemente o problema, tendo, por fim, resposta positiva, a de que haveria uma forma de não sobrecarregar horário além daquele usualmente exigido, podendo combinar o curso com os alunos. Tal curso consistia em uma história da cidade do Rio de Janeiro no século XX, apresentando registros sonoros (canções, discursos, fragmentos radiofônicos etc.) e imagens variadas (fotos, charges, caricaturas, segmentos de filmes) e textos recolhidos pelo professor no decorrer de suas pesquisas, além da folha de créditos de imagens, sons e textos. Para cada aula foi produzido um *CD-rom*, perfazendo 15 unidades ao fim do curso. Mesmo que todo o material faça parte do arquivo do professor, a preparação das aulas semanais consumia, pelo menos, dois dias de preparação.

É dispensável dizer que não só as fontes do curso são aquelas que tenho recolhido ao longo do tempo (40 anos de coleta), assim como todo o material e o computador, adrede e custosamente preparado para a manipulação avançada do material didático, me pertencem, ad-

144 Os Velhos e os Velhacos

quiridos com recursos próprios. Aliás, ainda que cursos como esse tenham sido ministrados por mim há anos, foi em vão, até o momento, a cessão de um computador pelo Instituto, apesar dos insistentes rogos. Tampouco tem sido fácil reservar sala especial para exibição de imagens e sons. Mas, vá lá. De qualquer forma, autorizado o curso pelo chefe de departamento, era esperado que, além desta, houvesse mais uma outra turma regular e ainda outra, de orientação de graduandos, perfazendo as três regulamentares. A turma regular eu a tenho tido nos segundos semestres, na pós-graduação, fatalmente, desde 1995, por força de especialização e experiência no assunto e por não haver outro que a ministre. Entretanto, horário feito, lá estava uma quarta turma, dessa vez na graduação, a ser ministrada em outro instituto, em outro andar, imediatamente em seguida ao horário oferecido às orientações de graduandos.

É claro que isso fugia ao combinado, provocando um excesso de trabalho. Nem é preciso dizer que os professores, e também eu, são exigidos hoje para um sem-número de tarefas adicionais às aulas, como pesquisa, redação de livros e outros tipos de textos, preparação de congressos, revisão de projetos, seminários, encontros os mais diversos, entrevistas para as mídias, atuação no estrangeiro por força dos convênios internacionais da Universidade, sem contar com o atendimento a um número crescente de solicitações burocráticas. Tendo sido informado que não poderia ser de outra forma, dado que o horário estava sobrecarregado pela saída das professoras, assumi minhas turmas, ainda que preocupado com a sobrecarga de trabalho. Semanas depois tomei conhecimento, no entanto, que havia professores da mesma área em que atuo que tinham apenas uma turma sob sua responsabilidade. Outra surpresa: minha turma de orientação não havia sido criada, o que caracterizaria a quarta turma. Exigi a criação desta, sob pena de mandar meus orientandos aos colegas. Então foi criada. Em decorrência, estava agora, e oficialmente, com quatro turmas, mais que os colegas. Responderam que uma das minhas turmas na pós-graduação (em nível de especialização, dessa vez) era desconsiderada para efeito de carga horária.

Esclareço que a turma da **Especialização** recebe matéria que ministro, difícil de ser dada, em curso que solicita permanente oferecimento de textos, que sou obrigado a recolher ou escrever. Já a turma do outro instituto tratava-se de uma composta por alunos recém-admitidos, todos muito jovens, muito numerosa e, por conseguinte, também muito trabalhosa. Além do mais, começavam as aulas em horário que obrigava a encerrar rapidamente as orientações e descer rapidamente para o andar em que se acha o instituto. Neste caso, o chefe de departamento prometeu que haveria de dividir comigo as aulas, alternando as semanas para cada um. Dispenso dizer que nenhuma das aulas foi ministrada pelo colega, cabendo a mim todas elas. Quanto à carga horária desigual, não houve resposta, mas revelou-se um indício preocupante. Um aluno estagiário do departamento comentou que "nós estamos reservando a professora, que é excelente, para dar um curso alternativo, em substituição a outro, que não queremos" (o "outro", como eu, é professor que registra as faltas dos alunos). O leitor já sabe, nesta altura, que estamos falando de simples manipulação dos horários por gente não autorizada.

Enfim, toda a carga de trabalho foi efetivamente cumprida ao fim do semestre letivo, apesar dos protestos, pois, afinal, os alunos nada tinham com isso. O resultado foi condições de trabalho inadequadas e estresse, agravando problemas de saúde que resultaram na necessidade de intervenção cirúrgica depois de encerrado o semestre sobrecarregado. Mas, em outubro, em pleno desenvolvimento das atividades docentes aludidas, foi promulgada a Lei 10.741, que dispõe sobre o **Estatuto do Idoso** e dá outras providências. Ali estão variados artigos e segmentos que foram contrariados em seus mandamentos, que deixariam mal a Universidade e o Departamento de História, caso fossem evocados. Que tal, por exemplo, o artigo terceiro, cujo mandamento diz que é obrigação da comunidade e do poder público assegurar ao idoso, "com absoluta prioridade", a efetivação de vários direitos, inclusive o da "dignidade" e o do "respeito"? Já o artigo quarto chega a prever punição na forma da lei para os que tratem o idoso com "negligência", com "discriminação", com "opressão".

Entre os "direitos fundamentais", está o da vida, em seus diversos artigos, sendo que o nono diz que é obrigação do Estado garantir à pessoa idosa a "proteção à vida e à saúde, mediante efetivação de políticas sociais públicas que permitam um envelhecimento saudável e em condições de dignidade". Aliás, menção à dignidade é o que não falta ao **Estatuto**, uma das mais correntes, isto quando não alude a conceitos correlatos, como faz o parágrafo segundo do décimo artigo, que diz que "O direito ao respeito consiste na inviolabilidade da integridade física, psíquica, moral, abrangendo a preservação da imagem, da identidade [...] ".

De fato, mandar o professor decano do Instituto para ministrar curso de graduação em outro, sob condições de sacrifício, quando o usual é tarefa dos professores recém-admitidos, por consenso e repetição do uso, constitui em bulir com uma imagem construída ao longo de quatro décadas. Discriminar pessoa idosa é punido pelo **Estatuto** com pena de reclusão de seis meses a um ano, além de multa, e discriminação foi o que houve, atribuindo-se ao professor mais antigo do Departamento (e do Instituto) carga de trabalho maior que a dos colegas, em condições muito desfavoráveis, e sem consentimento. Ao contrário, a discriminação deu-se por pressão e coerção, outra infração sujeita a pena de reclusão e multa, já prevista no artigo quarto e reforçada pelo nonagésimo nono. Ressalte-se aqui o legislador, que bem sabia do que tratava quando tanto repetiu "dignidade" e "discriminação" ao longo dos dispositivos do **Estatuto** porque, no mais das vezes, isso tem sido quase que "natural" para o idoso em nosso país, seja a qual meio pertença, e não menos ao meio acadêmico.

O caso relatado serve para muitas reflexões e sugestões de mudanças na Universidade, seja no âmbito dos departamentos, seja nos órgãos centrais. Em geral, as atuações desses órgãos quase sempre são desconexas, quando não frontalmente opostas. Se o professor recorre aos órgãos centrais para conduzir uma reivindicação qualquer ou relatar algo que lhe desagrada recebe como resposta que tal coisa é "problema da economia interna de sua unidade". Os departamentos acusam os órgãos centrais de centralização burocrática e de insensibilidade para com os problemas concretos e que costumam ignorar o que é fortuito. E, nesse caso, convenhamos que há muita razão, pois a **Copad**, que regulamenta e fiscaliza as atividades docentes, reserva apenas três horas para a preparação de aulas, sobre uma carga de 40. Esse tempo não foi suficiente sequer para recolher e selecionar o material de meu arquivo para o curso multimídia a que aludi. Simplesmente, a Universidade, que procura estar na vanguarda da aplicação dos direitos de cidadania, não está preparada para oferecer cursos avançados como este. Além disso, a **Copad** foi responsabilizada pelo Departamento por não computar as aulas da turma de especialização, o que deixa uma sensação estranha, a de que o professor atua ali de maneira clandestina, extraoficial, quando não tem mesmo a sensação, ao tomar conhecimento da situação, de que sua atuação é mais ou menos como a de um biscateiro, o que fere a dignidade do *status* profissional, agravada ainda se o docente é idoso.

De outro modo, os departamentos e coordenações não estão preparados para solucionar problemas os mais comezinhos. Bastam-se em se dignar a pôr as aulas em andamento e manter o diálogo burocrático com as demais divisões universitárias, a que custo for, indiferentes aos problemas específicos que os cursos engendram. Isso quando não ocorre o pior. Muitas vezes a posição de chefia muito serve às aspirações pessoais, sejam elas a de organizar os próprios concursos para professor titular ou de obter passagens aéreas para viagens ao estrangeiro, quando não para alcançar cargos e posições na pirâmide política universitária.

Não se deve poupar também os líderes das unidades, influentes muitas vezes a ponto de nada escapar a seu controle e conhecimento, que não exercem suas lideranças no sentido criativo e positivo, sendo coniventes, por conseguinte, com o que ocorre de ruim em suas unidades. Preferem, em vez disso, disputar cargos ou preparar demoradamente candidaturas a mandatos eletivos universitários cujas campanhas têm teor e forma daquelas que se observam nas vereanças de cidades interioranas, dando uma sensação estrábica de escolha democrática, mas promovendo o lado sombrio da Universidade, que é sua face atrozmente subdesenvolvida.[4] Não surpreende, pois, que nesse caldo de cultura, no qual deveria haver civilidade e respeito, haja exatamente o contrário, discriminação, desrespeito à dignidade, opressão e violação de direitos. E os mais velhos sofrem na perduração das mazelas, seja pelo atropelo de seus direitos, seja por sentir perdidos os esforços despendidos nos longos anos de trabalho em prol da academia.

Já que a **UERJ** procura estar avante nas questões de cidadania, é bem oportuno que ela comece a pensar em seus "idosos", professores, funcionários e alunos, além daqueles que recebe na **UnATI**. Talvez se pudesse pensar na instituição do decanato, o que funciona muito bem em alguns lugares, e muito poderíamos aprender da **UFRJ**, pois os docentes mais velhos ganhariam poder de conselheiros, em favor da dignidade dos idosos. Se for o caso, que não seja, de nenhum modo, mediante a implantação de uma gerontocracia inconvenientemente antidemocrática ou conservadora na Universidade. Que não seja também pela instituição de um "comitê" mais que previsível, que já se sabe como vai operar e pouco fazer, senão burocratizar a velhice universitária. Já seria bastante, simplesmente, que a Universidade começasse a pensar seriamente a observar com rigor e pontualidade o **Estatuto** vigente; seria mesmo uma conquista para os que encaneceram a serviço da instituição e cujos direitos vão sendo atropelados pelos atrabiliários. Por fim, como começamos este texto com um aforisma latino, findemos com outro. Que os idosos sejam tratados como tais, em seus direitos e vantagens, que não sejam

148 Os Velhos e os Velhacos

manipulados como crianças, pois, ao contrário dos antigos romanos, que acreditavam que *senex bis puer*,[5] temos um **Estatuto** dignificante, em que os idosos são cidadãos de pleno direito, à espera de que não sejam fraudadas suas esperanças.

Notas

[1] Literalmente, "a senilidade é uma doença incurável".

[2] MALINOWSKI, B. *The family among the Australian Aborigines*, a sociological study [1913]. New York: Schocken Books, 1963; e *The foundations of faith and morals*. Londres: Oxford University Press/H. Milford, 1936; BENEDICT, R. *The concept of guardian spirit in North América* [1923]. Wisconsin: Menasha/The American anthropological association, 1932 (a velhice tornou-se, para a autora, num subtema recorrente em seus estudos comparativos, sobretudo da cultura zuñi); MEAD, M. *Coming of Age in Samoa*. [1926-28]. New York: Brewer, Warren, and Putnam, 1931 (a autora estuda a adolescência feminina entre ilhéus dos mares do sul e sua escala socioetária, com muitas observações agudas sobre a velhice); MAUSS, M. "Essai sur les variations saisonnières des sociétés eskimos" [1904-5]. In: *Sociologie et anthropologie*, 3 ed. aumentada, precedida de estudo da obra de Mauss por Claude Lévi-Strauss. Paris: PUF, 1966. CASCUDO, L. da C. *Dicionário do folclore brasileiro*. Rio de Janeiro: Ediouro, s.d. [1972?]. O documentário cinematográfico mencionado é *Nanook, the skimo of the north*, 1922, de Robert Flaherty. O mesmo Flaherty concluiu o célebre filme de Murnau *Tabu* (ou *Taboo*), da Paramount, de 1931, no qual reaparece o tema do valor da velhice nas sociedades "primitivas", desta vez opressiva, como guardiã de tradições intoleráveis, em meio a um pequeno drama sentimental, constituindo-se num dos grandes clássicos da cinematografia.

[3] Bruzundangas, país imaginário, é obra de Lima Barreto, póstuma, de 1923. Trata-se de sátira, em que o país satirizado é obviamente o Brasil, tratado ali em suas mazelas principais. Do mesmo autor, e com sentido análogo, é outra sátira, *Coisas do reino de Jambom*, publicado tardiamente, em 1953.

[4] A propósito, o saudoso professor Milton Santos escreveu notável e inesquecível artigo, publicado no *Jornal do Brasil*, em abril de 1997, uma espécie de canto de desilusão para com a academia, escrito pouco antes do sentido desaparecimento do admirado mestre.

[5] Literalmente, "o idoso é duas vezes criança".

Novos Desafios Contemporâneos no Cuidado ao Idoso em Decorrência da Mudança do Perfil Demográfico da População Brasileira

Renato Veras

Introdução

O CRESCIMENTO DO GRUPO ETÁRIO DA TERCEIRA IDADE

Uma das maiores conquistas da humanidade foi o aumento do tempo de vida, ampliação que se fez acompanhar de uma melhora substancial dos parâmetros de saúde das populações, ainda que estas conquistas estejam longe de se distribuir de forma equitativa nos diferentes países e contextos socioeconômicos. O envelhecimento da população é uma aspiração natural de qualquer sociedade, mas não basta por si só. Viver mais é importante desde que se consiga agregar qualidade a estes anos adicionais de vida.

Nunca antes na história da humanidade os países haviam registrado um contingente tão elevado de idosos em suas respectivas populações, o que vem se fazendo de forma particularmente relevante, em anos recentes, no grupo de idade extrema, acima de 80 anos. A rapidez desta mudança demográfica também não tem precedentes. No Japão, a proporção de pessoas com 65 anos de idade ou mais duplicou, entre 1970 e 1994, passando de 7% para 14%, e as projeções indicam que mais de 25% da população japonesa terá 65 anos ou mais no ano 2020.

O Brasil é um país que envelhece, a passos largos. As alterações na dinâmica populacional são claras, inexoráveis e irreversíveis. No início do século XX, um brasileiro vivia em média 33 anos, ao passo que hoje a expectativa de vida dos brasileiros atinge os 68 anos. Entre 1960 e 1980, observou-se no Brasil uma queda de 33% na fecundidade. A di-

150 Novos Desafios Contemporâneos no Cuidado ao Idoso

minuição no ritmo de nascimento resulta, em médio prazo, no incremento proporcional da população idosa. Nesse mesmo período de 20 anos, a expectativa de vida aumentou em oito anos. Hoje a população de idosos totaliza 16,2 milhões de brasileiros, que em 20 anos serão 32 milhões. Em paralelo às modificações observadas na pirâmide populacional, doenças próprias do envelhecimento ganham maior expressão no conjunto da sociedade. Um dos resultados desta dinâmica é uma demanda crescente por serviços de saúde mais complexos, especializados e de maior custo, sejam eles públicos ou privados.

O envelhecimento é, em grande parte, um desafio do mundo contemporâneo, afetando países ricos e pobres, ainda que de forma desigual e específica a cada sociedade, cultura e contexto socioeconômico. Entre nós esta preocupação se explicitou como questão de dimensão propriamente pública e coletiva com a realização de reunião internacional, em Brasília, em 1996, sob os auspícios do governo brasileiro em colaboração com o Programa da Organização Mundial da Saúde (OMS) para o Envelhecimento e Saúde. Nessa ocasião, o presidente da República promulgou a Lei 8.842,[1] que definiu a Política Nacional do Idoso.

Definição etária do idoso

A Organização Mundial da Saúde (OMS) define a população idosa como aquela a partir dos 60 anos de idade. Este limite é válido para os países em desenvolvimento, mas admite-se um ponto de corte de 65 anos de idade para os países desenvolvidos pela tradição de utilizarem este índice há várias décadas.

Do ponto de vista demográfico, no plano individual envelhecer significa aumentar o número de anos vividos. Paralelamente à evolução cronológica, coexistem fenômenos de natureza biopsíquica e social, importantes para a percepção da idade e do envelhecimento. Nas sociedades ocidentais é comum associar o envelhecimento com a saída da vida produtiva pela via da aposentadoria.

São considerados idosos aqueles indivíduos que ultrapassam os 60 anos de idade. No entanto, é difícil caracterizar uma pessoa como idosa utilizando como único critério a idade. Além disso, neste segmento conhecido como terceira idade estão incluídos indivíduos diferenciados entre si, tanto do ponto de vista socioeconômico como demográfico e epidemiológico. Na análise de Parahyba,[2] relativa aos indicadores sociais deste grupo populacional, os diferenciais por sexo, educação e renda costumam ser bastante expressivos.

Este padrão foi recomendado pela Organização Mundial de Saúde, em 1984,[3] no Relatório do Grupo de Especialistas sobre Epidemiologia e Envelhecimento. O Demographic Yearbook menciona que, nas Nações Unidas, a idade de 60 anos também é usada como o ponto de corte que define a velhice.

LEGISLAÇÃO

Além desse importante trabalho da OMS de 1984 que estabeleceu como idosos todos aqueles de 60 anos ou mais, no Brasil existem dois documentos oficiais, a Lei 8.842/94, que dispõe sobre a Política Nacional do Idoso, diz no seu artigo 2º que "considera-se idoso, para todos os efeitos desta lei, a pessoa maior de 60 anos de idade", e a Política Nacional de Saúde do Idoso, sancionada pelo Ministério da Saúde, publicada no Diário Oficial em 13 de dezembro de 1999, que define a idade a partir dos 60 anos para designar idoso.

Portanto, a despeito destas singularidades, e em nome da comparabilidade de dados, é utilizada uma abordagem cronológica para definir a população idosa. O presente trabalho adotou como critério de classificação do idoso, as pessoas com 60 anos ou mais de idade.

POLÍTICAS OFICIAIS

De acordo com o texto da Lei 8.842/94, a Política Nacional do Idoso tem por objetivo assegurar os direitos sociais do idoso, criando condições para promover sua autonomia, integração e participação efetiva na sociedade. Vale ressaltar as disposições do artigo 3º desta lei, que trata o envelhecimento populacional como uma questão de interesse da sociedade em geral, e reconhece a necessidade de se considerar as diferenças econômicas, sociais e regionais existentes no país na formulação de políticas direcionadas aos idosos.

Mais recentemente, em maio de 2002, o governo federal instituiu o Programa Nacional de Direitos Humanos, que considera como público-alvo todos os grupos populacionais específicos passíveis de discriminação, entre os quais, o grupo de pessoas idosas.

A Assembleia Geral das Nações Unidas realizada na cidade de Madri, em abril de 2002, na sua 2ª Assembleia Mundial sobre Envelhecimento,

152 Novos Desafios Contemporâneos no Cuidado ao Idoso

teve como um dos objetivos discutir o impacto do rápido envelhe-cimento no planeta a fim de propor políticas específicas para este grupo etário, tendo em vista o aspecto de multiplicidade de fatores na análise do envelhecimento humano. Em 2003, foi sancionado em 1º de outubro, pelo presidente da República, Luiz Inácio Lula da Silva, o Estatuto do Idoso, que congrega 119 leis que buscam dar maiores garantias civis para o idoso.

Um fenômeno mundial

O crescimento da população de idosos, em números absolutos e relativos, é um fenômeno mundial e está ocorrendo a um nível sem precedentes. Em 1950, eram cerca de 204 milhões de idosos no mundo, e já em 1998, quase cinco décadas depois, este contingente alcançava 579 milhões de pessoas, um crescimento de quase oito milhões de pessoas idosas por ano. As projeções indicam que, em 2050, a população idosa será de 1.900 bilhão de pessoas, montante equivalente à população in-fantil de 0 a 14 anos de idade.[4] Outros aspectos importantes para expli-car este fenômeno, na visão de Andrews, são os seguintes:

* desde 1950, a esperança de vida ao nascer em todo o mundo aumentou 19 anos;
* hoje em dia, uma em cada dez pessoas tem 60 anos de idade ou mais; para 2050 estima-se que a relação será de um para cinco para o mundo em seu conjunto, e de um para três para o mundo desenvolvido; e
* segundo as projeções, o número de centenários – de 100 anos de idade ou mais – aumentará 15 vezes, de aproximadamente 145.000 pessoas, em 1999, para 2,2 milhões em 2050.

As perspectivas

Considerando a continuidade das tendências verificadas para as ta-xas de fecundidade e longevidade da população brasileira, as estimativas para os próximos 20 anos indicam que a população idosa poderá exce-der 30 milhões de pessoas ao final deste período, chegando a represen-tar quase 13% da população (Gráfico 1). A análise da evolução da rela-ção idoso/criança (Relação (idoso/criança) = (Pop 60+ / Pop 0-14)*100) mostra que a proporção de idosos vem crescendo mais rapidamente do que a de crianças: de 15,9% em 1980, passou para 21,0% em 1991, e atingiu 28,9%, em 2000. Em outras palavras, se em 1980 existiam cerca de 16 idosos para cada 100 crianças, 20 anos depois essa relação praticamente dobra, passando para quase 30 idosos por 100 crianças. Assim, embora a fecundidade ainda seja a principal componente da dinâmica demográfica brasileira, em relação à população idosa é a longevidade que vem progressivamente definindo seus traços de evolução.

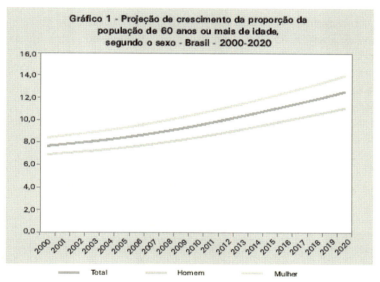

Fonte: Projeto IBGE/Fundo de População das Nações Unidas UNFPA/BRASIL (BRA/98/P08), Sistema Integrado de Projeções e Estimativas Populacionais e Indicadores Sociodemográficos, Projeção preliminar da população do Brasil por sexo e idade 1980-2050, revisão 2000.

POPULAÇÃO RESIDENTE TOTAL

O objetivo desse segmento do texto é apresentar um estudo descritivo do perfil dos idosos no Brasil, no estado e no município do Rio de Janeiro. As análises serão feitas a partir de indicadores construídos com as informações do censo do IBGE 1991 e 2000, fazendo uma projeção para os anos de 2002 e 2004.

Observa-se um aumento da população brasileira total de idosos, que em 2000 era de 14.536.026, contra 10.722.705 observados em 1991, com uma projeção de 15.383.434 para o ano de 2002, e 16.230.842 em 2004, vindo a representar 9.1% da população brasileira total (Tabela 1). No estado do Rio de Janeiro o percentual de idosos é superior ao da média nacional, com 9.2% em 1991, 10.7% em 2000, 11% em 2002 e 11.3% em 2004. E é ainda um pouco maior, considerando-se somente o município do Rio de Janeiro, com 11.2% em 1991, 12.8% em 2000, 13.2% em 2002 e 13.5% em 2004.

De 1991 para 2004 observa-se um crescimento em todos os grupos de idade, com um aumento maior nos grupos etários mais avançados, de 70 a 74 anos, que passaria de 1.3% para 1.8%, e de 75 ou mais que passaria de 1.6% para 2.2% da população total de idosos. Esses percentuais são ainda maiores no estado do Rio de Janeiro, com 2.9% em 2004 no grupo de idade de 75 anos ou mais e ainda mais elevado no município do Rio de Janeiro, 3.6% em 2004 para a mesma faixa de idade.

Portanto, ocorre não somente um aumento da população idosa, mas também um envelhecimento desta população, com um número maior de idosos nas faixas etárias mais elevadas.

TABELA 1 POPULAÇÃO RESIDENTE TOTAL DE 60 ANOS OU MAIS DE IDADE NO BRASIL, ESTADO DO RIO DE JANEIRO E MUNICÍPIO DO RIO DE JANEIRO – 1991/2000/2002/2004

	População residente total	População residente de 60 anos ou mais					
		Total		Grupos de idade (%)			
		Absoluto	Relativo	60 a 64	65 a 69	70 a 74	75 ou mais
1991							
Brasil	146.825.475	10.722.705	7,3	2,5	1,9	1,3	1,6
Estado do RJ	12.807.706	1.182.594	9,2	3,3	2,4	1,6	2,0
Município do RJ	5.480.768	616.295	11,2	3,9	2,9	1,9	2,5
2000							
Brasil	169.799.170	14.536.029	8,6	2,7	2,1	1,6	2,1
Estado do RJ	14.391.282	1.540.754	10,7	3,3	2,7	2,1	2,6
Município do RJ	5.857.904	751.637	12,8	3,7	3,2	2,6	3,3
2002 (projeção)							
Brasil	174.904.436	15.383.434	8,8	2,8	2,2	1,7	2,2
Estado do RJ	14.743.188	1.620.345	11,0	3,3	2,8	2,2	2,8
Município do RJ	5.941.712	781.713	13,2	3,7	3,3	2,7	3,5
2004 (projeção)							
Brasil	180.009.702	16.230.842	9,1	2,9	2,3	1,8	2,2
Estado do RJ	15.095.094	1.699.936	11,3	3,4	2,9	2,2	2,9
Município do RJ	6.025.520	811.789	13,5	3,8	3,4	2,7	3,6

A SAÚDE E OS IDOSOS

As questões relativas à terceira idade têm merecido destaque, nos últimos anos, em todos os segmentos da sociedade. Entretanto, a infra-estrutura necessária para responder às demandas desse grupo etário ainda é precária em termos de instalações, programas específicos e mesmo recursos humanos adequados, quantitativa e qualitativamente. Na área da saúde, vários são os problemas atuais vivenciados pela população dos idosos e por uma sociedade que se transforma rapidamente. Com a progressiva ampliação da população idosa, esse quadro de precariedade e defasagem de alternativas concretas frente às prementes necessidades tende a se agravar.

É sabido que os idosos utilizam mais os serviços de saúde e são afetados mais frequentemente por problemas de longa duração (as doenças crônicas), que, o mais das vezes, exigem intervenções custosas, que envolvem tecnologia complexa. Acrescente-se a isso o fato de que as taxas de internação dessa população são substancialmente mais elevadas do que as dos demais grupos etários, com um maior tempo médio de ocupação de leitos. A insuficiência dos serviços ambulatoriais faz com que o primeiro atendimento se dê, frequentemente, em estágios avançados de evolução das enfermidades, no âmbito dos hospitais e serviços de emergência, aumentando os custos e reduzindo as chances de um prognóstico favorável. Os problemas de saúde nos mais velhos, além de perdurarem por longo período, requerem pessoal qualificado, trabalho integrado de equipes multidisciplinares, equipamentos, exames complementares, ou seja, exigem o máximo da tecnologia produzida pelo complexo médico-industrial e a qualificação e treinamento dos profissionais de saúde.

Esses fatores fazem com que os custos do setor saúde aumentem progressivamente com o envelhecimento populacional. Em um estudo realizado em Toronto, no Canadá, por Rosemberg e Hanlon, em 1996,[5] acerca da utilização de serviços hospitalares, constatou-se que a probabilidade de internação hospitalar aumentava com a idade e que existia uma associação inversa entre a renda familiar e a utilização dos serviços hospitalares. Ou seja, os canadenses de menor poder aquisitivo utilizavam mais frequentemente o hospital do que a população de maior renda.

Ressalte-se que esse estudo ocorreu em um país desenvolvido, com desigualdades sociais mínimas se comparadas às existentes em nosso meio, e com um serviço de saúde com cobertura de fato universal, e modelar em termos de organização, gerenciamento e equidade de oferta de serviços. Observou-se, pela análise dos resultados da Pesquisa Nacional por Amostra Domiciliar (PNAD),[6] que também no Brasil a população de menor poder aquisitivo utiliza mais frequentemente os serviços hospitalares, pois quanto mais pobre é a população maior a prevalência de patologias e agravos diversos (por exemplo, os mais pobres são mais frequentemente vítimas da violência e de diversos tipos de acidentes) e maior a sua necessidade de cuidados de saúde. No entanto, melhor estado de saúde não significa necessariamente redução da utilização dos serviços de saúde, pois a percepção da doença e o consumo de cuidados de saúde são distintos entre diferentes grupos sociais.

Por isso, um dos desafios centrais no âmbito da gestão do setor saúde é oferecer serviços de forma eficiente a quem precisa e no momento adequado. Desafio renovado e ampliado nos dias atuais.

Consequências da transição epidemiológica

CRISE DO MODELO DE CUIDADO COM O IDOSO

No ano de 1996, ocorreu fato emblemático. Em uma clínica de pequeno porte da cidade do Rio de Janeiro houve uma grande catástrofe em termos de atendimento hospitalar/asilar à população idosa: 102 internos morreram no período de apenas um mês. Este fato, que envergonha uma sociedade civilizada, desnudou situação ainda mais grave. A partir dessas mortes pôde-se constatar que, ao contrário do que se poderia supor, esta não era a pior clínica dentre aquelas conveniadas com o Ministério da Saúde e que ofereciam atendimento para os idosos. Estudos feitos na época[7] mostraram que o que aconteceu ali poderia acontecer em qualquer outra dessas clínicas, pois o fator subjacente àquela situação iníqua e absurda era o inadequado, ineficiente e arcaico modelo de atenção hospitalar/asilar adotado naquelas instituições, pois o isolamento e a exclusão social não podem fazer parte do leque de opções de instituições que deveriam ter como objetivo primordial a oferta de cuidados qualificados.

As propostas de correção desses problemas têm de ser radicais, e certamente não poderá se lograr um progresso real apenas a partir de ajustes cosméticos ou pontuais, ou seja, deve-se buscar, de fato, um novo paradigma assistencial, e colocá-lo em prática, da forma mais abrangente possível.

O episódio da Clínica Santa Genoveva exemplificou de forma dramática uma situação extrema, e não resta dúvida de que o modelo asilar é encarado hoje como anacrônico, seja pelos especialistas, seja pela sociedade como um todo. Tal percepção se materializou na formulação da Lei Paulo Delgado[8] – que redireciona a assistência em saúde mental, enfatizando uma rede de serviços extra-hospitalares, e estabelece limites para a internação, como último recurso assistencial. Cabe observar, no entanto, que a oferta de cuidados secundários oferecidos pela rede ambulatorial também está em franco desacordo com as propostas contemporâneas em saúde, ao se basear quase exclusivamente em consultas realizadas por especialistas.

Utilização de serviços e doenças crônicas

Os resultados do estudo realizado pelo IBGE sobre acesso e utilização de serviços de saúde (Ver nota 6) confirmam as afirmações anteriores. Quando se observa o número absoluto e a proporção da população que nas duas semanas anteriores à pesquisa relatou restrição das atividades habituais em decorrência de problema de saúde, verifica-se que a proporção da população doente é pequena, mas bem maior entre os idosos (Tabela 2). No Gráfico 2 são apresentados apenas os dados do grupo que relatou restrição de atividades, observando-se que quase a metade desse grupo (47,21%) é composta de idosos.

Com relação às doenças crônicas, 31,6% da população brasileira reportaram ser portadora de, pelo menos, uma doença crônica, sendo este percentual de 27,7% para os homens e de 35,3% para as mulheres. No entanto, o fato marcante em relação às doenças crônicas é que elas crescem de forma muito importante com o passar dos anos. Como pode ser observado na Tabela 3, enquanto entre os de idade compreendida entre 0 e 14 anos foram relatados apenas 9,94% do conjunto de doenças crônicas registradas na pesquisa, entre os idosos este valor atinge 69,31%.

Quando é perguntado o número de doenças que acometem cada indivíduo fica evidente a existência de múltiplas patologias entre os idosos (Tabela 4). Enquanto na faixa etária de 0 a 14 anos a coexistência de três ou mais patologias crônicas foi relatada por apenas 1,1% dos entrevistados, entre os idosos foram relatadas patologias crônicas múltiplas, numa proporção quase 30 vezes maior, passando esta porcentagem para 31,8%.

Na Tabela 5 são apresentados os percentuais por grupos de idade de consultas médicas realizadas nos últimos 12 meses. Como seria de se

158 Novos Desafios Contemporâneos no Cuidado ao Idoso

esperar, o grupo etário de mais de 60 anos foi o que mais frequentemente foi consultado, sendo amplamente majoritário entre aqueles que fizeram de 6 a 12 consultas ao longo do último ano e entre aqueles que foram consultados, em igual período, 13 ou mais vezes.

Como a população envelhece e os idosos são mais frequentemente afetados por doenças crônicas, o número de consultas tende a crescer progressivamente. Sabemos também que esse número ampliado de consultas leva a um incremento substancial do consumo de medicamentos, exames complementares e hospitalização.

As necessidades em saúde apresentam um padrão de distribuição segundo a idade em "J", ou seja, as pessoas no início e, particularmente, no final da vida apresentam mais problemas de saúde. A grande diferença é que as doenças mais prevalentes na faixa jovem são mais comumente agudas e portanto de custo menor, enquanto aquelas mais prevalentes entre os idosos são, via de regra, crônicas e de alto custo. Esses dados reforçam a tese de que os responsáveis pela formulação e efetiva implementação de políticas na área de saúde devem refletir cuidadosamente sobre o impacto desse grupo etário quando da organização dos serviços de saúde.

Um novo paradigma do cuidado

Se, por um lado, a maioria dos idosos é funcionalmente competente, existe hoje, no entanto, um número significativamente maior, e que aumenta progressivamente de indivíduos em faixas etárias muito avançadas, de portadores de pelo menos alguma limitação em suas atividades, e que necessitam de intervenções específicas voltadas para a recuperação ou manutenção funcional.[9] Tais indivíduos, conceitualmente caracterizados como fragilizados, demandam uma ampla avaliação da natureza, modalidade e grau dessas perdas funcionais, além de uma caracterização das condições mórbidas que determinaram e/ou vêm contribuindo para a manutenção de tais perdas.

A recuperação e/ou a manutenção da qualidade de vida são, cada vez mais, um dos objetivos centrais da abordagem clínica de pacientes portadores de incapacidades. A história, o exame físico e o diagnóstico diferencial tradicionais não são suficientes para um levantamento amplo das diversas variáveis físicas, psicológicas e sociais, essenciais à vida diária, em uma perspectiva de fato abrangente. A prática clínica deve, quando preocupada com a busca de qualidade de vida, realizar uma ampla avaliação funcional com o propósito de detectar as prováveis perdas nessas áreas.[10]

Essa abordagem propõe, na verdade, uma mudança radical no paradigma do cuidado, rompendo com a tradição da assistência orientada para a doença, em direção a uma abordagem orientada para a função[11] e a qualidade de vida.

O CONCEITO DA CAPACIDADE FUNCIONAL

O conceito de capacidade funcional deve ser entendido como o elemento central na formulação e efetiva implementação de uma nova política de cuidado com a saúde. A maioria das doenças crônicas que acometem os indivíduos, geralmente os idosos, tem na própria idade seu principal fator de risco. Envelhecer sem nenhuma doença crônica é antes a exceção do que a regra. No entanto, a presença de uma doença crônica não implica que o indivíduo não possa gerir sua própria vida e vivenciar seu dia a dia de forma totalmente independente.

Decorre daí o conceito de capacidade funcional, ou seja, a capacidade de preservar as habilidades físicas e mentais necessárias à manutenção de uma vida independente e autônoma, ainda que convivendo com limitações. Do ponto de vista de saúde pública, a capacidade funcional surge como um novo conceito de saúde, mais adequado para instrumentar e operacionalizar uma política de atenção à saúde. Ações preventivas, assistenciais e de reabilitação em saúde devem objetivar a melhora da capacidade funcional, ou, no mínimo, preservá-la e, sempre que possível, recuperá-la. Trata-se de um enfoque que transcende o simples diagnóstico e o tratamento de doenças específicas, em direção a uma prática integral de saúde e a uma promoção efetiva da qualidade de vida em circunstâncias diversas.

Uma política de saúde sintonizada com os reclamos da contemporaneidade deve, portanto, ter como objetivo maior a manutenção da capacidade funcional máxima do indivíduo que envelhece, pelo maior tempo possível. Isso significa a valorização da autonomia ou autodeterminação e a manutenção da independência física e mental do idoso. Sabe-se que tanto as doenças físicas como as doenças mentais podem levar à dependência e, consequentemente, à perda da capacidade funcional. Tanto a dependência física como a mental constituem fatores de risco importantes para uma mortalidade ampliada nessa população, fatores mais importantes do que as próprias doenças que levaram à dependência, e delas parcialmente independentes, já que nem todo

160 Novos Desafios Contemporâneos no Cuidado ao Idoso

doente torna-se dependente. Por outro lado, nem todo indivíduo dependente perde sua autonomia, e, nesse sentido, a dependência mental deve ser valorizada já que leva, com muito maior frequência, à perda de autonomia. Doenças como depressão e demência estão entre as principais causas de anos vividos com incapacidade em todo o mundo, exatamente por levarem à perda da independência e, quase que necessariamente, à perda de autonomia. Dentro desse contexto, estabelecem-se novas prioridades e novas ações de saúde, que deverão nortear as políticas de saúde para este novo século e milênio.

Modelo assistencial e custos no setor saúde

ATIVIDADE ASSISTENCIAL

Um dos gargalos do modelo assistencial se refere à insuficiente identificação e precária captação da clientela. A baixa resolubilidade dos serviços ambulatoriais, o não monitoramento das doenças mais prevalentes e os escassos serviços domiciliares fazem com que o primeiro atendimento ocorra, muitas vezes, em estágio avançado, dentro do hospital, o que, além de aumentar os custos, diminui as chances de um prognóstico favorável. Em geral, as doenças dos mais velhos são crônicas e múltiplas, perduram por vários anos e exigem acompanhamento médico constante e medicação contínua. Além disso, a abordagem médica tradicional, focada em uma queixa principal, e o hábito médico de reunir todos os sintomas e sinais em um único diagnóstico podem até se adequar, com algumas restrições, ao adulto jovem, mas certamente não se aplicam aos idosos.

PORTA DE ENTRADA DO SISTEMA

O modelo assistencial baseado na atuação de múltiplos especialistas e no uso intensivo de exames complementares está esgotado. É por esse motivo que a definição de um médico responsável pelo paciente, com alta capacidade resolutiva, torna-se elemento fundamental para o sucesso dos sistemas de saúde.

Tornou-se lugar-comum, aceito por todos, falar da necessidade de se organizar uma porta de entrada para o sistema. Cabe, no entanto, observar que o médico responsável pela entrada do paciente no sistema pode ter características e funções distintas, dependendo do modelo a ser implementado. Por exemplo: o médico da porta de entrada que segue a lógica do modelo inglês[12] possui uma boa formação generalista e por esse motivo tem alta capacidade resolutiva, permitindo estabelecer uma fidelização do paciente com o referido profissional. Já no modelo americano, a porta de entrada tem como característica um serviço de triagem, visando a um melhor encaminhamento para o médico especialista. É contraditório propor o modelo de porta de entrada baseado no médico especialista, e é por esse motivo que o modelo americano, além de caro, não produz os efeitos benéficos do inglês.

Com a mudança do perfil epidemiológico e demográfico da população, tornou-se premente que os pacientes sejam acompanhados por um único médico, reservando os especialistas para situações específicas e bem definidas. O médico generalista, de preferência um clínico geral, deverá ser o responsável pelo encaminhamento aos especialistas e exercer total controle sobre todos os exames solicitados e medicamentos prescritos. Esta proposta não pode ser vista como uma restrição ao usuário que anteriormente podia ir a qualquer médico, mas sim como uma prática mais atual e adequada para o exercício da boa medicina. Temos de demonstrar que quanto mais médicos, exames e intervenções propostos, maior a possibilidade de iatrogenia médica e a consequente piora do quadro de saúde do usuário. O modelo de múltiplas escolhas não é apenas mais caro, mas também pior do ponto de vista da relação paciente–médico e da resolubilidade dos problemas de saúde. Com a fidelização a um único profissional, as ações de promoção de saúde, a avaliação diagnóstica, o planejamento das intervenções e o acompanhamento de saúde podem ser desenvolvidos de forma mais efetiva e integrada.

Gerenciamento de doenças crônicas

O gerenciamento das doenças crônicas vem se firmando como um dos principais instrumentos dos planejadores de saúde. O modelo, apesar de simples, requer uma estrutura qualificada para ser operacionalizado. É sabido que uma pequena parcela de usuários consome mais da metade dos recursos de todo o grupo.[13] Esses pacientes, por estarem no momento doentes (ou acometidos por várias doenças crônicas), devem ter um acompanhamento todo especial, pois suas doenças e seus custos

162   Novos Desafios Contemporâneos no Cuidado ao Idoso

fazem com que fujam do padrão dos demais usuários. Ou seja, o seu acompanhamento é mais complexo e exige uma logística especial e tecnologia apropriada. Essa abordagem especial e diferenciada se traduz no gerenciamento de suas doenças e num acompanhamento extremamente rigoroso, de forma a melhorar o seu estado de saúde. Em linhas gerais, o conceito do gerenciamento de doença é o de uma abordagem prospectiva de doenças específicas, integrando a prestação de cuidados de saúde em todas as suas etapas, mesmo nos períodos de remissão da doença, além de ações de prevenção.

Os gestores de saúde sabem que, após a instalação de uma ou mais doenças, não se pode falar de prevenção num sentido estrito. Não é possível prevenir, ou seja, antecipar-se ou evitar danos já ocorridos. Nesse caso, a estratégia tem de ser diferente. A prevenção é extremamente importante, mas temos que respeitar a significação e a representação do sentido dos enunciados. Não é possível evitar ou prevenir, por exemplo, o estabelecimento de um problema cardiovascular em evolução há mais de dez anos, pois a doença já está presente. Deve-se, sim, envidar esforços para que o processo mórbido se estabilize, ou para que sua progressão seja a mais lenta possível. Fica portanto claro que há muito ainda a fazer por meio da assistência qualificada, do monitoramento do paciente, do aporte do conhecimento epidemiológico e de ações que evitem o aparecimento de agravos adicionais.

É por esse motivo que o gerenciamento de doenças, que nos textos de língua inglesa é denominado *case diseases management*, vem se ampliando, pela necessidade de oferecer um cuidado mais específico ao paciente, particularmente aos idosos, com suas múltiplas patologias crônicas.

No Brasil, muitos estão, a nosso ver de forma simplista, associando o gerenciamento de doenças exclusivamente à administração dos procedimentos com vistas à redução de custos. Embora essa percepção seja verdadeira, pois uma gestão mais eficiente leva de fato a uma redução de custos, monitorar e acompanhar um paciente de mais idade e com múltiplas patologias, de modo a impedir a evolução e a deterioração do seu quadro mórbido, nada mais é do que o exercício da boa e correta prática médica. Portanto, é hora de percebermos que nos dias atuais os usuários têm demandas de saúde bastante distintas daquelas vigentes em um período anterior à importante transição demográfica e epidemiológica que vem ocorrendo nas últimas décadas.

Os estudos vêm demonstrando que ações apropriadas de saúde, ou, ainda, uma prática médica mais resolutiva, não só permitem uma melhoria do estado geral de saúde do paciente como também a diminuição dos custos. Em outras palavras, todas as ações que conseguem "frear" a cronificação de doenças e que impeçam ou diminuam a hospitalização trazem como resultado dupla conquista: controle da doença e redução de custos. Uma política de saúde de fato sintonizada às demandas contemporâneas deve dar ênfase à manutenção da capacidade funcional, aos programas de prevenção, investindo em metodologias para a detecção precoce de doenças, no monitoramento das doenças crônicas e num sistema médico personalizado, entre outras medidas, em vez de, por inércia, seguir o modelo da demanda espontânea, que tem no hospital a peça central do sistema.

A DESOSPITALIZAÇÃO E OS CUSTOS DA SAÚDE

No Brasil, a discussão sobre a "desospitalização" começa a ganhar corpo. Recentemente, dois artigos foram publicados em periódicos de grande circulação. A revista *Exame* publicou um artigo do doutor Afonso José de Matos,[14] coordenador do curso de Gestão de Saúde do IBMEC Business School, também publicado no jornal *O Globo*, na coluna do articulista Joelmir Beting.[15] Em ambos os artigos, discute-se o fenômeno por que passa o Brasil de aumento da oferta de leitos hospitalares em contraste com a tendência mundial de redução da oferta. O problema é que essa expansão da oferta de leitos hospitalares vai de encontro a uma tendência mundial, cada vez mais marcante, de desospitalização. Na economia da saúde dos Estados Unidos, a demanda hospitalar vem experimentando dramático recuo. Naquele país, em apenas seis anos, os leitos ocupados despencaram de 1,2 milhão, em 1994, para 425 mil, em 1999, ou seja, o correspondente a um terço, num intervalo de seis anos. Já no Brasil, o número de leitos hospitalares cresceu 30% nesse mesmo período. A partir da utilização de indicadores para o dimensionamento das necessidades nacionais de leitos hospitalares, estima-se hoje a necessidade brasileira em 80 milhões de diárias por ano, enquanto a capacidade instalada é hoje de 180 milhões de acomodações.[16] Em outras palavras, não mais que 45% dos leitos correspondem à efetiva necessidade em relação à atual capacidade instalada. Esses números referem-se à totalidade do país que, devido à sua heterogeneidade e desigualdade regional e social, não possui uma distribuição geográfica de hospitais de acordo com as suas reais necessidades. Com isso, faltam leitos em algumas localidades e existe um excesso em outras. Há ainda nas grandes capitais uma carência de hospitais de alto

164 Novos Desafios Contemporâneos no Cuidado ao Idoso

capitais uma carência de hospitais de alto padrão, particularmente no Rio de Janeiro, possivelmente devido ao grande número de hospitais públicos de reconhecida qualidade que havia na cidade, o que teria desestimulado o setor privado a concorrer com eles.

Apostar em instalações e espaços para tratamentos ultra-especializados nesses hospitais é ir contra uma tendência que indica claramente ser o hospital especializado uma instituição reservada para casos cirúrgicos ou para intervenção nos casos agudos, permitindo a transferência o mais breve possível para unidades intermediárias, como por exemplo a assistência domiciliar (*home care*).

Está embutida neste debate a questão dos custos ascendentes do setor saúde, pois nessa área ocorre uma situação tida como "paradoxo tecnológico". Enquanto em todos os ramos da economia a incorporação de novas tecnologias vem reduzindo os custos e melhorando produtos e serviços, na saúde, produtos e serviços ficam cada vez mais caros, sem que necessariamente melhore a qualidade do processo e se atinja, no caso da saúde, a cura.

Em outubro de 2000, o IBGE divulgou um estudo que apresenta resultados contrários aos artigos acima mencionados, informando que estaria ocorrendo uma redução no número de hospitais e de leitos no país. Possivelmente, os diferentes estudos utilizam amostras de diferentes localidades ou períodos de análise distintos. O fato é que a questão da utilização dos hospitais começa a despertar interesse e passa a fazer parte da agenda de discussão.

O *HOME CARE*

O avanço tecnológico das últimas décadas permitiu a miniaturização e automação de equipamentos de alta tecnologia, tais como os respiradores mecânicos, as bombas de infusão, as máquinas de diálise e os equipamentos de administração de medicamentos, permitindo que eles pudessem ser mais simples e de mais baixo custo. Pode-se, portanto, transferir parte da parafernália hospitalar para o interior da residência do doente. Procedimentos cirúrgicos que demandavam vários dias de internação foram reduzidos à metade do tempo, ou menos. Procedimentos vários que antes demandavam hospitalização são hoje realizados em consultórios/ ambulatórios, trazendo mais conforto para o paciente, reduzindo as chances de infecção hospitalar, além de uma conta menor para o pagador. Esses

levam a uma menor utilização do hospital e a consequente ampliação dos procedimentos realizados no lar – *home care*.[17]
Os bons hospitais serão sempre necessários. Além do mais, nem todos os pacientes e residências são elegíveis para o tratamento domiciliar. Não faz sentido, portanto, passar para uma concepção niilista em relação aos hospitais, desqualificando-os *in totum*. O que não é razoável é transformarmos os hospitais em porta de entrada do sistema de saúde, ou tê-los como chamariz para a venda de planos de saúde, quando a medicina contemporânea mostra que esse modelo, além de ser muitíssimo mais caro, é também mais ineficiente, e por esses motivos tende a ficar restrito a indicações precisas. Nos Estados Unidos, entre os serviços de saúde, o *home care* é o que mais rapidamente cresce. Em 1988, para os idosos que utilizam o *medicare*, o tratamento domiciliar consumiu US$ 2,1 bilhões. Já em 1995, esse valor passou para US$ 16 bilhões.[18] No ano de 1997, para todas as faixas etárias, foram despendidos US$ 33 bilhões no *home care*, valor 1,5 vez maior do que todo o orçamento do nosso Ministério da Saúde. Com a ampliação da população idosa, a modalidade do cuidado domiciliar tende a acompanhar esse crescimento. O idoso, com suas múltiplas patologias e almejando ter sua vida o menos possível conturbada, na imensa maioria das vezes opta pelo tratamento domiciliar.[19]

Na verdade, esse processo de uma maior participação da família no tratamento e de um real compartilhamento de responsabilidades informa uma discussão que vem tendo lugar no âmbito da Psiquiatria desde a década de 1970 e que agora se transfere para todos os campos da Medicina. Portanto, o *home care* não é um modismo, mas uma modalidade contemporânea de cuidar. Aliás, a "invenção" do moderno hospital é que é algo recente. Até bem pouco tempo, o cuidado se dava na residência; hospital era o espaço reservado para os excluídos da sociedade e funcionava como local para depósito de loucos, prostitutas, leprosos, tísicos, vadios e todas as demais categorias que "maculavam" a ordem social. A estrutura asilar/hospitalar tinha como missão retirar os indivíduos indesejáveis do convívio da sociedade, estigmatizando-os no papel de doentes, condenando-os a conviver fora das suas relações sociais no espaço medicalizado da instituição fechada. Estas reflexões já foram descritas nos trabalhos de estudiosos como Michel Foucault, J. A. Guilhon e Jurandir Freire Costa.[20]

Portanto, tratar em casa (*home care*) não é novidade, a novidade é ir contra todas as análises mundiais que apontam o anacronismo do hospital na nova organização dos serviços de saúde.

166 Novos Desafios Contemporâneos no Cuidado ao Idoso

No entanto, pouco está sendo feito no Brasil para transformar o modelo assistencial. É hora de falarmos nas instâncias intermediárias como o Hospital-dia, o Centro-dia, o Centro de Convivência[21] e o *home care*. O cuidado deve visar à prevenção qualificada, à manutenção da capacidade funcional, valorizando as informações epidemiológicas em vez da tecnologia das máquinas, ou seja, medidas que viabilizem a busca ativa e a antecipação da intervenção sobre a doença e permitam postergar a evolução desfavorável de doenças já adquiridas.

O que causa estranheza é que a cultura da preservação da saúde – em vez da velha prática da reparação da doença – é algo ainda pouco conhecido de alguns gestores da saúde, o que se agrava visto que muitos deles enfeixam uma fatia expressiva dos recursos do setor em nosso país.

A INFLAÇÃO DA SAÚDE

Após vários anos de debate, foi promulgada a Lei dos Planos e Seguros de Saúde à Prestação Privada de Serviços Médicos no país. A inexistência do limite de tempo de internação e a cobertura de doenças catalogadas pela OMS são algumas das novidades da Lei 9.656/98, que passou a vigorar em 4 de janeiro de 1999.

Na Câmara de Saúde Suplementar, órgão do Conselho Nacional de Seguros Privados (CNSP), cuja função é a de regulamentar as atividades das operadoras e instituir os critérios normativos que garantam a correta prestação dos serviços aos consumidores, já foram realizadas inúmeras reuniões com representantes do Ministério da Saúde, da Superintendência de Seguros Privados (Susep) e dos usuários. Entre os numerosos pontos debatidos, destaque especial se deu às questões relativas ao custo das mensalidades, às novas modalidades de cobertura, à definição das faixas etárias e à crescente demanda dos idosos no âmbito do sistema.

Todos concordam que a inflação dos custos de saúde está provocando grandes transformações no sistema. Vários são os componentes que influenciam a ampliação dos custos dos sistemas de saúde, mas não são as operadoras de planos e seguros de saúde nem os prestadores de serviços da área, como os profissionais de saúde, os maiores responsáveis por essa explosiva elevação dos custos. É óbvio que eles detêm um papel importante nesse processo, mas de forma indireta e menos expressiva que os atores principais: as indústrias produtoras de equipamento médico-hospitalar, as produtoras de medicamento, insumos e materiais médico-hospitalares.

Em um artigo recentemente publicado foi apresentado um dado impactante:[22] dos 42 bilhões de dólares gastos com saúde em nosso país anualmente,[23] 5% se referem a gastos com investigação diagnóstica. Segundo o autor, os resultados de cerca de 40% dos exames complementares realizados em nosso país sequer são retirados dos laboratórios, muitos deles, provavelmente, solicitados sem qualquer indicação clínica. Isso indica que, anualmente, cerca de 800 milhões de dólares são despendidos somente no item "exames complementares". O excesso de exames solicitados e o desperdício de recursos são imediatamente imputados ao poder da caneta do médico. Essa é uma análise verdadeira, mas de pouca profundidade, pois não aborda o problema fundamental. O setor saúde necessita modernizar-se, e para tal é necessário que haja investimentos em capacitação profissional e em tecnologia da informação, pois isso permitirá ao médico e aos demais profissionais de saúde um acesso ágil às informações epidemiológicas dos seus pacientes, possibilitando uma tomada de decisão tecnicamente mais qualificada, além de uma melhor relação custo/efetividade.

De forma diversa de outros setores da economia, a ampliação do consumo de novos equipamentos médicos não substitui a mão de obra existente, mas exige profissionais mais caros, especializados e qualificados para operá-la. Essa nova tecnologia não é substitutiva à já existente, mas a ela se sobrepõe. Além disso, a exuberância tecnológica da indústria de produtos e equipamentos médico-hospitalares se estabelece em detrimento de medidas de promoção de saúde e de prevenção de doenças. Esses elementos constituem um dos principais fatores da inflação dos custos em saúde.

A identificação dos fatos geradores da inflação no setor saúde é de fundamental importância na proposição de soluções para a implantação de novos modelos, uma vez que a questão central não reside apenas na administração, mas, principalmente, no modelo do cuidado. O modelo hoje oferecido é caro, ineficiente e pouco criativo.

Com a progressiva ampliação do grupo etário dos idosos no Brasil, os custos da assistência em saúde serão em muito ampliados. Nos Estados Unidos, os dados confirmam essa suposição: naquele país se gastava, em 1965, cerca de US$ 202 *per capita*/ano com serviços de saúde, ou 5,7% do PIB; em 1994, já se gastava cerca de US$ 3.510 *per capita*/ano ou 13,7% do PIB. No Brasil, entre os anos de 1984 e 1991, a inflação medida em dólar foi de 47%, enquanto a inflação na saúde foi, nesse mesmo período, de 154,8%, ou seja, 3,3 vezes maior.

168 Novos Desafios Contemporâneos no Cuidado ao Idoso

Os custos crescem não apenas pela ampliação do complexo médico-industrial, mas também devido à transição demográfica e epidemiológica. Urge, portanto, que novos modelos de atenção à saúde para os idosos e pacientes portadores de patologias crônicas sejam formulados por pessoal qualificado e experiente, para fazer frente a uma situação já bem diagnosticada.

As estratégias para que se possa transformar um modelo reconhecidamente superado, caro e ineficiente, devem estar direcionadas para a diminuição do período da internação hospitalar, para o melhor gerenciamento das doenças crônicas e para o monitoramento dos fatores de risco como forma de prevenir doenças evitáveis.

Modelo de estímulo ao consumo

A pergunta a ser formulada é: como lograr realizar essa transformação de modelo se, por exemplo, as prestadoras privadas de serviço de saúde vendem seus produtos por meio de anúncios em que é apresentado o último modelo de um aparelho de apoio diagnóstico, numa clara política mercadológica de estímulo ao consumo de insumos, equipamentos e exames caros e sofisticados? Pensar que esses encantos tecnológicos são imediatamente esquecidos pelo consumidor após a aquisição do plano de saúde é fazer pouco da inteligência dos usuários. Exigir do médico a moderação nos pedidos de exames de diagnóstico sem lhe ofertar os instrumentos adequados – como formação continuada, prontuários eletrônicos, com informações atualizadas que permitam o exercício da Medicina baseada na evidência científica, entre outras medidas – é acreditar em desejos e achar que isso é suficiente para transformá-los em realidade.

Aliás, no Brasil a tentativa de se transferir apenas para o médico a responsabilidade pelo aumento dos custos da saúde – e portanto justificar a necessidade de implantar o *managed health care*[24] – gerou um fato inédito: conseguiu unificar todas as corporações médicas, dos mais diferentes matizes ideológicos, contra o modelo americano de administração em saúde. Nesse tópico, os sindicatos médicos, os conselhos de medicina, as sociedades de especialidades e as associações médicas têm posições análogas.[25] Todas rejeitam o *managed care*.[26]

Ninguém pode ser a favor de desperdícios ou má prática médica. No entanto, é ingênuo acreditar que exigir exclusivamente do médico a redução de alguns exames por dia viria a corrigir as distorções do sistema. A mudança que se requer é estrutural, trata-se de um novo paradigma a ser buscado. Adotar medidas cosméticas e ajustes baseados unicamente em restrições ao profissional de saúde é não compreender a dimensão e a gravidade da situação. Não se pode fazer do médico, daquele que deve ser o parceiro principal do sistema, seu principal opositor. É hora de mudança e o propósito deste texto é sensibilizar os gestores para a necessidade de novos modelos. A partir das evidências que vêm traduzindo o processo de transformação em curso no setor saúde, uma ênfase especial deve ser dirigida ao cuidado do paciente com doença crônica, na sua imensa maioria, pertencente à faixa etária dos idosos. A proposta-chave para este grupo é postergar o início da doença, por meio do seu adequado monitoramento. Deve-se buscar a compressão da morbidade, termo cunhado por Fries,[27] ou seja, desenvolver estratégias que visem levar a vida para o limiar mais próximo possível do limite máximo da espécie humana. Nos dias atuais, o relógio biológico da espécie humana atinge entre 90 e 95 anos, limites aceitos por vários estudiosos. Esses números não são estanques, alguns grupos sociais podem ter esse limite algo ampliado e outros reduzido. Admite-se também que esses são valores atuais e que nas próximas décadas, com a disseminação dos avanços e aplicações da engenharia genética, possivelmente o relógio biológico se ampliará, alcançando de 120 a 130 anos. Portanto, pelo menos a partir dos conhecimentos atuais, a vida é finita, e seu tempo de término é, grosso modo, estimável.

O indicador "expectativa de vida ao nascer" possui características diferentes; ele estima o número médio de anos que uma coorte de recém-nascidos esperaria viver se estivesse sujeita a um padrão de mortalidade observado em uma dada população durante um determinado período. Esse indicador vem sendo cada vez mais utilizado em todo o mundo, e o esforço que deve ser feito é para que o tempo de vida se aproxime o máximo possível do limite biológico. Nunca é demais lembrar que o brasileiro tinha a expectativa de vida ao nascer, em 1900, de 33 anos, e que em apenas cem anos essa expectativa de vida dobrou. Certamente, essa foi a maior conquista do último século. No entanto, viver mais sem qualidade não é uma vitória e sim motivo de preocupação. O que se almeja é aumentar o tempo de vida, se possível até o limite biológico, com qualidade e autonomia, e para tal o modelo de assistência à saúde tem de se ajustar às demandas do tempo presente. Aliás, após tantos esforços realizados para prolongar a vida humana, seria lamentável não se oferecer condições adequadas para vivê-la plenamente.

170 Novos Desafios Contemporâneos no Cuidado ao Idoso

TABELA 2 NÚMERO ABSOLUTO E A PROPORÇÃO DA POPULAÇÃO QUE
NOS 15 DIAS PRECEDENTES À ENTREVISTA RELATOU RESTRIÇÃO DEVIDO
AO SEU ESTADO DE SAÚDE. IBGE, PNAD, 1998

GRUPOS DE IDADES	POPULAÇÃO RESIDENTE	SEM RESTRIÇÃO	COM RESTRIÇÃO	% COM RESTRIÇÃO	SEM DECLARAÇÃO
0 a 14	44.063.686	41.757.82	2.271.955	**5,16**	33.906
15 a 59	103.248.150	96.670.650	6.565.523	**6,36**	11.977
60 ou mais	10.920.416	9.794.970	1.124.717	**10,30**	729

TABELA 3 NÚMEROS ABSOLUTOS E PERCENTUAIS DE DOENÇAS
CRÔNICAS POR GRUPOS DE IDADES. BRASIL, PNAD/SAÚDE 1998

GRUPOS DE IDADES	POPULAÇÃO	SEM DOENÇA CRÔNICA	COM DOENÇA CRÔNICA
0 a 14	44.063.686	39.986.310	3.973.799
	27,85%	90,75%	9,94%
15 a 59	103.235.426	64.661.620	38.472.948
	65,24%	62,64%	37,27%
60 ou mais	10.920.416	3.345.289	7.568.850
	6,90%	30,63%	69,31%
Idade ignorada	12.724	8.990	3.734
	0,01%	70,65%	29,35%

TABELA 4 DOENÇAS CRÔNICAS POR GRUPOS DE IDADES.
BRASIL, PNAD/SAÚDE 1998

GRUPOS DE IDADES	DOENÇA CRÔNICA	UMA DOENÇA CRÔNICA	DUAS DOENÇAS CRÔNICAS	TRÊS DOENÇAS CRÔNICAS
0 a 14	3.973.799	3.716.006	204.971	43.547
		93,51%	5,16%	1,10%
15 a 59	38.472.948	21.145.915	9.396.744	7.893.578
		54,96%	24,42%	20,52%
60 ou mais	7.568.850	2.960.041	2.192.432	2.406.728
		39,11%	28,97%	31,80%
Idade ignorada	3.734	3.114	410	210
		83,40%	10,98%	5,62%

TABELA 5 PERCENTUAL DE CONSULTAS REALIZADAS NOS ÚLTIMOS 12 MESES SEGUNDO GRUPOS DE IDADES. PNAD, 1998

IDADE	SEM CONSULTA	COM CONSULTA	1 A 2	3 A 5	6 A 12	+ DE 13
0 a 4	31,56	68,44	45,09	32,94	19,61	2,27
5 a 19	56,72	43,28	63,73	25,80	9,16	1,22
20 a 39	47,20	52,80	54,70	28,49	14,29	2,42
40 a 49	40,72	59,28	51,03	30,09	15,22	3,56
50 a 59	33,73	66,27	43,20	31,73	20,13	4,82
60 ou mais	29,41	70,59	39,79	32,60	22,36	5,16

GRÁFICO 2 PROPORÇÃO DE POPULAÇÃO COM RESTRIÇÃO DE ATIVIDADES (DOENÇAS), NAS DUAS ÚLTIMAS SEMANAS, POR GRUPOS DE IDADES. BRASIL, PNAD, 1998

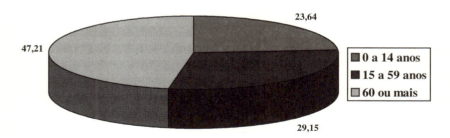

172   Novos Desafios Contemporâneos no Cuidado ao Idoso

Notas

1   A Lei 8.842/94 foi promulgada pelo presidente Itamar Franco em 4 de janeiro de 1994 e regulamentada pelo Decreto 1.498, de 3 de julho de 1996, pelo presidente Fernando Henrique Cardoso.

2   PARAHYBA, M. I. "Evolução da mortalidade dos idosos". In: ENCONTRO NACIONAL DE ESTUDOS POPULACIONAIS, 11, 1998, Caxambu. Anais... Caxambu: ABEP, 1998.

3   WORLD HEALTH ORGANIZATION (WHO). Uses of epidemiology in aging, Report of a scientific group. *Technical Report series 706*. World Health Organization, 1984.

4   ANDREWS, G. A. "Los desafíos del proceso de envejecimiento en las sociedades de hoy y del futuro". In: ENCUENTRO LATINOAMERICANO Y CARIBE – O SOBRE LAS PERSONAS DE EDAD, 1999, Santiago. Anais... Santiago: CELADE, 2000, pp. 247- 256. (Seminarios y Conferencias – CEPAL, 2).

5   ROSEMBERG, M. W. e HANLON, N. T. "Access and Utilization: a Continuum of Health Service Environment". In: *Social Science and Medicine*, 43 (6), 1996, pp. 975-83.

6   Na Pesquisa Nacional por Amostra Domiciliar (PNAD), estudo realizado pelo IBGE, no ano de 1998, foi introduzido um anexo sobre Acesso e Utilização de Serviços de Saúde. (IBGE. "Acesso e Utilização de Serviços de Saúde, Pesquisa Nacional por Amostragem Domiciliar (PNAD), 1998". Rio de Janeiro: IBGE, 2000).

7   GUERRA, H. L. et al. *Morte de idosos na Clínica Santa Genoveva (Rio de Janeiro): o que a imprensa viu em 1996 e o que o SUS poderia ter visto antes.* Menção Honrosa no IV Congresso Brasileiro de Epidemiologia, Abrasco.

8   Essa lei, que "dispõe sobre a proteção e os direitos das pessoas portadoras de transtornos psíquicos e redireciona o modelo assistencial em saúde mental", tem uma longa trajetória no Parlamento. O processo começou na Câmara Federal com o projeto de lei nº 3.657, em 1989. Somente em 21 de janeiro de 1999 a comissão diretora do Senado apresentou a redação final do substitutivo para ser submetida à Câmara.

9   Ver: WILLIAMS, M. E. e WILLIAMS, T. F. "Evaluation of Older Persons in the Ambulatory Setting". In: *American Journal of Geriatrics Society*, 34 (1), pp. 37-43; WILLIAMS, T. F. "Comprehensive Geriatric Assessment". In: DUTHIE JR., Edmund H. e KATZ, Paul R. (eds.). *Practice of Geriatriics*. Philadelphia: W. B. Saunders Company, 1998, pp. 15-22.

A Arte de Envelhecer   **173**

[10] Ver: RUBENSTEIN, L. Z. et al. "Health Status Assessment for Elderly Patients. Report of the Society of General Internal Medicine Task Force on Health Assessment". In: *JAGS*, 37, 1989, pp. 562-9; RUBENSTEIN, L. Z. "An Overview of Comprehensive Geriatric Assessment: Rationale, History, Program Models, Basic Components". In: RUBENSTEIN, L. Z., WIELAND, D. e BERNABEI, R. (eds.). *Geriatric Assessment Technology: the State of the Art*. Milão: Editrice Kurtis, 1995, pp. 1-9.

[11] Ver: FLEMING, K. C. et al. "Practical Functional Assessment of Elderly Persons: a Primary-Care Approach, Symposium on Geriatrics – Part III". In: MAYO CLIN. *Proc.*, 70, 1995, pp. 890-910.

[12] No Reino Unido esse médico é conhecido como GP (*general practitioner*).

[13] No estudo realizado nos Estados Unidos (National Medical Expenditure Survey), em 1997, a concentração de gastos em saúde apresenta a seguinte dinâmica: 1% que mais consome saúde gasta 30% do orçamento da empresa, 10% que mais gastam consomem 72%, e 50% que mais gastam consomem 97% dos recursos.

[14] MATOS, A. J. "Na contramão. O Brasil tem excesso – e não falta – de hospitais". In: EXAME, v. 720, n. 16, São Paulo, 9 de agosto de 2000, p. 170.

[15] O GLOBO, 13 de agosto de 2000, p. 34.

[16] Espera-se que, no ano, dez em cada cem habitantes venham a se internar em um hospital. A população brasileira, portanto, demandaria 16 milhões de internações. Se cada um permanecer cinco dias internado serão necessárias 80 milhões de diárias por ano. O país conta com 500 mil leitos; multiplique-se por 360 dias e se obterá uma capacidade de 180 milhões de acomodações.

[17] Assistência domiciliar à saúde (*home health care*) é a provisão de serviços de saúde às pessoas de qualquer idade em casa ou em outro local não institucional.

[18] Ver: DUTHIE, E. H. et al. "Home Care". In: DUTHIE, E. H. e KART, P. R. (eds.). *Practice of Geriatrics*, 3 ed. Philadelphia: Saunders Company, 1998; FERREL, B. A. "Home Care". In: CASSEL, Christine K. et al. (eds.). *Geriatric Medicine*, 3 ed. New York: Springer, 1997; STUCK, A. E. et al. "Comprehensive Geriatric Assessment: a Meta-analysis of Controlled Trials". In: LANCET, n. 342, 1994, pp. 1032-6.

[19] Ver: MENDES, W. *Home care: uma modalidade de assistência à saúde*. Rio de Janeiro: UnATI, 2001. Mais detalhes no *site* www.unati.uerj.br.

[20] Ver: FOUCAULT, M. *História da loucura na Idade Clássica*. 5 ed. São Paulo: Pers-

174 Novos Desafios Contemporâneos no Cuidado ao Idoso

pectiva, 1997; e *Microfísica do poder*. 6 ed. Rio de Janeiro: Graal, 1986; GUILHON, J. A. A. "Ordem social e desordem mental". In: FIGUEIRA, S. A. *Sociedade e doença mental*. Rio de Janeiro: Campus, 1972, pp. 195-204; COSTA, J. F. *História da Psiquiatria no Brasil: um corte ideológico*. 3 ed. rev. Rio de Janeiro: Campus, 1981.

[21] Hospital-dia refere-se ao ambiente hospitalar, com equipe multiprofissional e interdisciplinar em um ou dois turnos, destinado a pacientes que necessitem de reabilitação ou complementar tratamentos. Centro-dia é o ambiente caracterizado pelo incentivo à socialização, com ações de educação, promoção e proteção da saúde do idoso. Centros de Convivência são locais reservados para a permanência de idosos, onde são desenvolvidas atividades físicas, laborativas, recreativas, culturais, associativas e de educação para a cidadania, em um ou dois turnos.

[22] VILAR, J. M. "A crise no setor Saúde e o ranking da OMS". In: REV. BRASILEIRA DE HOME CARE (Revista Médica Mensal de Internação Domiciliar, Enfermagem e Nutrição), v. 6, n. 63, julho de 2000, p. 22.

[23] Dados do autor.

[24] Ver: NICZ, L. F. *Managed Care*. Médicos. São Paulo: HC-FMUSP, maio-jun. de 1998, pp. 96-105. Ver também: KONGSTVEDT, Peter R. MD Facp. *Essentials of Managed Health Care*, 4th ed. New York: Aspen Publishers, 2000.

[25] No Rio de Janeiro foi criada a Central de Convênio como forma de se contrapor ao modelo do *managed care*. Participam da Central, a Sociedade Médica do Estado do Rio de Janeiro (Somerj), o Conselho Regional de Medicina do Estado do Rio de Janeiro (Cremerj), os Sindicatos Médicos do Estado do Rio de Janeiro (Sinmeds) e todas as sociedades de especialidades do estado do Rio de Janeiro.

[26] MEDICINA – JORNAL DO CONSELHO FEDERAL DE MEDICINA, *Regulamentação de planos de saúde prejudica médicos e pacientes*. Brasília, CFM , jun. 1998, pp. 20-1. Ver também: JORNAL DO CREMERJ. Rio de Janeiro, Conselho Regional de Medicina do Estado do Rio de Janeiro, julho de 1998, p. 16, v. 11, n. 94.

[27] FRIES, J. F. "Aging, natural death and the compression of mortality". In: NEW ENGLAND JOURNAL OF MEDICINE, v. 303, 1980, pp. 130-5; FRIES, J. F. e CRAPO, L. M. *Vitality and Aging*: implications of the rectangular curve. San Francisco: W. H. Freema.

O Estatuto do Idoso e os Desafios da Modernidade

Rosângela Alcantara Zagaglia
Tânia da Silva Pereira

Considerações iniciais

O ano de 2004 representa um marco fundamental no atendimento aos idosos no Brasil. O coroamento deste processo de conquistas iniciado com a Constituição de 1988 se concretizou no dia 1º de outubro de 2003 quando foi sancionado o Estatuto do Idoso, efetivado na Lei nº 10.481 de 1º de outubro de 2003. Conclamando a família, a sociedade e o Estado a assegurar-lhes, com a absoluta prioridade, o exercício de direitos fundamentais, a Constituição Federal estabeleceu no artigo 230 princípios básicos para a proteção e atendimento do idoso, ao determinar, especialmente, a defesa de sua dignidade e bem-estar, a garantia do direito à vida e à participação na comunidade.

As Constituições modernas fixam princípios e linhas gerais para guiar o Estado e a vida em sociedade com a finalidade de promover o bem-estar individual e coletivo dos seus integrantes. Os direitos fundamentais declarados nas Constituições modernas não se confundem com outros direitos assegurados ou protegidos.

Em razão disto, é prioritário distinguir, em um sistema jurídico, as regras de solução de conflito amparadas por uma sanção respectiva e aquelas que assumem a forma de princípios. Geralmente estabelecidos nas Constituições, estes princípios são também dotados de validade positiva, não se reportando a um fato específico, mas atuando como indicadores de uma opção pelo favorecimento de um determinado valor. Dotados de dimensão ética e política, exigem um esforço muito maior do que a aplicação de regras.

176 O Estatuto do Idoso e os Desafios da Modernidade

Esta é uma nova dimensão do Direito com um caráter finalístico e um sentido prospectivo para enfrentar a imprevisibilidade das situações. Já em 1977 Norberto Bobbio[1] propunha a implantação de "um sistema normativo que, além das tradicionais funções de repressão e proteção, passasse a exercer também a função promocional do Direito".

A Lei n° 8.842, em 1994, buscou regulamentar os princípios constitucionais e implantou a Política Nacional do Idoso, assegurando direitos sociais e criando condições para promover sua integração e participação efetiva na sociedade. Vários diplomas legais foram implantados em todos os âmbitos, sobretudo nos municípios, onde a cada dia são sancionadas leis de proteção desta parcela da população.

Outrossim, a Lei n° 10.173, de 9 de janeiro de 2001, alterando o artigo 1.211 do Código de Processo Civil, deu prioridade de tramitação aos procedimentos judiciais em que figure como parte pessoa com idade igual ou superior a 65 anos. Tivemos no estado de Santa Catarina a iniciativa precursora de instituir, imediatamente, uma etiqueta com os dizeres "preferencial segundo a Lei n° 10.173/2001" aposta na autuação de todos os processos em tramitação na Justiça de Primeiro e Segundo Graus em que figurassem, como parte ou interveniente, pessoa com idade superior a 65 anos.

Todo esse processo consolidou-se na Lei n° 10.481, de 1° de outubro de 2003, que sancionou o Estatuto do Idoso. O novo diploma legal, dentre outras prioridades, reforçou especialmente a responsabilidade do atendimento pela própria família, em detrimento do atendimento asilar, e o direito aos alimentos como obrigação solidária dos familiares. A identificação de novos crimes e infrações administrativas para as hipóteses de violações representam conquistas importantes a serem consolidadas.

Geralmente, as sociedades conferem valores diversos aos seus idosos. Nas sociedades primitivas mereceram maiores considerações, por serem os portadores de conhecimentos acumulados e de experiências diversas dos que vivem o processo de modernização. Hoje, seus conhecimentos passaram a ter menor valor no mercado de trabalho. As atitudes contraditórias da sociedade frente aos idosos refletem-se em comportamentos que não são próprios apenas dos brasileiros.

Vivemos num país onde, numa população de 168 milhões de habitantes, 79 milhões são menores de 18 anos e 14 milhões são sexagenários, segundo o mais recente levantamento do IBGE.

O quadro a seguir retrata a estimativa de idosos no Brasil, de 1996 a 2025, em relação a outros países.

País	1996	Nº	2025	Nº	Aumento
China	1º	115,2	1º	290,6	152,3
Índia	2º	61,9	2º	165,1	166,7
USA	3º	43,9	3º	82,5	87,9
Japão	4º	26,3	4º	39,6	50,6
Indonésia	6º	13	5º	37,8	190,8
Rússia	5º	24,7	6º	34,2	38,5
Brasil	**11º**	**11,6**	**7º**	**30,7**	**164,7%**

Nº = Milhões de habitantes

Em 2025, dos 11 países que terão as maiores populações de idosos em número absoluto (todas acima de 16 milhões), a maioria será do Terceiro Mundo. O Brasil será o sétimo país em números absolutos, com 30 milhões de idosos.[2]

Segundo a Organização Mundial de Saúde, apenas 30% dos idosos do mundo inteiro recebem atualmente pensões de reforma ou subsídios de velhice e invalidez, o que torna muito precárias suas condições de existência e os expõe a riscos, acrescidos de violência; uma violência que tanto pode ser exercida em ambiente familiar como institucional ou social.

A presença dos idosos representa a expansão do universo familiar. Toda família tem um passado, vive um presente com suas complexidades e contradições e tem regras que provavelmente passarão para o futuro. Este modelo, que tenderá a se repetir nas gerações subsequentes, é ponto de interesse também para uma análise da afetividade nas relações familiares, o que terá um reflexo considerável na tutela jurídica da convivência familiar e comunitária. Neste contexto, os avós são pessoas que "percorreram vários momentos do ciclo do grupo familiar e têm uma experiência de vida a relatar."[3]

No momento em que nos propomos a valorizar a convivência do idoso na família, há de se destacar a sua importância no desenvolvimento da criança e do adolescente, quando se aprende e apreende com o meio onde se está inserido, favorecendo-lhes o que representa a vivência no cotidiano, identificando os primeiros limites no âmbito familiar.

Torna-se imprescindível na vida destas pessoas (filhos, netos, avós etc.) um espaço para troca de experiências, para o exercício dos sentimentos de respeito e tolerância entre gerações e a possibilidade de melhora na qualidade de vida.

178 O Estatuto do Idoso e os Desafios da Modernidade

Por mais de um século vivemos a atitude de considerar que o idoso não interessa para a nossa sociedade porque ele não compõe o setor produtivo, não faz parte da engrenagem da produção econômica. No entanto, hoje se identifica um número incontável de famílias que vivem das aposentadorias dos idosos, sendo a única renda familiar permanente.

Szymanski afirma que a condição de pobreza crescente acarreta a utilização de novas estratégias para lidar com a mesma, que são, por sua vez, "atravessadas por fatores como as relações de gênero e geração que [...] modificam os referenciais de sociabilidade atualmente presentes entre as populações pobres urbanas".[4]

Podemos constatar que a sociedade moderna vive um ideal estético erigido sobre a imagem saudável de um corpo jovem. Outrossim, convivemos com a realidade concreta de valorização excessiva do imediato e do descartável, na qual os meios de comunicação, em especial a televisão, valorizam o consumo e, em geral, não preparam a sociedade para conviver com uma população que envelhece rapidamente. Os anúncios raramente apresentam idosos; os bens de consumo anunciados não lhes são acessíveis e são enfatizados os valores da juventude.

A velhice vincula-se ao sentimento de solidão, que remete a outras realidades concretas: aposentadoria, dificuldades nos relacionamentos com a família, entre outras. Passa-se a ideia de que os velhos são desinteressantes, exigentes, queixosos, dependentes e intrometidos. São tratados com impaciência e descaso.

Superou-se a ideia de que o idoso não tem sexualidade. Recente levantamento realizado pelo Ministério da Saúde constatou que, entre 1991 e 2001, o número de pessoas infectadas com mais de 50 anos cresceu em 567%, ao passo que o aumento entre 13 e 24 anos foi de 158% neste mesmo período.[5]

A troca intergeracional na família é preconizada por Maria Helena Novaes. Segundo ela, os idosos se identificam ou não com seu segmento etário e com as instituições onde vivem, podendo perder o sentimento de identidade quando são internados, passando a viver uma espécie de anonimato coletivo. "Ser idoso não implica perda da identidade, mas, sem dúvida, o processo de envelhecimento pressupõe uma relação íntima do Eu consigo mesmo e uma relação coletiva na qual o Eu e o outro estabelecem trocas".[6]

Esta troca favorece a construção de uma cultura solidária e evita o isolamento das gerações, neutralizando tensões, desacertos e conflitos. Para isto é preciso respeitar as características de cada geração. "Sem dúvida, envelhecer é mudar e as atitudes básicas que interferem são muito similares àquelas que atuam em qualquer outra idade, envolvendo áreas vitais, quais sejam a corporal e física, a intelectual e mental e a interpessoal e relacional".[7] No relacionamento interpessoal destacam-se os sentimentos de intimidade, o de integração social, o da autoestima e competência, e o do apoio e assistência aos demais. Para Maria Helena Novaes, "a presença de confidentes, amigos, pessoas em quem confiar, é fundamental, a fim de poder caminhar com segurança e confiança em si mesmo e nos demais. Ao entrarem no período de interiorização devem perceber as mudanças sociais externas nas condutas de quem os cerca".[8]

A preservação dos vínculos familiares e a desinstitucionalização da população infanto-juvenil e do idoso fazem parte de um contexto maior de diretrizes a serem adotadas nas políticas públicas de proteção. Já é unânime a orientação no sentido de se incentivar a convivência familiar e comunitária, o que se concretizou objetivamente como princípios legais nos respectivos Estatutos.

No que concerne à população infantil, sabemos o malefício da institucionalização. O abrigo não pode ser depósito de crianças e adolescentes. Mesmo uma boa relação de *maternagem* reflete apenas uma referência institucional, sem vínculos afetivos seguros.

A falta de identificação com alguma pessoa de forma continuada e afetuosa conduz ao desenvolvimento de um quadro identificado como *hospitalismo*, manifestado em crianças abrigadas em instituições, sem afastar a possibilidade de desenvolver um *quadro psicotizante* pela falta de uma segura referência materna e familiar.[9]

No que tange aos idosos, a marginalização e a violência simbólica que contra eles é exercida operam por meio de processos complexos e nem sempre visíveis. Sabe-se que, com o passar dos anos, as pessoas vão assumindo diferentes modos de se exprimirem. Ignorar estes fatos ou exigir que os idosos se comportem e se comuniquem de acordo com os modelos atualizados é uma forma de exercício de violência simbólica, que muitas vezes dificulta as relações intergeracionais e conduz à exclusão dos idosos da vida familiar e social.[10]

Manifestações mais simbólicas e psicológicas do que físicas, mas nem por isso menos marcante e efetiva, se apresentam na apropriação, não desejada, dos bens do idoso pelos seus familiares, levando-o a uma perda de autonomia; pela desresponsabilização dos familiares pelos cuidados pela sobrevivência, deixando esse abandonado; ou pela reversão das

180 O Estatuto do Idoso e os Desafios da Modernidade

funções de autoridade dentro da família, passando o idoso a ser comandado por alguém de uma geração mais nova e a quem terá de obedecer. Nas instituições, a violência torna-se muitas vezes mais aparente devido ao maior distanciamento afetivo, à impessoalidade dos cuidados e a um regime disciplinar demasiado apertado e rígido. A situação agrava--se sempre que as instituições sofrem de falta de recursos – o que parece ser a regra –, e não conseguem satisfazer as necessidades dos idosos que elas acolhem. O reflexo da falta de recursos evidencia-se no despreparo e na falta de estímulo das pessoas que nelas prestam cuidados aos idosos e na própria baixa qualidade dos serviços prestados. Daí a imagem negativa que muitos idosos têm das instituições e a violência que representa, nesses casos, a falta de alternativas à sua institucionalização.[11]

Esses e demais fatores contribuíram para que o legislador brasileiro entendesse a necessidade de regulamentar a proteção desta parcela da população que já representa efetiva preocupação em nossa sociedade.

A convivência familiar e comunitária no Estatuto do Idoso

O direito à convivência familiar e comunitária foi preconizado pela artigo 227 da Constituição Federal como um "Direito Fundamental da Criança e do Adolescente".

Podemos hoje afirmar, com segurança, que os direitos fundamentais eleitos pelo constituinte não estão restritos ao artigo 5º em seus 77 incisos. Conclui-se, assim, pela simples leitura do parágrafo 2º deste mesmo artigo, ao destacar que "os direitos e garantias expressos nesta Constituição não excluem outros decorrentes do regime e dos princípios por ela adotados ou dos Tratados Internacionais em que a República Federativa do Brasil seja parte".

J. J. Gomes Canotilho,[12] ilustre constitucionalista português, identifica-os como "Direitos Fundamentais dispersos". Entre nós, Ingo Wolfgang Sarlet[13] refere-se a direitos fundamentais que "podem ter assento em outras partes do texto constitucional ou residir em outros textos legais nacionais e internacionais", classificando-os como "Direitos Fundamentais fora do catálogo, mas com status constitucional formal" os quais, segundo ele, "são idênticos no que tange à sua técnica de positivação e eficácia".

Adicione-se ainda que, ao se referir aos "direitos e garantias expressos nesta Constituição", o legislador teve como preocupação não fazer qualquer menção à posição a ser ocupada pelos mesmos no texto. Destarte, pode-se concluir que são considerados direitos e garantias fundamentais de mesma hierarquia aqueles que ocupam diversas posições na Constituição Federal de 1988. Como Sarlet, consideramos que os direitos fundamentais da criança e do adolescente, previstos no artigo 227 da Constituição Federal, muito embora não constantes do rol do caput do artigo 5º, têm a mesma hierarquia constitucional.

Há que se identificar, nas mesmas condições, o direito do idoso à convivência familiar e comunitária como um direito fundamental, ao assegurar-lhe no artigo 230 da Constituição Federal o direito à proteção pela família, pela sociedade e pelo Estado e à sua participação na comunidade.

Temos que interpretar todo este direito social e familiar como uma prerrogativa a ser imposta, não só nos tribunais, mas nas políticas públicas e nas entidades de atendimento públicas e privadas, identificando situações de violação que deverão ser denunciadas permanentemente. A família e a comunidade devem participar amplamente da elaboração de alternativas, priorizando o apoio à família para que ela possa cumprir suas funções.

Dentro desta linha de orientação, determina o artigo 3º do Estatuto do Idoso que "é obrigação da família, da comunidade, da sociedade e do Poder Público assegurar ao idoso, com absoluta prioridade, a efetivação do direito [...] à dignidade, ao respeito e à convivência familiar e comunitária", destacando no inciso IV a "viabilização de formas alternativas de participação, ocupação e convívio do idoso com as demais gerações".

Para tanto, os serviços de apoio aos idosos devem contemplar a articulação do público e do privado, sob a coordenação de sujeitos sociais e participação das famílias, numa relação de horizontalidade.

Destaque-se que é comum, na terceira idade, a redução da capacidade de reagir e adaptar-se às agressões da vida: tende-se a viver o dia a dia com desânimo e deixa-se instalar facilmente a rotina.

As "formas alternativas de participação, ocupação e convívio do idoso com as demais gerações", preconizadas pelo legislador, devem ter início na família e na comunidade, garantindo-lhe um mínimo de segurança e independência, evitando assim sua marginalização.

Maria Helena Novaes[14] conclama para uma sociedade mais humana e solidária, em que todos tenham algo a oferecer, destacando a mobilização das escolas e centros de recreação para que se preocupem com os idosos. "Nessa troca social vai-se costurando o tecido da vida".

182   O Estatuto do Idoso e os Desafios da Modernidade

Estabelece o artigo 10 da nova lei que "é obrigação do Estado e da sociedade assegurar à pessoa idosa a liberdade, o respeito e a dignidade, como pessoa humana e sujeito de direitos civis, políticos, individuais e sociais, garantidos na Constituição e nas leis". No que concerne à liberdade, destaca no inciso V "a participação na vida familiar e comunitária". Outrossim, estabelece o artigo 44, dentre as medidas de proteção ao idoso, o "fortalecimento dos vínculos familiares e comunitários".

Esta responsabilidade familiar se identifica também nos artigos 11 e 12 do Estatuto, ao determinarem o dever de alimentos como obrigação solidária dos familiares, "podendo o idoso optar entre os prestadores". Isto significa que, atendidos os princípios do Código Civil e legislação especial, poderá a pessoa com mais de 60 anos optar entre os "obrigados" indicados no artigo 1694-CC, ou seja, "parentes, cônjuges ou companheiros". Aquele que pagar terá o direito de se ressarcir dos demais o que pagou, abatida a sua cota parte de responsabilidade. Não se pode recusar aos idosos o rito especial da Lei 5.478/68. O Ministério Público poderá referendar os acordos relativos a alimentos com efeito de título executivo extrajudicial.

Afirma Edgard de Moura Bittencourt[15] que "a afeição dos avós pelos netos é a ultima etapa das paixões puras do homem. É a maior delícia de viver a velhice". O direito de visita dos avós aos netos é um direito natural, pois nele a lei não se faz presente. Na verdade não se pode recusar aos avós o direito de se aproximarem dos seus netos, "pois é da índole da sociedade familiar o cultivo do sentimento de afeição e respeito aos ascendentes".[16]

Identificando a visitação como um direito assegurado aos avós e não uma obrigação, Marilza Fernandes Barretto[17] destaca a importância de se assegurar a manutenção das relações de amizade e respeito entre um avô e seu neto menor, suporte básico da vida familiar.

Os tribunais têm reconhecido, cada dia mais, o direito de visita dos avós. Neste sentido, Euclides Benedito de Oliveira[18] nos indica que têm os avós de se avistarem com os netos, ainda que essa forma de relacionamento não seja regulada em nossas leis de família. Cita, como exemplo, decisão do Tribunal de Justiça do Rio Grande do Sul, relembrando precedente da mesma Câmara, de 4 de outubro de 1984, por voto do eminente desembargador Galeno Lacerda, a sublinhar que

*embora o Código Civil não contemple, de modo expresso, o direito de visita
entre avós e netos, esse direito resulta não apenas de princípios de direito*

natural, mas de imperativos do próprio sistema legal, que regula e admite essas relações, como em matéria de prestação de alimentos (artigo 397), de tutela legal (artigo 409, I) e de sucessão legítima (artigo 1.603), além de outros preceitos. O direito dos avós de visitarem os netos, e de serem por eles visitados, constitui, assim, corolário natural de um relacionamento afetivo e jurídico assente em lei" (RJTJRGS, 109/353)

O Código Civil brasileiro (Lei nº 10.406/2002), no artigo 1.584, ao dispor sobre a guarda dos filhos em casos de separação ou divórcio, estipula que, na falta de acordo dos pais, o juiz concederá a guarda "a quem revelar melhores condições para exercê-la". Euclides Benedito de Oliveira, mediante uma interpretação extensiva, esclarece que "o mesmo princípio se aplica ao consectário direito de visitas, que pode ser ampliado em favor do pai que não detenha a guarda ou de outros parentes, desde que atendido o interesse do menor, objetivando sua perfeita integração dentro da comunidade familiar".

Não há quem comprove que a idade traz como consequência a insanidade. É inconcebível o fato de o legislador, em pleno século XXI, ter mantido no artigo 1.641–CC a obrigatoriedade do regime da separação legal de bens aos maiores de 60 anos, indicando a ideia equivocada de que o idoso não sabe preservar seu patrimônio. Há quem possa interpretar tal regra como um benefício do idoso, entendendo que a lei visa protegê-lo de pessoas que estão em busca de seu patrimônio. No entanto, trata-se de pessoas capazes, com direito de fazer suas próprias escolhas, inclusive patrimoniais.

Se afirmarmos que a criança não pode esperar em razão de não se poder *queimar etapas* de seu desenvolvimento, há que se considerar também que para os idosos não lhes sobram muitos anos de vida.

O idoso é imprescindível na vida de uma criança. Caso contrário, elas seriam membros numa sociedade sem passado, sem memória e sem compromissos, uma sociedade de pura competição que pode facilmente se autodestruir.[19]

Determina o artigo 21 que "o Poder Público criará oportunidades de acesso do idoso à educação, adequando currículos, metodologias e material didático aos programas educacionais a ele destinados".

Dispondo sobre programas educativos para idosos, Maria Helena Novaes destaca que, hoje, não basta o conhecimento: "de fundamental importância é o exercício da capacidade de pensar, imaginar e criar. É

184 O Estatuto do Idoso e os Desafios da Modernidade

preciso ampliar o leque de habilidades a serem estimuladas e acentuar a satisfação e o prazer de aprender e criar". Daí, destaca ela, deve-se "favorecer o potencial criador do idoso".[20]

Em matéria editorial publicada em 26 de julho de 2002 destacou-se a desvantagem dos idosos em situação estratégica.[21] O índice nacional de alfabetização é de 87,2%, e entre os idosos essa marca cai para 64,8%. Apenas 4% dos idosos chefes de família têm curso superior.

As Universidades da Terceira Idade têm representado experiência significativa no sentido de permitir aos idosos a oportunidade de manterem-se atualizados e fazerem contatos com pessoas motivadas a prosseguir na busca de novos conhecimentos. Constituem uma proposta de educação permanente, dirigida a pessoas de ambos os sexos, cuja programação busca integrar os aspectos físicos, sociais e psicológicos e trabalhar com a participação ativa dos alunos no seu processo de aprendizagem, ensejando oferecer meios, condições e recursos para que possam realizar-se plenamente como pessoas. Essas iniciativas acadêmicas se articulam, geralmente, com eventos, excursões e palestras, nas quais, atendendo às necessidades do próprio grupo, se propõem a dar orientações sobre cuidados com a saúde, alimentação, bem-estar e atividades físicas na busca de uma melhor qualidade de vida.

Prevê ainda o § 2º, do mesmo artigo 21, que "os idosos participarão das comemorações de caráter cívico ou cultural, para transmissão de conhecimentos e vivências às demais gerações, no sentido da preservação da memória e da identidade culturais".

A ideia de cultura aliada à cidadania deve refletir também a recuperação do passado, a constatação do presente, sem deixar de viabilizar um projeto de futuro. A implementação de ações de forma dinâmica, aliada à sedimentação de direitos e deveres fundamentais do Poder Público e da sociedade, deverá compor a identidade cultural do idoso, na busca da proteção de interesses comuns.

Dentre as obrigações da família, da sociedade e do Poder Público, preconizadas no inciso V do artigo 3º do Estatuto do Idoso, temos "a priorização do atendimento do idoso por sua própria família, em detrimento do atendimento asilar, exceto dos que não a possuam ou careçam de condições de manutenção da própria sobrevivência".

O atendimento asilar é definido no artigo 3º do Decreto 1.949/96 como "regime de internato para o idoso sem vínculo familiar ou sem condições de prover à própria subsistência de modo a satisfazer as suas necessidades de moradia, alimentação, saúde e convivência social".

As entidades de asilo devem atender diretrizes mínimas para o reconhecimento de direitos dos idosos, evitando-se, primordialmente, o isolamento da família e da comunidade. A perda dos vínculos familiares conduz, muitas vezes, ao envolvimento precoce ou abusivo com drogas lícitas ou ilícitas, incluindo álcool e o aceleramento de doenças próprias da idade.

Na forma do artigo 50, do mesmo Estatuto, constitui obrigação das entidades de atendimento (inciso VII) "oferecer acomodações apropriadas para recebimento de visitas".

Alerte-se, inclusive, para as dificuldades que envolvem a privatização dos serviços de acolhimento e a busca de lucro financeiro como óbice que reduz drasticamente a qualidade dos atendimentos.

Dentre as modalidades de regimes não asilares, destaca-se o atendimento em Centros de Convivência, onde são realizadas atividades em espaço físico específico, dotado de infraestrutura que permita a frequência dos idosos e de suas famílias. Algumas experiências já consolidadas preveem o seu funcionamento diurno para que os idosos possam usufruir as programações que visem promover a sociabilidade, o desenvolvimento de habilidades, a informação, a atualização, atividades educacionais, artísticas, esportivas e de lazer, entre outras. Um modelo de administração participativa, mediante conselho de gestão, permite uma definição de prioridades próprias de cada comunidade no que concerne à Terceira Idade.

Se novos valores se apresentam na modernidade como paradigmas para a convivência familiar e comunitária, destacam-se, em relação aos idosos, a solidariedade, a tolerância e o afeto que permitam a construção de práxis humana, na qual a autoestima do idoso e o aprendizado político componham a consciência da cidadania.

Direitos humanos e direitos fundamentais

A convivência familiar é de curial importância para o crescimento das relações interpessoais, nas quais o respeito, a dignidade, o amor, a solidariedade etc. devem permear as relações internas para possibilitar a expansão e expressão na sociedade. Os ensinamentos recebidos desde a tenra idade auxiliam na trajetória da conquista da cidadania responsável e plena no meio social.

Valho-me de uma história para propor uma reflexão sobre a importância dos direitos fundamentais no Estatuto do Idoso. Quando criança,

186   O Estatuto do Idoso e os Desafios da Modernidade

em banco escolar, um texto em especial despertou-me grande perplexidade, pois tratava de uma despedida de um avô ao pequenino neto, a quem fazia companhia e desfrutava da felicidade do aprendizado do petiz, haja vista ter que partir naquela noite para local ermo e determinado onde os *velhos* daquela comunidade eram deixados por seus filhos adultos. Isso porque os idosos já não eram mais capazes de trabalhar para obter rendimentos próprios. Assim, na sociedade local eram vistos como improdutivos, incapazes de qualquer papel na família e na comunidade.

Em data certa e determinada, como aquela noite, o filho adulto de pai envelhecido precocemente, face à dureza e aridez do trabalho desenvolvido, levava-o pelo caminho desolado e escuro para que, após longo percurso, descansasse o corpo alquebrado na dura e fria paisagem bucólica. Lá, o idoso de olhos mareados vislumbrava apenas a silhueta do ente querido.

O filho acompanhante levara para seu pai uma manta para que o mantivesse, mesmo que temporariamente, acolhido do frio da noite. Mas o frio já estava na alma e era devastador. Ao sair o filho, a passos largos, chamou-lhe o velho pai, não para um último e derradeiro abraço e sim como prova de seu amor e dedicação, ofereceu-lhe a manta para que ele a guardasse, pois lhe serviria, quando seu filho, hoje, miúdo, neto querido e companheiro, lhe trouxesse para o mesmo local de despedidas. Talvez, no futuro, o neto não tivesse o mesmo cuidado com o velho pai como o filho amado do que partia agora.

Esse ensinamento ora apresentado foi possível face à linguagem e à escrita. O marco histórico preponderante para o desenvolvimento cultural da humanidade é o aparecimento da linguagem, o que possibilitou ao homem evoluir mais rapidamente do que em milhões de anos que antecederam. Dessa forma, o homem inicia sua trajetória de aprofundamento no mundo.

Outro marco considerável e de capital importância é o aprimoramento de leis *não escritas*, e posteriormente *as escritas*, o que possibilitou que ideias de igualdade essencial, despontadas no período axial, pudessem romper ao tempo.

Mas demorou cerca de *25 séculos* para que a primeira organização internacional a englobar a quase totalidade dos povos da Terra proclamasse, na abertura de uma Declaração Universal de Direitos Humanos, que "todos os homens nascem livres e iguais em dignidade e direitos".[22]

Assim, a busca pelo significado da dignidade humana tem permeado a posição do homem no mundo por intermédio da religião, da filosofia e da ciência. O que se tenciona com a apresentação dos direitos fundamentais, contidos no Estatuto do Idoso, correlacionados aos da criança e do adolescente, previstos na Lei 8.069/90, é o rompimento de paradigmas de estigmatização quanto às duas categorias sociais, cuja visão de capital as torna *improdutivas*.

Na visão de Kant, "não basta agir de modo a não prejudicar ninguém. Isto seria uma máxima negativa. Tratar a humanidade como um fim em si implica o dever de favorecer, tanto quanto possível, o fim de outrem. Pois sendo o sujeito um fim em si mesmo, é preciso que os fins de outrem sejam por mim considerados também como meus".[23]

A humanidade vem buscando sentido da vida e esse é um dos grandes desafios para discernir a importância de se garantir com dignidade a existência a um contingente considerável de pessoas na etapa conhecida como terceira idade.

A melhoria da saúde, historicamente, só ocorreu a partir do *lavar as mãos*, um gesto simples que, em meados do século XIX, possibilitou a longevidade da população.

Torna-se, assim, imperativo integrar essa nova categoria social ao meio coletivo. Daí porque a escolha realizada pela sociedade de proteção à terceira idade demonstra a trajetória da população pela construção da cidadania.

Mas há de ser vencido o desafio de tornar direitos humanos em direitos fundamentais, gerando cidadania. Isso porque os direitos humanos são inerentes à própria condição humana, sem qualquer preocupação em qualificar peculiaridades individuais ou grupos, visando promover a todos o reconhecimento dos direitos no meio social.

Por outro lado, os direitos fundamentais são direitos humanos positivados no ordenamento jurídico do país, quer nas Constituições, nas leis etc. A garantia e o exercício desses direitos positivados, num contexto emancipatório, levam inexoravelmente à cidadania, a qual emerge dos movimentos sociais de exaltação do indivíduo, como busca de identidade de uma determinada sociedade, como é o caso da brasileira, cujas dimensões de solidariedade ou de cooperação deliberaram pela construção da emancipação social, rompendo as velhas opressões de categorias sociais como criança/adolescente e terceira idade.

Assim, cidadania é o atributo do indivíduo em uma sociedade, a qual confere aos seus integrantes, pelo ordenamento jurídico, os direitos fundamentais. Dessa forma, a cidadania se constrói consolidando o elo criança/adolescente e idoso.

188 O Estatuto do Idoso e os Desafios da Modernidade

Quadro comparativo de semelhanças entre o Estatuto do Idoso e o Estatuto da Criança e do Adolescente

Com vista a contribuir para ponderação dos direitos fundamentais como valores preponderantes no Estado Democrático de Direito, que tem como um dos fundamentos a cidadania, elencam-se, a seguir, os direitos fundamentais, em quadro comparativo entre o Estatuto da Criança e do Adolescente e o Estatuto do Idoso.[24]

A Arte de Envelhecer

ASSUNTO	ESTATUTO DO IDOSO Lei nº 10.741, de 1º de outubro de 2003	ESTATUTO DA CRIANÇA E DO ADOLESCENTE Lei nº 8.069, de 13 de julho de 1990	OBS.
PRINCÍPIOS	Princípio da proteção integral Art. 2º	Princípio da proteção integral e do melhor interesse Art. 1º, 6º e art. 3º, item 1 da CDC	v. Art. 227, § 3º, CF art. 45, CEERJ; Art. 12, LOMRJ
PRINCÍPIO DA PRIORIDADE ABSOLUTA	Art. 3º e Art. 71 e seus parágrafos	Art. 4º	v. Art. 227, caput, CF A prioridade ao idoso é decorrente do EI, v. Leis 10.048/00; 3.987/02; 3.796/02; 10.173/01 e EC 21/ 01; Art. 45, CERJ Art.12, LOM
DIREITOS FUNDAMENTAIS	-Direito à vida; à liberdade, ao respeito e à dignidade; aos alimentos; à saúde; à educação, cultura, esporte e lazer; à convivência familiar e comunitária; à profissionalização e ao trabalho; à previdência social; à assistência social; à habitação; ao transporte. Art. 3º, 9º, 10, 11, 15, 20, 26, 29, 33, 37, 39	- Direitos à vida e a saúde; à liberdade, respeito e à dignidade; à convivência familiar e comunitária; à educação, à cultura, ao esporte e ao lazer; à profissionalização e à proteção ao trabalho. Art. 4º, 7º, 15, 19, 53, 59, 60	O Estatuto do Idoso destaca os direitos aos alimentos, à previdência social, à assistência social, à habitação e ao transporte. v. Art. 6º, CF c/c Art. 7º, IV, CF; Art. 229; Art. 8º, CERJ; Lei Estadual 2.515/96 (Declaração dos Direitos do Velho)
CONCEITO	Art. 1º e Art. 2º da Lei 8.842/94 (Política Nacional do Idoso), regulamentada pelo Decreto nº 1.948, de 3/7/96	Art. 2º	O EI considera idoso as pessoas com idade igual ou superior a 60 anos, mas só prevê o direito ao transporte gratuito àqueles com mais de 65 anos (Art. 39 e 230, § 2º, CF), e a partir de 65 prevê o benefício de um salário mínimo para aqueles que não possuam os meios de prover a própria subsistência

190 O Estatuto do Idoso e os Desafios da Modernidade

ASSUNTO	ESTATUTO DO IDOSO Lei nº 10.741, de 1º de outubro de 2003	ESTATUTO DA CRIANÇA E DO ADOLESCENTE Lei nº 8.069, de 13 de julho de 1990	OBS.
DIREITOS FUNDAMENTAIS INERENTES À PESSOA HUMANA	Art. 2º	Art. 3º	v. Art. 5º, CF; Art. 227, CF
GARANTIA DE PUNIÇÃO EM CASO DE VIOLAÇÃO DOS DIREITOS FUNDAMENTAIS	Art. 4º	Art. 5º	v. Art. 227, § 4º, CF
DA PREVENÇÃO	Art. 4º e §§ 1º e 2º; e Art. 5º	Arts. 70, 72 e 73	v. Art. 227, § 1º, II e § 3º, VII, CF
ÓRGÃOS DE FISCALIZAÇÃO PELO CUMPRIMENTO DOS DIREITOS	Art. 7º	Arts. 13; 56; 95; 131; 201, VIII	v. Dec. 4.227/02 e 4.287/02 (CNI); Leis 1872/91; 2.536/96; 3.070/98; Dec. 21.039/94 CEDDPI; Leis 2.477/96; 2200/93 e Dec. 24.510/98 (DEAPTI); Lei 2.477/96
DEVER DE COMUNICAR QUALQUER FORMA DE VIOLAÇÃO	Art. 6º	Arts. 13; 56; 70; 73 (prevenção)	V. Art. 227, CR (C&A) Art. 10, VII, "e", § 3º, da Lei 8.842/94 (Política Nac. do Idoso) e Art. 13, § único do Dec. 1.948/96 (regul. a PNI)
DIREITO À VIDA	Art. 8º Art. 9º ↔	.... Art. 7º .... Art. 8º; Art. 9º; Art. 10 Art. 11; Art. 12 Art. 13; Art. 14	O EI identifica a proteção ao envelhecimento como um direito social
DIREITO À LIBERDADE AO RESPEITO E À DIGNIDADE	Art. 10 ↔ § 1º ↔ § 2º ↔ § 3º ↔	Art. 15 Art. 16 Art. 17 Art. 18	v. Lei 9.460/97 (prisão especial)

ASSUNTO	ESTATUTO DO IDOSO Lei n° 10.741, de 1° de outubro de 2003	ESTATUTO DA CRIANÇA E DO ADOLESCENTE Lei n° 8.069, de 13 de julho de 1990	OBS.
DIREITO AOS ALIMENTOS	Arts. 11/14 v. Art. 2°, V, da Lei 8.742/93 (LOAS) e Art. 1° do Decreto 1.744/95 c/c decreto 4.712/2003 (reg. o benefício da prestação continuada)	Art. 4°; Art. 22; Art. 8°, § 3° (apoio alimentar à gestante e à nutriz)	O EI prevê que o MP poderá referendar os acordos relativos a alimentos com efeito de título executivo extrajudicial. v. Arts. 1694/1710, CC e Art. 203, V, CF ; Dec. 14.552/96, alterado pelo Dec. 14.681/96 (Programa Especial Rio para concessão de benefício previdenciário)
DIREITO À SAÚDE	Art. 15, caput ↔ § 2° ↔ § 4° ↔ Art. 16 ↔ Arts. 17 e 18 Art. 19 ↔	Art. 7° e 11 Art. 11, § 2° Art. 11, § 1° Art. 12 .... Art. 13 (comunicação de maus tratos)	v. Arts. 196 e 227, § 1°, CF; Portaria GM 1.395/99, Política Nacional de Saúde do Idoso. O EI veda cobrança, pelos Planos de Saúde, de valores diferenciados em razão da idade
DIREITO À EDUCAÇÃO, CULTURA ESPORTE E LAZER	Art. 20 ↔ Art. 21 ↔ Art. 22 ↔	Art. 53 Art. 53, V Art. 58	v. Art. 227, CF; Lei Estadual n° 2.963/98, autoriza a criação dos Centros de Convivência
DIREITO À PROFISSIONALI- ZAÇÃO E AO TRABALHO	Art. 26 ↔ Art. 27 (proteção ao trabalho) ↔ Art. 28 (programas)	Art. 69 .... Art. 60/68	v. Art. 7°, incisos XXX e XXXIII, CF
DA PREVIDÊNCIA SOCIAL	Arts. 29/ 32	Art. 33, § 3°	v. Art. 201, CF; Lei 8.213/ 91; Art.. 20, da Lei 8.742/93 (LOAS) ; Dec. n° 1.744/95, reg. ben. da prestação continuada; Lei 9.720/98; Dec. n° 4.712/2003; Decs. Municipal n° 14.681/96 e n° 14.552/96

192 O Estatuto do Idoso e os Desafios da Modernidade

ASSUNTO	ESTATUTO DO IDOSO Lei n° 10.741, de 1° de outubro de 2003	ESTATUTO DA CRIANÇA E DO ADOLESCENTE Lei n° 8.069, de 13 de julho de 1990	OBS.
DA ASSISTÊNCIA SOCIAL	Arts. 33; 34*; 35 Art. 36 ↔	.... Art. 33, § 3°	v. Lei n° 8.842/94; *Art. 203, V, CF; *Art. 2°, V, da Lei n° 8.742/93 (LOAS); *Dec. n° 1744/95; Art. 203, I, CF
DIREITO À HABITAÇÃO	Arts. 37 e 38	v. Art. 7° parte final (condições dignas de existência), Art. 19 (direito à convivência familiar)	v. Art. 6°, CF c/c Art. 7°, V, CF; Lei Municipal n° 1.702/98 (isenção do IPTU) Art. 17, § único, Dec. 1948/96, que regulamenta a lei 8.842 de 4/1/94 (Política Nacional do Idoso)
DIREITO AO TRANSPORTE	Art. 39/42	Art. 53	v. Art. 230, § 2°, CF Art. 245, CERJ e Lei Estadual n° 3.339, de 20/12/1999 – Lei do Passe Livre (em vigor até a presente data – 22/1/04) Dec. 9.444/90 e art. 401 da LOM
MEDIDAS DE PROTEÇÃO DISPOSIÇÕES GERAIS	Art. 43, I, II, III	Art. 98, I, II, III	
MEDIDAS ESPECÍFICAS DE PROTEÇÃO ABRIGO EM ENTIDADE ABRIGO TEMPORÁRIO	Art. 44 ↔ Art. 45, I, II ↔ inciso III ↔ inciso IV ↔ Art. 45, V e VI ↔ Art. 45, VI ↔	Arts. 99 e 100 Art. 101, I, II inciso V inciso VI Art. 101, VII, § único Art. 101, § único	v. Art. 3°, da Decreto n° 1.948/96 (regulamenta a Lei n° 8.842, que dispõe sobre a Política Nacional do Idoso), Portaria 73 da Secretaria de Políticas de Assistência Social

ASSUNTO	ESTATUTO DO IDOSO Lei n° 10.741, de 1° de outubro de 2003	ESTATUTO DA CRIANÇA E DO ADOLESCENTE Lei n° 8.069, de 13 de julho de 1990	OBS.
POLÍTICA DE ATENDIMENTO DISPOSIÇÕES GERAIS	Art. 46 ↔ Art. 47, I a V ↔ inciso VI, Art. 47 ↔	Art. 86 Art. 87, I a V inciso VI, art. 88	v. Lei 8.842/94 (Política Nacional do Idoso) e Dec. 1.948/96, regulamenta a PNI
ENTIDADES DE ATENDIMENTO	Art. 48 ↔ Parágrafo único ↔ Inciso I ↔ Inciso II ↔ Inciso III ↔ Inciso IV ↔ Art. 49 ↔ Inciso I ↔ Inciso II ↔ Inciso III ↔ Inciso IV ↔ Inciso V ↔ Inciso VI ↔ Art. 50 ↔ Inciso II ↔ Inciso III ↔ Inciso IV ↔ Inciso V ↔ Inciso VI ↔ Inciso VIII ↔ Inciso IX ↔ Inciso X ↔ Inciso XI ↔ Inciso XII ↔ Inciso XIII ↔ Inciso XIV ↔ Inciso XV ↔ Incisos XVI e XVII, Art. 51 (gratuidade de justiça para ent.)	Art. 90 (parte) parágrafo único letra "a", § un. Art. 91 e Art. 94, VII letra "b", § un. Art. 91 letra "c", § un. Art.91 letra "d", § un. Art.91 Art. 92 Inciso I Inciso III Inciso VI Inciso VII Inciso I, Art. 94 Inciso IV, Art.94 Art. 94 Inciso I Inciso VIII Inciso VII Inciso III Inciso V Inciso IX Inciso XI Inciso XII Inciso XIII Inciso XVI Inciso XIX Inciso XVII Inciso XX Art. 141, § 1° e 2°	v. Art. 5°, XXI, XXXIV, LXXVII, CF; Portaria 73 da Secretaria de Políticas de Assistência Social; Lei 8.942/94 (Política Nacional do Idoso) e Dec. n° 1.948/96. Modalidade Asilar: (Art. 3° , do Dec. 1949/96) é o atendimento, em regime de internato, ao idoso sem vínculo familiar ou sem condições de prover a própria subsistência de modo a satisfazer suas necessidades de moradia, alimentação, saúde e convivência social. Modalidade não asilar: Centro de Convivência; Centro de Cuidado Diurno, Hospital-dia e Centro-dia; Casa--lar; Oficina Abrigada de Trabalho; Atendimento Domiciliar; outras formas de atendimento.

194 O Estatuto do Idoso e os Desafios da Modernidade

ASSUNTO	ESTATUTO DO IDOSO Lei nº 10.741, de 1º de outubro de 2003		ESTATUTO DA CRIANÇA E DO ADOLESCENTE Lei nº 8.069, de 13 de julho de 1990	OBS.
DA FISCALIZAÇÃO DAS ENTIDADES DE ATENDIMENTO	Art. 52 Art. 53 Art. 54 Art. 55	↔	Art. 95 ....…............... Art. 96 Art. 97	v. Lei Estadual nº 2.200/93, dispõe sobre a criação da Delegacia Especial de Atendimento às Pessoas de Terceira idade
DAS INFRAÇÕES ADMINISTRATIVAS	Art. 56 Art. 57 Art. 58	↔	.... Art. 245 Art. 246 a 258	v. art. 50 do EI; as multas aplicadas são destinadas ao Fundo do Idoso (Art. 84, do Estatuto do Idoso)
DA APURAÇÃO ADMINISTRATIVA DE INFRAÇÃO ÀS NORMAS DE PROTEÇÃO AO IDOSO	Art. 59 Art. 60, §§1º, 2º Art. 61, I , II Art. 62 e 63	↔ ↔ ↔	.... Art. 194, §§ 1º e 2º Art. 195, I, III (parte)	v. art. 60 do Estatuto do Idoso, início com requisição do MP ou auto de infração elaborado por servidor eletivo.
DA APURAÇÃO JUDICIAL DE IRREGULARIDADES EM ENTIDADES DE ATENDIMENTO	Art. 64 Art. 65 Art. 66 Art. 67 Art. 68 e §§	↔ ↔ ↔	....….,....... § único, Art. 191 Art. 192 Art. 193 e §§	v. Lei nº 6.437/77 e Lei nº 9.784/99
ACESSO À JUSTIÇA	Art. 69 Art. 70 Art. 71 e §§		Art. 141 até 144	Com relação ao Art. 71 v. tb art. 58 e Lei nº 10.173 de 9/1/2001 e Lei Estadual nº 2.988, de 18/6/98, sobre prioridade de tramitação dos processos
DO MINISTÉRIO PÚBLICO	Art. 73 Art. 74 , I, Art. 74, II Art. 74, III Art. 74, IV Art. 74, V, a/c Art. 74, VI Art. 74, VII Art. 74, VIII Art. 74, IX Art. 74, X (novo) § 1º e § 2º Art. 75 Art. 76 Art. 77	↔ ↔ ↔ ↔ ↔ ↔ ↔ ↔ ↔ ↔ ↔	Art. 200 Art. 201, V Art. 201, III ....…................... Art. 201, VI Art.201, VII Art. 201, VIII Art. 201, XI Art. 201, XII .... § 1º e § 2º Art. 202 Art. 203 Art. 204	Art. 6º, VII, c, da Lei Complementar 75 de 20/5/93, atribui ao MP a defesa do idoso.

A Arte de Envelhecer

ASSUNTO	ESTATUTO DO IDOSO Lei n° 10.741, de 1° de outubro de 2003	ESTATUTO DA CRIANÇA E DO ADOLESCENTE Lei n° 8.069, de 13 de julho de 1990	OBS.
PROTEÇÃO JUDICIAL DOS INTERESSES DIFUSOS, COLETIVOS E INDIVIDUAIS INDISPONÍVEIS OU HOMOGÊNEOS	Art. 78 Art. 79 ↔ I ↔ II ↔ III IV ↔ § único ↔ Art. 80 ↔ Art. 81 ↔ Art. 82 , § único ↔ Art. 83 e §§ ↔ Art. 84 e § único ↔ Art. 85 Art. 86 Art. 87 Art. 88 Art. 89 Art. 90 Art. 91 Art. 92, §§1°, 2°, 3° § 4°	Art. 208 VII II .... VI § único Art. 147 Art. 210 Art. 212, § 2° Art. 213 e §§ Art. 214 § 1° Art. 215 Art. 216 Art 217 Art. 219 Art. 220 Art. 221 Art. 222 Art. 223, §§1°, 2°, 3°§5°	v. Inciso III, Art. 81, v. Lei Orgânica do MP, Lei de Ação Civil Pública v. § único do Art. 88 Obs.: não faz menção à aplicação subsidiária da Lei n° 7.347/85
DOS CRIMES DISPOSIÇÕES GERAIS	Art. 93 Art. 94	Art. 224 Art. 226	Obs.: aplicação subsidiária da Lei n° 7.347/85 (Ação Civil Pública) V. Lei 9.099/95 (Juizados Especiais Cíveis e Criminais)
DOS CRIMES EM ESPÉCIE	Art. 95 Art. 96 Art. 97 Art.98 Art. 99 Art. 100 Art.101 Art. 102 Art, 103 Art.104 Art. 105 Art. 106 Art. 107 Art. 108	Art. 227	Não se aplica os Arts. 181 e 182 do CP; não existe similitude entre os crimes previstos no ECA

196 O Estatuto do Idoso e os Desafios da Modernidade

ASSUNTO	ESTATUTO DO IDOSO Lei nº 10.741, de 1º de outubro de 2003	ESTATUTO DA CRIANÇA E DO ADOLESCENTE Lei nº 8.069, de 13 de julho de 1990	OBS.
DISPOSIÇÕES FINAIS E TRANSITÓRIAS	Art. 109 Art. 110 (Altera vários artigos do CP) Art. 111 (Altera o Art. 21 da Lei de Contravenções Penais) Art. 112 (Altera o inciso II do § 4º do art. 1º da Lei 9.455//97) Art. 113 (Altera o inciso III do art. 18 da Lei 6.368/76) Art. 114 (Altera o Art. 1º da Lei 10.048/2000) Art. 115 (Orçamento da Seguridade Social, enquanto não for criado o Fundo Nacional do Idoso) Art. 116 (Obrigatoriedade de inclusão nos censos demográficos) Art. 117 (Revisão dos critérios de concessão do benefício da prestação continuada) Art. 118	Art. 236	O Art. 236 consta no ECA no Cap. Dos Crimes Lei 9.455/97 – Lei de Tortura Lei 6.368/1976 – Lei do Tráfico Ilícito de Entorpecentes Lei 10.048/2000 – Lei de Prioridade de Atendimento

Notas

1 BOBBIO, N. *Dalla Struttura alla funzione – Nuovi Studi di Teoria del Diritto*. Milano: Edizioni de Comunità, 1977, p. 17.

2 Fonte: U.S Bureau of the Census, 1996. *Global aging into the 21 st century*. Citado por Chaimowicz (1998).

3 BARROS, M. L. de. *Autoridade e afeto: avós, filhos, netos na família brasileira*. Rio de Janeiro: Zahar, 1987, p. 74.

4 SZYMANSKI, H. "Viver em família como experiência de cuidado mútuo: desafios de um mundo em mudança". In: SERVIÇO SOCIAL E SOCIEDADE, n° 71, ano XXIII – Especial 2002. São Paulo: Cortez, 2002, p. 20.

5 PEREIRA, R. da C. "O idoso não existe". *O Estado de Minas*, Belo Horizonte/MG, 29 nov. 2003.

6 NOVAES, M. H. *Psicologia da Terceira Idade: conquistas possíveis e rupturas necessárias*. Rio de Janeiro: Nau, 2000, p. 161.

7 Idem, op. cit., p. 162.

8 Idem, op. cit., p. 163.

9 PEREIRA, T. da S. "Adoção". In: PEREIRA, R. da C. e DIAS, M. B. (coord.). *Direito de Família e o novo Código Civil*. Belo Horizonte: Del Rey/IBDFAM, 2003.

10 HESPANHA, M. J. F. "Violência contra os idosos". Disponível em: http://www.violencia.online.pt. Acesso em 19 maio 2004.

11 Idem, ibidem.

12 CANOTILHO, J. J. G. *Direito Constitucional e Teoria da Constituição*. Lisboa: Almedina, 1999, p. 380.

13 SARLET, I. W. *A eficácia dos direitos fundamentais*. Porto Alegre: Livraria do Advogado, 1998, p. 45.

14 NOVAES, M. H., op. cit., p. 166.

15 BITTENCOURT, E. de M. *Guarda de filhos*. São Paulo: LEUD, 1981, pp. 123-124.

16 BARRETTO, M. F. *Direito de visita dos avós: uma evolução no direito de família*. Rio de Janeiro: Lúmen júris, 1989, p. 131.

17 Idem, op. cit., p. 41.

198   O Estatuto do Idoso e os Desafios da Modernidade

[18] OLIVEIRA, E. B. de. "Direito de visitas dos avós aos netos". Disponível em: http://www.intelligentiajuridica.com.br, ano II, n. 23, out. 2202. Acesso em 25 maio 2004.

[19] FERREIRA, O. C. *O idoso no Brasil – novas propostas*. Rio de Janeiro: O. Costa Ferreira, 1990, p. 12.

[20] NOVAES, M. H. N., op. cit., p. 144.

[21] O ESTADO DE SÃO PAULO, 26 jul. 2002. Disponível em: www.estadao.com.br/editoriais/2002/07/26. Acesso em 25 maio 2004.

[22] COMPARATO, F. K. *A afirmação histórica dos direitos humanos*. São Paulo: Saraiva, 1999, p. 12.

[23] Idem, op. cit., p. 21.

[24] Com agradecimento à professora Liz Mônica Serejo pela pesquisa a qual possibilitou a elaboração do quadro comparativo.

Morte Social
Valter Duarte

Inconformado por quase ter sido atropelado por uma bicicleta em plena calçada, um senhor de óculos de lentes grossas, rosto enrugado, cabelos brancos e corpo magro, num terno velho sem gravata, aparentando mais de 70 anos de idade, esbravejava diante de pessoas que passavam procurando desviar-se dele e das palavras que soltava com voz rouca e pequenas cusparadas. Sem conseguir apoio de qualquer uma delas, mesmo para simplesmente ouvir o que dizia e lhe dar razão, respirou fundo, balançou negativamente a cabeça e seguiu em frente. Pode ser que de volta ao seu caminho tenha pensado que as coisas mudaram muito: a bicicleta na calçada conduzida por um adulto, a indiferença das pessoas em relação ao fato, a quase ostensiva repulsa das pessoas a alguém que reclama e desse modo incomoda os outros, certamente não eram coisas que acontecessem *quando havia educação.*

Talvez tenha saído dali pensando que aquilo tudo não seria mais do que o triste sinal de um tempo em que ninguém liga mais para ninguém, no qual cada um quer saber apenas de si. Se pensou assim, teve alguma razão: tem estado em uma sociedade cada vez mais levada a ser individualista para cada vez mais estar adaptada para a adoção de valores e instituições políticas originárias da cultura anglo-americana. Porém, aquela solidão tinha um outro e agravante componente: o da sua *exclusão social.* E ela não vem a ser uma consequência exclusiva das maneiras de ser das sociedades individualistas. Embora essas tendam a agravá-la, e muito, é uma possibilidade bem considerável em qualquer sociedade. Por isso, mesmo que devido a particularidades da vida daquele senhor pudesse não estar acontecendo assim com ele próprio, uma vez que poderia estar educando netos ou eventualmente substituindo alguém mais novo em alguma função, sua *existência social*, para quem viu a sua imagem naquele protesto e o evitou, estaria encerrada.

Sua aparência, de acordo com os valores da nossa sociedade, representava não representar socialmente mais nada, o que é bem diferente de dizer que não representava socialmente nada. Não era um estranho sociológico, pois sempre é possível supor um passado social em alguém como ele. Mas um passado cuja importância, qualquer que tenha sido, raramente importaria a alguém, e talvez não lhe trouxesse nada além de momentos nostálgicos ao falar dele para uma ou outra pessoa mais velha ou mais nova que o quisesse ouvir. Por isso, ter tido ou não algum destaque no seu passado também não lhe daria mais do que algo também passageiro. E alguma fama, se teve, não lhe faria ser para os mais novos, salvo as exceções à regra, mais do que um famoso *quem?*, realidade presente de quase todos, e também futura, até dos realmente famosos que chegarem à sua idade. Sua aparência representava que a sua *vida social* havia terminado antes da morte biológica. Foi o que todos os que o evitaram haviam confirmado. Todos, porém, inconscientes de que é isso que significa não representar mais nada no presente, mesmo que algum passado de alguém possa em si ainda representar alguma coisa.

Temos de considerar, então, o que vem a ser essa *vida social* que pode terminar antes da morte biológica. Ela é própria do *ser social*, o ser que, admitindo-se aqui a sua inesgotável variedade, começa a ser preparado durante a expectativa do próprio nascimento biológico e pode ter uma primeira definição no momento em que é feita a aparente constatação do sexo. É um ser cuja gestação começa fora do corpo, com a definição do conjunto de hábitos que deverá ter e do conjunto de papéis que deverá representar. Sua formação, num exemplo privilegiado, passará pelos horários de alimentação prescritos por um pediatra, pelas roupas com que lhe vestirão, pelo primeiro idioma que terá de aprender a falar, a ler e a escrever, pelas significativas apresentações das pessoas e das coisas que lhe aparecerão, pelo ensino familiar, pelas coisas ensinadas na escola oficial, pelas coisas ensinadas nos contatos informais, pelas coisas ensinadas pelos meios de comunicação de massa e por muitas outras de origem social. Conforme a sociedade e a ideia nela predominante a respeito da idade em que o discernimento chega em cada um, ou da idade em que estará concluída em alguém a formação básica de acordo com os seus valores, ocorrerá, finalmente, o *parto*, que deverá ser por meio de algum ritual de passagem, formal ou informal, a tomada de consciência de que passou a ser socialmente responsável pelos seus próprios atos.

Embora alguém considerado educado, ou que já devia estar educado, possa sentir a mudança e até estranhar que passaram a não tratá-lo mais como antes, como no tempo em que era um educando, dificilmente terá consciência de que por si mesmo, naquilo que disser respeito aos seus sentimentos inocentes, sentimentos não educados, não importará mais à sociedade. Isto é, dificilmente terá consciência de que, a não ser para aqueles que o amam ou possam se preocupar com ele *de graça*, esses seus sentimentos não importarão mais a todos que formal ou informalmente possam se sentir, acima de tudo, autorizados pela sociedade.

Com sorte, terá importância para o sistema, para que o todo social funcione, não para ele mesmo. E será devido ao *ser social* que for, em geral, ao profissional que for, que terá a sua chance de entrar no sistema, de manter-se vivo com os recursos que obtiver e, com um pouco mais de sorte, de desfrutar de alguma coisa a mais do que aquilo que teria para as chamadas *necessidades básicas*.

Seus sentimentos só importarão à sociedade na medida em que forem sociais. Sua existência terá passado a ser muito mais social do que natural, amoral, inocente ou que palavra se queira para falar de um ser humano pensado em estado puro. Nos momentos mais agudos das tensões entre as duas partes de sua existência, a *social* e a inocente, tenderá para esta para sentir-se livre, mas cederá à outra para não ser coagido. Será tratado como inconveniente se se queixar; será evitado se tentar pedir alguma coisa a alguém. Mesmo que não possa ser *campeão em tudo* (PESSOA, 1971, p. 268), terá de se comportar como se fosse; mesmo que não seja rico, terá de fingir que é; mesmo que não se sinta bem na vida em sociedade, não poderá demonstrar isso. Caso contrarie alguma dessas ou de outras normas desse tipo, quase sempre não ditas mas imperativas, sofrerá sanções veladas ou até nem disfarçadas, escancaradas mesmo. Na dupla face de sua existência, uma, a social, dominará a outra em favor da existência das duas.

Com efeito, em sociedade, não é só quando se está empregado, quando se está numa função familiar ou quando se está no exercício de qualquer papel social que alguém pode se sentir *socialmente* vivo. O fato de estar se preparando, seja estudando ou seja treinando, para uma profissão regular ou para ser atleta, profissional ou não, já pode lhe dar esse

202 Morte Social

sentimento. A simples expectativa de encontrar um lugar para realizar aquilo para o qual estuda ou treina é suficiente. Como também é suficiente para que um desempregado se sinta assim, sentimento que, no entanto, irá desaparecendo com o aumento da idade e dos anos de frustração por ter ficado à margem, por ter ficado *parado*.

A idade, dita assim de forma ampla e abrangente, para além da mera cronologia, é um *fato social*. Se não fosse, não teria tanta gente a esconder a sua, tanto para mais quanto para menos, com os propósitos mais variados, sempre sociais, até porque não se pode esconder da vida a idade biológica que se tem. Sem dúvida, a idade como *fato social* é desdobrada em muitas idades, todas elas socialmente discriminadas, num conjunto sequencial indicativo de valores que vão, grosso modo, marcar diferenças entre um tempo inicial de muitas expectativas de realização de papéis, passando por um tempo em que se acredita ser o da realização desses papéis, até um tempo em que não restará mais nenhum deles e nem mesmo uma simples expectativa. Revelar a idade biológica pode levar a sofrer discriminação justamente pelo que essa idade possa significar socialmente.

Isso tudo aparece com força e clareza sempre que dizem a quem quer que seja quando se está na idade de brincar, na idade de não pensar em nada, na idade de sorrir e namorar, na idade de estudar, na idade de trabalhar, na idade de casar, na idade de ser pai ou de ser mãe, na idade de descansar, de não se meter em mais nada, de pegar um terço e rezar. Sem dúvida, essas idades podem variar de família para família, de rua para rua, de bairro para bairro, de cidade para cidade, de país para país. Mas não faltam em canto nenhum. Estão sempre naquelas expressões e avaliações do tipo *no meu tempo, passou da idade não se casou, não toma jeito, não tem juízo, garoto pretensioso, velho assanhado, já deu o que tinha que dar*, e muitas outras com as quais se diz das diferenças entre o que se faz, o que se pretende fazer ou o que se pode fazer de fato, e as ideias dominantes a respeito do que as idades permitem ou podem permitir que se faça. Elas dizem quando ainda não se chegou ou já se passou da idade de se ter um papel social ou de se realizar uma façanha socialmente admirável.

E esse fator de discriminação social tende a ser ainda mais forte num tempo em que o imperativo de revolução incessante dos meios de produção faz aparecer diante de nós inovações e mais inovações com frequência cada vez mais alucinante. E os mais atingidos por esse fator não são os que estão na idade da existência social nem os que ainda estão por chegar a ela. São mais atingidos os que chegaram à idade em que não se representa socialmente mais nada. Na relação cada vez mais esmagadora entre progresso e condição humana, que é um tipo de conflito que se concentra especialmente nos centros urbanos, a velhice cada vez menos significa o que significou e ainda pode significar, tanto na vida das famílias em que ainda se prezam os avós quanto na vida das aldeias, na vida das vilas, enfim, na vida do campo e na vida das pequenas colônias de pescadores: paz, sabedoria e consolo. Nos grandes centros urbanos, no confronto desigual com o progresso tecnológico, há o perigo de receber adjetivos que oprimem a todos e atingem principalmente os que estão na idade além da *vida social*: *antiquado, superado, acabado*.

Por isso, a mesma sociedade que um dia começou a preparar um determinado *ser social* para pensar e sentir por ela, uma vez que sociedades e seus valores não existem senão nas ações humanas, pode passar a prescindir de sua existência. Ela pode ter outros para o seu lugar; outros que foram educados para o que ele tiver sido, alguns até com a sua colaboração no seu tempo de *socialmente vivo*. Então, quem um dia, ainda que não totalmente, teve tomada a sua capacidade de pensar e sentir em favor de valores anteriores à sua existência, de valores que certamente não escolheu, ou de novos valores que poucas vezes ajudou a produzir, passa, enfim, apenas a mantê-los em si sem mais nenhum propósito, sem talvez outra finalidade que não seja a de desanimar os que têm algum ideal de transformação dizendo-lhes que *não adianta nada*. Em sua dupla existência sente um contraste cada vez maior entre o *ser social* cada vez mais sem vez e sem sentido que carrega em corpo e mente e a sua reserva biológica de vida. E no dia em que sentir que somente esta última ainda tem o direito de existir, já sem eira nem beira, já sem nenhum propósito exterior, sentirá, tendo ou não consciência disso, a chegada da *morte social*.

Para maior opressão ainda, vivemos em uma sociedade que, devido à sua transformação em favor do individualismo, está cada vez mais dominada por valores utilitaristas, valores que dizem respeito ao chamado *Princípio de Utilidade* (MILL, 1974, pp. 27-56). Ele está sempre presente na orientação e na avaliação das nossas ações. Chamam-no também de *Princípio da Maior Felicidade*, o que o ajuda a iludir muita gente. Tenta-se objetivá-lo por considerar-se que seria derivado de uma tendência natural dos homens: *a busca de maximização de prazer e de minimização de dor*. Com certeza, tal princípio leva a crer que a qualidade da vida humana possa até ser medida, tanto individualmente quanto socialmente, tal como se faz com *renda per capita, produto interno bruto* e outras imposições dos economistas e dos governos quando falam de

204 Morte Social

qualidade de vida. Com tais índices que usam para governar também as nossas mentes, não se tende mesmo a cogitar da importância estética da vida para quem quer que seja. É como se, entre outras coisas, não pudesse haver beleza no sofrimento, na angústia, na fome, na derrota, na desilusão ou em outras situações pensadas como de infelicidade. Além disso, o utilitarismo tende a nos obrigar a seguir caminhos objetivos de vida, condenando-nos por indefinições em geral, por devaneios, por sonhos e por outras *perdas de tempo,* como são considerados esses tipos de inquietação e busca. Mas é possível encontrar uma bela resposta contra ele.

> *Podemos perdoar alguém por fazer alguma coisa útil,*
> *contanto que não a admire.*
> *A única desculpa que se tem por se fazer alguma coisa inútil*
> *é admirá-la intensamente.*
> *Toda arte é completamente inútil. (WILDE, 1994, p. 17)*

Foi Oscar Wilde quem escreveu essas palavras contra o utilitarismo, e exatamente na Inglaterra, na qual esses valores se tornaram dominantes pela primeira vez e sob cuja influência política espalhariam seu domínio pelo mundo. Com essas palavras, por saber ser impossível viver sem fazer coisas úteis, Oscar Wilde perdoa-nos por fazê-las, desde que não as admiremos. Desse modo, insinua que fazer coisas úteis pode ser uma vulgaridade, uma coisa que, em vez de perdoável, pode até mesmo ser um pecado mortal, como no caso de alguém que deixa isso prevalecer como valor maior em sua vida. Afinal, as coisas úteis têm preço. A vida não tem preço. Qual o preço da nossa vida? Saberá alguém calcular o da sua? A mesma coisa não se pode dizer de um lápis, de uma caneta, de um carro, de uma geladeira ou de qualquer bem de consumo. São úteis, têm preço. A vida, é preciso destacar, não tem. Todo mundo sabe para que servem aqueles objetos. A vida ninguém sabe se serve para alguma coisa. Devemos ter coragem de dizer: a vida não serve para nada. A vida é inútil. Eterna ou passageira, ela será sempre predominantemente inútil. E nisso está o maior dos desafios: só se vive se se gostar da vida. Ela nos deixa essa coisa sutil, que defino com uma paródia: a única desculpa que se tem por viver é amar a vida intensamente.

Espera-se, então, que em todo esse processo venha sempre um tempo em que, reagindo, cada sujeito dessa dupla existência sonhe com a sua emancipação, não importando aqui como possa pensá-la e senti-la. Pode ser até que pense que ela seria melhor se fosse por meio de um grande prêmio de loteria ou de ascensão a uma posição social aparentemente sem qualquer problema por ser muito rara e farta de recursos. Só que essas possibilidades são muitíssimo pequenas. O mais provável é que lhe reste apenas uma saída, uma aguardada compensação, talvez pensada como um prêmio, com a tranquilidade, enfim, do descompromisso, se para isso tiver contribuído durante muitos anos: a aposentadoria. Todavia, ela poderá ser, e geralmente é, a confirmação da sua *morte social*.

Para quem duvida que assim seja, que procure entender a chamada *aposentadoria compulsória*. Essa é a mais clara demonstração de que uma sociedade como a nossa tem uma *pena de morte social* preparada para quem completar 70 anos de vida biológica. Por isso, quem requer a sua aposentadoria antes dessa idade pode ser que esteja fazendo de si mesmo o carrasco de sua *vida social*. Mas talvez isso nem importe. A mesma coisa que se diz por ocasião da morte biológica de alguém, pode ser dita ou considerada por ocasião da *morte social: — Finalmente, descansou.*

Ficamos, então, em uma posição difícil: se queremos, e temos todo o direito de querer, uma aposentadoria justa, tanto em termos de tempo de serviço quanto em termos de proventos, podemos estar assumindo nossa própria exclusão social, nossa própria *morte social*. Por um lado, pode até ser fácil: — *Não quero mais nada com isso que está aí*. Por outro, porém, como o *ser social* que temos em nós foi e continuará sendo senhor de grande parte de nossas maneiras de pensar e sentir, o seu fim na vida exterior dificilmente deixará de ser sentido por nós como um impedimento de nossa própria maneira de existir. É o momento no qual se tende a desejar que a sociedade encontre um lugar para esse *ser social* que persiste na existência de alguém sem que possa voltar a ela que o criou. É um desejo que tanto pode estar em quem tem esse *ser* em si quanto em quem, ainda *socialmente vivo*, tem com ele algum laço familiar ou de simples amizade e deseja reintegrá-lo; não será um desejo coletivo. Em todo caso, a seu modo, a sociedade não ficará omissa.

A persistência da vida biológica apesar da *morte social* não leva uma sociedade como a nossa apenas à indiferença ou ao desprezo em relação aos seus *cadáveres*. Ela não se limita também à expectativa da chegada da morte biológica. Está na sua rotina providenciar o *sepultamento* de todos eles, sem dúvida, providenciar o *sepultamento social* de todos eles. E esse *sepultamento* ocorre quase que diariamente nas muitas maneiras de afastá-los do contato com os vivos, segregando-os em quartos, em varandas, em

206   Morte Social

quintais e muitas vezes até naquilo que possa ser considerado simplesmente *uma distração, um passatempo*, como um jogo de cartas numa praça, um encontro diário com antigos amigos num botequim, uma ida com antigas e novas amigas a um espetáculo, ou alguma coisa desse tipo tomada para *preencher o vazio*; alguma coisa que se prepara para alguém que não teria mais o que fazer com a vida, mesmo uma homenagem, que nas vezes em que ocorre é praticamente equivalente a uma missa de sétimo dia, de mês ou de ano da morte biológica. Em todas elas o som do réquiem é nítido.

Com efeito, são vários os tipos de caixão com que sepultam os *socialmente mortos*: asilos, acompanhantes, enfermeiras, centros de amparo à velhice, clínicas geriátricas, iniciativas de apoio à terceira idade, bingos, viagens. Isso porque, desde que tenham dinheiro para dar por essas e por outras urnas funerárias, o que não é o mais comum, esses *mortos* são possibilidades de alguns serviços temporários e até de oportunidades para pequenos investimentos de promotores de atividades de lazer. Como os biologicamente mortos, eles podem produzir empregos e atrair investidores. Como os seus semelhantes biológicos, podem motivar e sustentar a *vida social*. São eles objeto de uma irônica realidade: biologicamente vivos e *socialmente mortos*, não são reconhecidos como semelhantes pelos *socialmente vivos*; são tratados por eles como semelhantes aos biologicamente mortos: como consumidores terminais. E todas essas coisas, é preciso lembrar, podem ser pensadas também para os deficientes físicos. Estes nem precisam esperar pela *idade social da invalidez* para passarem por tratamento semelhante.

As maneiras de tentar superar a crise devida ao fato de ainda se ter vida biológica e ser tratado como *socialmente morto*, seja por deficiência física, seja por insuficiência atribuída a uma certa idade, variam tanto quanto ou mais que o número daqueles que passam por ela. A mais radical de todas é o suicídio. É o ato positivo ou negativo por meio do qual alguém, de modo consciente, provoca sua própria morte biológica, e nessa morte unifica as suas existências ou, se preferirmos, unifica o fim de suas existências. Durkheim, tomando dados de países europeus no final do século XIX, estudou amplamente os caracteres sociológicos desse ato. Em *O suicídio*, fossem suicídios egoístas, altruístas ou anômicos, seriam todos *fatos sociais* e tenderiam a variar na razão inversa do grau de integração dos grupos sociais de que faz parte o indivíduo (1973, p. 234). Segundo ele,

> *O suicídio egoísta provém do fato de os homens (estando fora mas ainda sofrendo influência do meio social) não encontrarem uma justificação para*

a vida; o suicídio altruísta (porque ele se sente no dever de fazê-lo) do fato de esta justificação lhes parecer estar para além da vida; o terceiro tipo de suicídio [...] provém do fato de a atividade dos homens estar desregrada e do fato de eles sofrerem com isso, Em virtude da sua origem, daremos a esse tipo o nome de suicídio anômico. (DURKHEIM, 1973, p. 299)

Porém, apesar de toda convicção à qual foi levado por sua exaustiva investigação, parece ter dado atenção à famosa dúvida metódica de Hume (1973, pp. 137-140) e, se considerou que as causas dos suicídios seriam sociais, não chegou à imprudência de considerar que todas as vezes em que elas existissem os homens seriam levados ao suicídio.

Em consequência, o ponto que precisamos considerar é justamente o de não ser essa relação causal entre fatores sociais e suicídios uma relação necessária, uma relação obrigatória. Esses fatores podem ser causas de muitas outras reações, do tipo daquelas que há pouco nos referimos como maneiras de tentar superar a crise de ainda viver e ser tratado como *morto*. Pois, sem dúvida, desde a simples aceitação da *morte social*, seguida da paciente e resignada espera da morte biológica, até a mais teimosa das resistências em aceitar os mais diversos afastamentos compulsórios de tudo aquilo que possa significar *vida social*, as reações diferentes do suicídio são também devidas a fatores sociais. O desejo de voltar à sociedade não existiria se não se tivesse passado por ela, se não se tivesse vivido nela com seus valores em corpo e alma. Num simples exemplo, temos aquele que com mais de 70 anos insiste em votar mesmo não sendo mais obrigado. Não é que tenha bem o desejo de participar disso que chamam de *democracia*; é muito mais o desejo de se sentir *socialmente vivo* por pouco tempo que seja ou, mais provavelmente, apenas esse desejo de ter uma breve *ressurreição social* votando diante de mesários que, ainda que o vejam fazendo a mesma coisa que fazem os que votam por obrigação, vão sempre achá-lo diferente dos outros; socialmente, é claro.

Pode até haver preconceito dos *socialmente vivos* em relação aos *socialmente mortos* mas, em geral, não chega a ser isso, ou pelo menos não é algum preconceito o que tende a predominar. A reação de estranheza é o próprio reconhecimento, embora quase sempre inconsciente, de que, como em qualquer caso parecido com o dos mesários, apareceu ali um *fantasma*, uma *assombração*, alguém que até poderia ter, mas não tem mais *papel social*. Sem dúvida, embora não possam confessar isso de maneira nenhuma, as pessoas tendem até a sentir medo dessas *almas do outro mun-*

do. Nunca se sabe se vão parar para falar alguma coisa que não interessa; se vão contar uma história que não faz mais sentido; se vão pedir ajuda num momento errado; se vão precisar de ajuda para tudo; se vão dar despesa; se vão morrer lentamente num leito exigindo cuidados de enfermagem. Deficientes ou insuficientes físicos por idade avançada são como *almas do outro mundo* para aqueles que fazem parte da chamada *população economicamente ativa*. O desejo de integração ou reintegração na *vida social* encontra nesse tipo de sentimento e de expectativa o maior dos obstáculos. Isso porque sem a aceitação ou o simples reconhecimento por parte dos *socialmente vivos* de que ainda pode ter um *papel* esse desejo não se realiza. São eles os que vivem a sociedade, os valores do seu sistema de representação. Só eles podem reconsiderar o não escrito nem assinado, mas reconhecido e válido *atestado de óbito social*, que são as práticas de exclusão e de *sepultamento* às quais nos referimos.

Mas devemos destacar outra possibilidade: a de ocorrer um suicídio com um significado oposto. De fato, coercitiva como qualquer outra, nossa sociedade também pode levar os seus *mortos* ao suicídio. Só que é preciso dizer que ela não leva somente ao suicídio biológico, que para Durkheim teria componentes sociais; ela pode levar também seus *vivos* ao *suicídio social*, que é como entendemos o afastamento voluntário da vida dos grandes centros, o ato de *comprar um sítio e criar galinhas*, o de fazer a fuga ascética do mundo em um convento, ou o de se recolher de qualquer outro modo. Essa renúncia ou a procura de qualquer minimização extrema da *vida social* aponta para a possibilidade de haver um excesso de sociedade em alguém, de haver uma carga social que terá se tornado insuportável para a capacidade ou para a sensibilidade de alguém. Pode ser vista também, inversamente, como o caso de um impulso tão inocente quanto não prestar atenção às aulas e querer fugir da escola, tão inocente quanto a impaciência ao ouvir um sermão, tão inocente quanto a torcida para que se acabe logo um discurso numa solenidade, tão inocente quanto não gostar de trabalhar, tão inocente quanto querer viver sem coerção, ou sob um mínimo de coerção, ter ficado tão forte em alguém a ponto de levá-lo a provocar de modo consciente a sua própria *morte social* e, desse modo, tentar recuperar, embora nunca de forma total e pura, a sua vida para si mesmo, para a sua inocência ou, no caso da fuga ascética, para a sua pureza espiritual.

Eu vos gabo a minha morte, a morte voluntária, que vem a mim porque eu quero. (NIETZSCHE, 1978, p. 86, grifo meu)

Nos dois sentidos, a menos que sejam interrompidos na tentativa, os suicídios têm uma coisa em comum: eles resolvem; eles finalizam. Para os seus autores, *vida e morte social* deixam de ser problemas. Elas são problemas apenas para aqueles que não renegaram viver sob valores sociais e têm ideais voltados para a vida em sociedade. Assim, é para os que não estão motivados nem para o *suicídio social* nem para o suicídio biológico e insistem em permanecer na *vida social* ou pretendem, ainda que estejam *mortos*, voltar a essa *vida* que tem sentido procurar por uma solução. Só que é preciso dizer que seja qual for a solução ela terá de ser uma solução social. A questão não é daquelas que podem ser resolvidas somente com força de vontade pessoal embora esta seja válida para cada um ficar por aí prolongando sua *vida social* em atividades profissionais ou amenizando o seu fim em atividades que, na medida em que podem até dar algum prazer, ajudam a passar o tempo e a esquecer a condição de excluído à qual se tenha chegado. É preciso que a sociedade como um todo crie as condições para a *ressurreição dos mortos sociais*. Só ela, como coletividade, pode fazer isso, uma vez que foi ela, como coletividade, quem criou as condições para que *morressem socialmente* e criou as condições que impedem essa *ressurreição*. É questão de entendimento coletivo o de que uma sociedade ao viver para ela mesma apenas como sociedade sempre contraria a condição humana, o que, embora seja praticamente impossível de ser evitado, pode ser atenuado.

A literatura das Ciências Sociais é farta no reconhecimento explícito ou implícito do tema. É de se destacar, porém, que não é acompanhada nesse reconhecimento pela literatura que tem raízes no individualismo inglês. A razão dessa diferença está no fato de serem base das Ciências Sociais autores como Montesquieu, Rousseau, Durkheim e Marx, que trataram a relação entre a natureza humana e a vida e a formação dos homens em sociedades como uma relação de descontinuidade, de oposição, de confronto crítico. Ao contrário, a base da literatura do individualismo inglês está em autores jusnaturalistas, que buscaram fundamentar sociedades na natureza, especialmente na natureza humana.

Desse modo, os homens, apesar de formarem e justificarem em sociedades uma outra ordem, não teriam modificadas as suas motivações naturais, nem as teriam tomadas por outra formação, que seria uma formação social, e continuariam, mesmo quando contidos nessa nova ordem, em sua pureza original. Por isso, quando sabemos que são os valores desse individualismo os que mais têm se alastrado pelas sociedades do mundo de modo a adaptá-las às instituições políticas liberais, acreditamos que as dificuldades de conseguir reconhecimento para a importância do tema *morte social* possam estar ficando cada vez maiores. E cada vez mais difícil em sociedade não só conseguir a sobrevivência biológica quanto suportá-la assim que se torna a única forma de sobreviver.

Enfim, lembramos que *morte social* tem sido várias vezes implicitamente tratada na literatura, no teatro, no cinema e em outras artes. E que por mais dramática e contundente que tenha sido a sua apresentação em qualquer uma delas, dificilmente terá deixado de ser bela, de representar beleza, a beleza de existir. Em apenas aparente contrassenso, a *morte social* pode ser revelada como uma bela forma de existir, como razão de ser de alguma forma de arte, ou da própria vida como arte. Aqueles que passam por ela não perderam o poder de inventar, de criar, de ir até para além dela mesma desafiando o conservadorismo de qualquer sociedade que pretenda que a *vida social* não seja mais do que a repetição de cotidianos impessoais e ela, a *morte social*, nem isso. Afinal, somos nós mesmos, coletivamente, os criadores tanto da *vida social* quanto da *morte social*.

Nosso problema é estarmos obedecendo à sociedade no que ela tem de mais impessoal nos dias de hoje e limitando a arte, a busca da beleza, apenas ao que chamamos *campo das artes*. Precisamos nos atrever ao desejo e à realização de beleza mesmo naquilo que se pensa que só possa ser praticado com técnica, como pensam os governantes tecnocratas em relação às sociedades que governam. Só então o direito constitucional à vida poderá ultrapassar a sua simples consideração biológica e alcançar a própria *vida social*.

Bibliografia

DURKHEIM, É. *As Regras do Método Sociológico*. Tradução de Maria Isaura Pereira de Queiroz. 8 ed. São Paulo: Cia Editora Nacional, 1977.

_____. *O Suicídio*. Tradução de Luz Cary, Margarida Garrido e J. Vasconcelos Esteves. Lisboa: Editorial Presença, 1973.

HOBBES, T. *Leviathan*. London & Melbourne: Everyman's Library, 1983.

HUME, D. *Investigação Sobre o Entendimento Humano*. Tradução de Leonel Vallandro. Coleção *Os Pensadores*. V. XXII. São Paulo: Abril Cultural, 1973.

LOCKE, John. *Two Treatises of Government*. London: Everyman's Library, 1986.

MACPHERSON, C. B. *A Teoria Política do Individualismo Possessivo de Hobbes até Locke.* Tradução de Nelson Dantas. Rio de Janeiro: Paz e Terra, 1979.

MILL, J. S. *El Utilitarismo.* Tradução para o espanhol de Ramon Castilla. 5 ed. Buenos Aires: Aguilar Ediciones, 1974.

NIETZSCHE, Friedrich. *Assim Falou Zaratustra.* Tradução de Mário da Silva. São Paulo: Círculo do Livro, 1978.

PESSOA, F. *Seleção Poética.* Rio de Janeiro: Companhia José Aguilar Editora, 1971.

ROUSSEAU, J-J. *Du Contrat Social.* France: Éditions Montaigne, 1943.

WILDE, O. *The Complete Works of Oscar Wilde.* New York: Barnes & Noble, 1994.

Sobre os Autores

ALZIRA TEREZA GARCIA LOBATO
Mestra em Serviço Social. Professora assistente e pesquisadora na área do envelhecimento da Faculdade de Serviço Social da UERJ. Ouvidora da UERJ.

ANA LUCIA CARDOZO DE SANTA ROSA
Psicóloga, mestra em Saúde Coletiva pelo IMS/UERJ, especialista em Psicogeriatria e Terapia Familiar pelo IPUB/UFRJ.

ANSELMO LARANJA
Juiz de direito no estado do Espírito Santo. Professor de Teoria Geral do Processo Civil da Universidade Novo Milênio - Vila Velha/ES. Professor de Direito Civil e Processual Civil. Mestrando em História das Relações Políticas pela Universidade Federal do Espírito Santo.

CÉLIA PEREIRA CALDAS
Docente do Departamento de Saúde Pública da Faculdade de Enfermagem/UERJ, docente do Programa de Pós-Graduação em Ciências Médicas pela FCM/UERJ, vice-diretora da UnATI/UERJ, mestra em Saúde Coletiva pelo IMS/UERJ, doutora em Enfermagem pela EEAN/UFRJ.

ISRAEL FELZENSZWALB
Ph.D. UERJ. Instituto de Biologia Roberto Alcântara Gomes. Departamento de Biofísica e Biometria.

JOÃO RICARDO MODERNO
Presidente da Academia Brasileira de Filosofia. Docteur d'État pela Universidade de Paris I – Panthéon – Sorbonne. Professor do Departamento de Filosofia da UERJ.

LUCIANA BRANCO DA MOTTA
Médica com especialização em Geriatria e Gerontologia. Mestra em Saúde Coletiva pelo Instituto de Medicina Social/UERJ. Doutoranda em Saúde Coletiva do Instituto de Medicina Social da UERJ.

214 Sobre os Autores

Mariana de Aguiar Ferreira Muaze
Doutoranda em História Social pela Universidade Federal Fluminense, mestra em História Social da Cultura pela PUC/RJ.

Nilson Alves de Moraes
Professor do Departamento de Saúde da Comunidade e do Mestrado em Memória Social e Documento da UFRJ. Cientista social.

Orlando de Barros
Professor doutor, docente de História do Brasil, decano do IFCH da UERJ. Autor de livros de História da Cultura Brasileira.

Ricardo da Costa
Professor da UFES, ISIC-IVITRA e da Universitat d'Alacant. É *acadèmic correspondent a l'estranger* da Reial Acadèmia de Bones Lletres de Barcelona e membro do *Institut Virtual Internacional de Traducció* da Universitat d'Alacant, de CAPIRE da Universidad Complutense de Madrid (UCM), do Instituto Histórico e Geográfico de São Paulo, do *Instituto Angelicum* e de grupos de trabalho da UEPB. É tradutor de obras catalãs medievais e autor de livros e artigos publicados no Brasil e no exterior.

Renato Veras
Professor do Instituto de Medicina Social e diretor da Universidade Aberta da Terceira Idade (UnATI) da Universidade do Estado do Rio de Janeiro. Mestrado em Medicina Social, Universidade do Estado do Rio de Janeiro. Mestrado na London School of Hygiene and Tropical Medicine (LSHTM). Doutorado (Ph.D.) no Guy's Hospital da Universidade de Londres. Autor de livro sobre Saúde e Terceira Idade.

Rosângela Alcantara Zagaglia
Rosângela Alcantara Zagaglia é defensora pública, professora da Faculdade de Direito da UERJ e da UNESA.

Tânia da Silva Pereira
Tânia da Silva Pereira é advogada e professora de Direito da PUC/Rio e da UERJ.

Valter Duarte
Médico, bacharel em Ciências Sociais, mestre em Ciência Política, doutor em Economia. Professor de Ciência Política da UERJ e da UFRJ.

Esta obra foi composta em CTcP
Capa: Supremo 250g – Miolo: Pólen Soft 80g
Impressão e acabamento
Gráfica e Editora Santuário